The Unique World

方寸

方寸之间　别有天地

U0509030

未———来 吃

蒋怡颖 译

THE FATE OF FOOD

**What We'll Eat in A Bigger,
Hotter, Smarter World**

什———么

〔美〕
阿曼达·利特尔
Amanda Little
著 ———

人类如何应对食物危机

社会科学文献出版社
SOCIAL SCIENCES ACADEMIC PRESS (CHINA)

图片版权说明

除以下图片外，本书图片版权归作者所有

P25: U.S. Department of the Interior/U.S. Geological Survey; P 39: Andy Ferguson;

P48: Andy Ferguson; P56: Chris Clavet, North Carolina State University;

P99: Everlyne Situma; P113: Justin Kaneps; P121: Blue River Technology;

P125: Blue River Technology; P132: L. Brian Stauffer, University of Illinois at Urbana-Champaign;

P140: Eric Gregory Powell; P150: Eric Gregory Powell; P157: Chris Sattleberger/Getty Images;

P161: AeroFarms; P167: AeroFarms; P180: Knut Egil Wang/Institute; P192: Sting Ray;

P198: Marine Harvest; P214: Memphis Meats; P218: Memphis Meats;

P222: Liz Marshall/© 2018 Meat the Future, Inc.; P228: Impossible Foods;

P236: Andrew Brown/The Kroger Co.; P247: feedbackglobal.org;

P254: The Compost Company; P260: Roei Greenberg; P287: Zacharias Abubeker;

P297: Jim Webb; P301: Jim Richardson; P335: Chris Newman;

P313: Food Innovation Laboratory, U.S. Army Research Development and Engineering Center.

献给我的母亲南茜
我的父亲鲁弗斯
以及我的哥哥们

目　录

目　录

引 言

　　在走南闯北去过的许多地方中，馅饼屋是一个最具超现实色彩的存在，这一点从它的风格中不难看出：一个巨大的白墙水泥地空间，大型钢铁设备矗立其中，有一个外形和高度都与巷子里往来的垃圾车的翻斗不相上下的漏斗。随着物料通过传送带往来于各设备之间，轰鸣声不绝于耳。可是最让我着迷的是那个极具特色的漏斗以及其中的物料：这些混合物外表呈灰白色，包括经过冷冻干燥处理的马铃薯块、胡萝卜块、芹菜条、洋葱条、豌豆，以及乳清蛋白。戴上手套，把手伸进这些灰白色的、外表呈椭圆状的"群英荟萃"里进行筛查，这感觉和在沙滩上从成堆的贝壳里淘宝没什么两样。这些脱水后失重的蔬菜有几立方米，其中夹杂着不少五彩纸屑。站在其中，瞬间有种一眼望不到边的感觉，就像是一个为了得到心心念念的小零食不断寻宝的孩子。

　　这些原料从漏斗底部缓慢经过斜槽后，来到一台负责称重和筛分的设备中。筛分后的原料接着被传送到另一台设备，与设备分配的由脱水牛奶、食盐、大蒜粉和鸡精构成的浅褐色粉末进行混合调味。最终这些混合物和起吸氧作用的铁粉、黏土以及盐一起封装在聚酯薄膜袋里，随后进行存储封装，包装成 7 盎司重的成品，这个过程只需几秒钟，最后袋子上打上"鸡肉味馅饼"的标签。

这是我在犹他州盐湖城参观 Wise Company 加工厂的第一站。给我做向导的是公司的首席执行官亚伦·杰克逊（Aaron Jackson），他 43 岁，身材高大，说话得体。我们俩都身穿工厂防护服，全副武装，尽管亚伦把与超人克拉克·肯特一样的头发塞进防护帽里，但他还是魅力十足。亚伦曾在 Tyson Foods 负责销售冻鸡块和炸肉排。在 Wise Company 任期结束后，他将前往大型藜麦生产公司 NorQuin 担任首席执行官，负责扩大产品市场。亚伦或许有向方丈推销飘柔的本事。周围的情况如此怪异，我心里七上八下。他一路上不停地说话，带我穿过"暖心玉米饼浓汤"（Hearty Tortilla Soup）和"枫糖培根饼特色早餐"（Maple Bacon Pancake Breakfast）加工车间。在这里同样能看到成千上万黄白相间的聚酯薄膜袋经过传送带进入贮藏箱里。穿梭其中的技术人员身穿白色大褂，头戴发罩，看起来像电影《查理和巧克力工厂》（Charlie and the Chocolate Factory）里的奥柏伦柏人。只见他们手拉操作杆，按下按钮，然后检查包装有无瑕疵。在检查包装气密性方面，一名穿着靴子的矮胖技术员将袋子放在地板上，一跃而上。

此情此景，不禁让人联想起《欢乐糖果屋》，至少这名技术员实现了旺克的目标。小时候我曾花几个小时的时间想象罗尔德·达尔（Roald Dahl）写的"由番茄汤、烤牛肉和烤土豆以及蓝莓派"做成的三餐口香糖到底什么味儿。工厂的这种做法类似于将所有食材糅为一体，期望获得一种只要用开水冲泡就能有家常饭菜味道的产品，可是实际结果与预期相去甚远。杰克逊表示："这种产品相当于急救食物。"说话间，他擦去粘到眼镜上的浅褐色粉末。"在断绝正常食物来源的情况下，这种产品可以作为主食维持家庭正常饮食。"

从杰克逊的口中我了解到，这种产品可以根据含量进行划分，从价值 20 美元涵盖 9 种压缩食品、可以维持人体 72 小时生存的小型急救食品，到售价 7999 美元可以维持一家四口一年口粮的套餐。据计算，每份食品热量约 300 卡路里，价格不到 1 美元（单位热量的食品价格与麦当劳食品价格相当）。杰克逊表示，从 2014 年加入 Wise Company 到 2018 年这 4 年，因为他，公司的年销售额飙升到 7500 万美元左右，增长了一倍多。同期，压缩食品整体年销售额增长到约 4 亿美元。"这就是我到 Wise 就职的部分原因：可以亲眼看到这种替代食品的真实趋势。"

不过，我对此表示怀疑。这种急救食品不禁让我有种末日到来的感觉。这种食品取得成功的前提是，未来几年美国面临严重的粮食供应中断危机。真实存在也好，未雨绸缪也罢。虽说饥荒在世界某些地区愈演愈烈[1]，我最近也注意到饥荒对印度、埃塞俄比亚和其他干旱地区的人口造成了严重影响，可是美国一直以来努力解决的问题不是粮食短缺，而是人们摄入的热量超标。近 40% 的美国人属于肥胖人群，其中 2/3 以上属于超重人群。[2]

总而言之，工业化正在让全世界享受着丰富、多样化而且价格亲民的食品，这一点在人类历史上前所未有。例如，位于田纳西州纳什维尔市的 Kroger 超市，离我家只有几十米远，每周营业 7 天，每天营业 19 个小时，售卖的特色食品多达 5 万余种，有些甚至是中国台湾、津巴布韦的特产。对大部分老百姓而言，面对如此种类繁多的食品，现在担心食物短缺似乎有些荒谬。

不过，我确实了解到越来越多的人开始看好急救食品。最开始，我是从堂妹夫那儿知道 Wise Company 这家公司的。他在印第安纳州宰恩斯维尔当过警察，在这之前他就在地下室里保存着 Wise Company 的急救食品，可以维持一家人 6 个月的生计。我哥哥住在华盛顿市中心，是一家公司的商业主管，他买了可供一年使用的饮用水以及可以长期储存的食物。除此之外，我弟弟住在西弗吉尼亚，他是大自然保护协会的一名气候科学家，也开始在家里的地下室中储存食物。其中，由 3000 多名科学家组成的联合国政府间气候变化专门委员会（IPCC）发布的多份报告对我弟弟的部分工作产生了不小的影响。报告显示，到 21 世纪末，全球平均气温至少将升高 4 华氏度。[3] 对此他表示："连孩子都不能养活了，还有比这更糟糕的事吗？""从各方面看来，我们这一代出现食品供给严重短缺的可能性在不断增加。"

不过我刚才提到的堂妹夫、哥哥、弟弟，他们都有些偏激：这些人都是男性，各自配备枪支，其中两人喜欢没事儿的时候用复合弓箭打猎。同时，他们多多少少受到宿命论拥护者提出的"末日准备"思想的影响。而这种思想也是 2008 年 Wise Company 成立的初衷。杰克逊表示："最初，我们的主要客户是为'审判日'构筑堡垒或是担心政府剥夺个人枪械的那批人。"和许多急救食品公司情况相似，Wise 位于犹他州，主要面对摩门教徒。他们受圣徒教会的影响，为世界末日做准备。不过杰克逊表示，摩门教徒以及为末世深挖洞广积粮的男性拥趸已经不能代表 Wise Company 蓬勃发展的市场受众，这些消费者占比也没有那么大。

杰克逊本人不是摩门教徒。他在洛杉矶郊区长大，一身行头与美国真人秀《鸭子王朝》中的服装相比，更像布克兄弟服饰，外面为白色防护服，里面是棉袄，还有熨烫后笔挺的西裤和一双锃亮的栗色皮鞋。当初他一出任公司的首席执行官，就开始拓展公司的产品线，到现在已开发出了数十种不同的冷冻干燥食品，与此同时，他还积极开拓市场，其中包括露营和野外探险市场，以及美国国防部和国际军队。最终，他成功拿下山姆会员店和沃尔玛的经销权，还有目前占公司经销份额最大的 Home Shopping Network 的经销权。杰克逊称："5 年前，公司客户群体中男性占 95% 以上。而现在，女性占公司客户群体的 50%。其中大部分是妈妈，我们称其为监护人的妈妈，她们担心孩子不能获得稳定食物。"

不管是男性还是女性客户，这些人在政治和周边环境的稳定性上存在的顾虑都在不断加深。10 年前，公司的首批客户担心会出现通货膨胀、经济崩溃和恐怖袭击。到了今天，购买的主要原动力变成了自然灾害。2017 年 9 月在美国境内遭受飓风哈维、艾尔玛和玛丽亚袭击后，美国联邦紧急事务管理署从杰克逊的公司购买了 200 万份急救食品，用于赈灾救援。杰克逊表示，"目前还不只是这些原因。我们不断接到客户电话"，他们表示："我住在迈阿密，在这里洪水已经成了家常便饭。我担心佛罗里达州两年内也会被洪水淹没。""还有在纽约州北部的居民，他们遭遇了千年不遇的暴风雪，连续两周都无法离开车道。"那些来电客户深知卡特里娜飓风和桑迪飓风带来的影响，本身也经历过 2014 年干旱和 2018 年加利福尼亚州森林大火。他们深知灾难来袭，政府可能不会采取救援行动。"他们认为，好运只属于那些有准备的人。"

我尚未拥有这份好运气，部分原因是我乐观地认为未来没这个必要。不过杰克逊提出了一个观点，确实令人信服：越来越多的人意识到他们需要面对不断加剧的自然灾害，同时政府采取的安全保障措施效果也越来越不尽如人意。在这些人看来，这种急救食品行业既实用，又有些妄想症的意味。这种情况不仅仅发生在美国，当今世界上每个国家都面临自然灾害频发的状况，同时许多国家还出现政治动荡。不仅是 Wise Company，还有数百万人在想方设法解决同一个问题，正是这个问题激发我在整本书中谈论我们生存的环境究竟有多糟糕。

在思考食品供应中断尤其是现代农业面临的危机前，我们先快速回顾一下农业产业化所取得的部分成就。如果没有农业综合企业，或许目前的 20 亿人口将不存在。在全球农业的带动下，目前人均热量摄入值较 1990 年增长了 17%。尽管仍有约 8 亿人长期遭受饥饿之苦[4]，但与 30 年前相比，已经减少了近 2 亿人。[5] 同时，食品价格也出现下降。20 世纪 50 年代，普通家庭在食品上的支出比例高达 30% 左右，如今仅为 13%[6]，这对中低收入家庭而言是一项财务优势，同时也是全世界的福音。加工食品让人们，尤其是女性从准备一日三餐这一繁杂枯燥的差事中摆脱出来。[7]然而，大量资料显示，这种大量且廉价的食物也存在弊端，首先会造成大量浪费、过度消费、营养不良，还会导致世界人口对耕地面积不断减少、集约化程度不断提高的农业产生依赖。为养活数十亿人口而设想的方法对自然环境所造成的负面影响也在不断加大。

截至应杰克逊之邀参观 Wise Company，我已经到过美国的13 个州和 11 个国家，对食品系统中出现的细微以及根本性的变化进行了研究。这里提到的"食品系统"是指为养活全球 75 亿人，由当地和全球范围内的种植者、加工者和分销商构建的庞大网络。我希望可以了解到人口增长和气候变化对快速发展国家的农业造成的影响，这些国家包括中国、印度以及撒哈拉以南的非洲国家。2014年 3 月，联合国政府间气候变化专门委员会（IPCC）发布报告称，旱灾、洪涝、种族入侵以及愈演愈烈的气候剧烈波动已经对全世界的农业生产造成损害。[8]到 21 世纪中叶，永久干旱将成为人口数量最多的国家的大部分地区的常态，包括整个美国西南部——从堪萨斯州到加利福尼亚州，以及墨西哥的一片人口稠密地区。IPCC 的预测着实让人毛骨悚然，他们表示，根据目前的气候变暖趋势，未来，每 10 年全球农业产量将减少 2%—6%[9]，也就是说世界耕地面积每10 年将减少数百万英亩（1 英亩 ≈4046.86 平方米），与此同时全球人口数量却在不断攀升。

IPCC 在 2018 年 10 月发布了后续报告。报告指出，按照目前的碳排放率，到 2040 年，大气温度将较工业革命前升高 2.7 华氏度 [10]，这将彻底改变我们的生存条件。联合国环境规划署（UNEP）

执行主任埃里克·索尔海姆（Erik Solheim）表示："就像厨房里的烟雾报警器发出了刺耳的警报，我们必须把火灭掉。"[11]

美国农业部农业和环境国家实验室主任杰里·哈特菲尔德（Jerry Hatfield）称："气候变化带来的最大威胁是粮食体系的崩溃：某些地区可能会频繁出现突发性且破坏力大的其他灾害，包括洪水、风暴，以及森林火灾，然而粮食供应中断会切实影响到每个人。"[12]乐施会气候和粮食公平政策负责人蒂姆·戈尔（Tim Gore）表示："大多数人主要通过食物来感受气候变化造成的影响，包括食物的种类、生长方式、价格以及可选择性。"UNEP副执行主任乔伊斯·姆苏亚（Joyce Msuya）发出警告，最不发达国家也最脆弱："农业在全世界大多数发展中国家中占据主导地位。人口增长带来了巨大的粮食需求，然而受环境压力影响，粮食供应却在不断减少。"

IPCC认为，按照目前的气候变化和人口增长趋势，到2050年，食品价格很可能会翻倍。[13]按照他们的说法，有限的粮食供应可能会加剧因此引发的冲突，还会进一步危及全球粮食安全。这种情况可能会让我弟弟用上之前一直储存的应急食品，前提是他还没有全部吃掉。粮食资源引发的国际冲突可能会中断粮食贸易，甚至会让粮食销售网络瘫痪。美国本土的水果有一半以上来自进口[14]，进口蔬菜也占到了1/3，届时国际冲突会导致美国当地超市的蔬菜水果货架上出现大量空位。

因此，其他"饭后食品"（post-food）公司坚信粮食供应中断就不足为奇了。筹得7000万美元左右资金的硅谷初创公司Soylent Inc.生产出一种成人婴儿配方奶粉，这是一种素食饮料，用来替代营养丰富的正餐。这种产品不仅能减少消费者在饮食上花费的时间和金钱，还可以减少消费者产生的碳排放量。Soylent Inc. 受到市场的普遍欢迎，催生出 Super Body Fuel、Ample、Koia 和其他 6 个新代餐品牌。与此同时，五角大楼研究部门正在开发士兵补给品，利用便携式 3D 打印机就可以按需生产补给品。士兵身上的传感器会进行人体检测，假如检测到人体缺乏钾或维生素 A，传感器就会将相关数据发送到 3D 打印机。随后，打印机会生成用调味液体和粉末制成的特制营养强化食品条和弹丸。预计此技术将于 2025 年投入使用。这是大多数人无法想象的未来。

Wise Company 加工厂一行后，我匆匆泡了一碗锅饼。确切地说，是让孩子们亲手做的。他们用电热水壶把水烧开，把水和锅饼统统倒进碗里，然后搅拌，接着等着鹅卵石块似的锅饼变软。在孩子们看来，这是个简单的科学实验。可是对我而言，却是不敢触碰的未来。

然而，杰克逊的公司的核心技术并非新黑科技。Wise Company 只是将 1200 年印加人的做法升级为 21 世纪加强版。[15] 当时印加人将土豆和 Ch'arki（一种牛肉干）放在高架的石板上过夜冷却，然后在阳光下快速晒干。第二次世界大战后出现了现代冷冻干燥技术，当时这项技术用来保存受伤士兵的血清。而现在的工艺则是在 20 世纪 70 年代后期才出现的，当时数百万美国人对石油危机和滞涨忧心忡忡，纷纷开始囤积粮食。Wise Company 在这项有着数十年历史的配方基础上进行些许调整：将新鲜食材放在低至零下 112 华氏度（零下 80 摄氏度）的温度下迅速"冷冻"，从而避免因冰晶的出现对食材的质地和营养造成影响。然后将食物放入加热的真空室中，使里面的冰升华，直接从固体变为气体，略过变为液态的过程。处理后的食材遇水后，因冰消失留下的毛孔会迅速吸收水分。这个过程消耗的能量是加工罐头的两倍，可是却将食材大约 90% 的营养保留了下来，而且延长了保存期限。据杰克逊讲，Wise Company 生产的保质期长达 25 年的食品，即便是经过"数百年"也能食用。

锅饼端上来后，从外观上看和雀巢旗下的 Stouffer's 完全不沾边，就是个黄褐色的燕麦粥。我犹豫了一下，压下已经翻江倒海的呕吐反射，发扬大胃王精神，然后一阵狼吞虎咽。虽然外观如此，但很容易下咽，味道像是奶奶做的砂锅鸡。可是，一想到我的孩子们长大后蜗居在地下室，吃着用塑料袋包装的食物，利用室内种植系统苦苦挣扎，我瞬间胃口全无。等到了 2050 年，我到孩子们家里一起过感恩节时，饭桌上会摆放什么呢？将来历史学家回首我们目前的农业时，是否就像英国作家狄更斯记述的 18 世纪的欧洲那样——那是一个充满信仰和怀疑的时代，那时"人们面前应有尽有，人们面前一无所有"。

IPCC 发布的报告中，某些段落似乎表明我们正朝着一无所有的状态进发。报告指出，到 21 世纪中叶，全世界可能达到"全球变暖的阈值，目前的农业实践将无法继续支撑庞大的人类文明"。不过，这种设想取决于一个关键的先决条件：不对当前的农业实践做出改变。如果说过去的走南闯北对我有什么启发的话，那就是我发现全世界的农民、科学家、积极分子和工程师正在从根本上重新审视粮食生产。

环保主义者保罗·霍肯（Paul Hawken）在 *Drawdown: The Most Comprehensive Plan Ever Proposed to Reverse Global Warming* 一书中提到，他的科学家团队提出的排名前 20 的解决方案中有 8 个涉及农业领域："我们通过对社会和工业涵盖的各个行业进行研究而得出的 100 种方法中，食品方案效果最好，同时影响力也最为突出。"

过去 30 年中，全球食品体系究竟发生了怎样的变化难以用语言表述，更别说预测未来几十年体系变化的方式和内容了。在本书中，我研究了未来农业的具体变化。和大多数人一样，我对美食由衷地喜爱，根本无法接受充斥着冻干鸡肉锅饼的未来。（英国女作家艾德琳·弗吉尼亚·伍尔芙曾写道："一个连饭都吃不好的人，还谈什么认真思考、用心去爱、享受睡眠。"[16]）我已经找到了充足的理由，期待一个我们可以改变的未来。创新和无知让我们陷入食品体系的泥淖之中，可是如果创新与良好的判断力能够联合起来，就能让我们摆脱这个困境。

在接下来的几章里，我将探讨在全球变暖、气候变干、人口激增的背景下，是否能够实现以及怎样实现持续、公平地满足人们的饮食需求，同时可供选择的食品远不止急救食品，还有很多。我将遇到像乔治·赫劳德（Jorge Heraud）这样的人才。他作为一名出生于秘鲁的工程师，制造出了可以除草的机器人，同时减少了对

装蔬菜的大桶

农用化学品的使用。我将拜访众多创造出实验室培育肉和植物肉的桶装蔬菜初创公司；我将前往肯尼亚走进第一个种植出转基因玉米的农民的田地，参观世界上最大的垂直农场，在那里种植蔬菜无须土壤和阳光；我将探索以色列的智能水网以及挪威最大的养鱼场；我也将遇到革新旧理念的奇人异事，例如践行永续农业、培育食用昆虫和重现古代植物。

沿途我将探寻速食锅饼背后问题的根源及解决方法，我们不仅要认清困境，还要知晓方案。

01
新的尝试
A Taste of Things to Come

衣食足则心平静，忍饥饿则难安宁。

——祖鲁族谚语

2013 年 4 月，我在自家后花园里播下了一些种子，于是便有了动笔写这本书的念头。你们当中某些上了年纪的人或许一眼就能发现，前面那句话和迈克尔·波伦（Michael Pollan）的经典作品《植物的欲望》（*The Botany of Desire*）引言中的一句话颇为相似。正是这本书，激发了包括我在内的众多读者在花园中栽培植物的渴望。但是我的种子和波伦的那些，最后却有着截然不同的结局。他的种子迅速发芽长大，而我的却以失败告终。

一开始，种子们奇迹般地抽出了嫩芽，并长大到原来体积的 50 倍乃至 100 倍。它们长着泛有光泽的绿叶，还结出接近成熟的果实，但随后事情就出现了反转。打理花园一直是我和孩子们想做的。孩子们在学校操场上的播种筒里栽培过香草和樱桃番茄，想在家里更大规模地种上这两种植物。我一下子就被说动了，因为除了波伦的书，马克·比特曼、丹·巴伯尔、爱丽丝·沃特斯等作者的书我也一一拜读过。眼前这杯纯天然又加了点龙舌兰增甜，和 Kool-Aid 完全不同的果味饮品，我会一饮而尽。我和丈夫一致认为，打理后花园或许可以让我们的生活节奏放慢一些，增加每日蔬菜的摄入量，在与大自然亲密接触的同时，减少对平板电脑的依赖。而且，我不是在哪个地方读到过亲近大自然有助于儿童提高专注力和下丘脑活跃度吗？作为一项周末活动，这不仅对健康有益，还有利于拓展思维、促进家庭和睦、节约生活开支，让整个世界变得更加美好。

田纳西州的纳什维尔和加利福尼亚州的伯克利虽然相隔很远，但是我们的社区尤其是为人父母的人无不致力于让世界变得更加美好，特别是在食物方面。越来越多的人在后花园里耕作，他们奉行严格的素食主义，采用旧石器时代原始的节食方式，连养鸡也亲力亲为。我身边就有几个这样的好朋友，只要条件允许，他们就会租头牛和一把具有美索不达米亚特色的犁，只为追求食物的本真。他们对食物有着非常深厚的怀旧情结。而我对于家人的饮食远没有这么上心。优质的农贸市场是我喜爱的，但大多数时候我都在当地的 Kroger 超市采购食材，给孩子们吃反季节水果，还有公立学校的午餐，对此我丝毫没有良心上的不安。手头宽裕的时候，我们会买些有机食品，但并不常买。我们家一周至少要吃掉 6 个批量生产的苹果，而这样的水果被批评者嗤之以鼻，视为基因过度改良的糖分炸弹。不过，我还是挺怀念农业工业化综合企业出现前的那段时光，怀念农贸市场和后院园丁们试图保护的原生态食材风味背后所逝去的岁月。

　　所以，2013 年的春天，我们全家出动，花费几百美元搭建了一个长 14 英尺（1 英尺 =0.3048 米）、宽 10 英尺带围栏的种植床，辟出一小块堆肥区，支起番茄架，还购买了鱼油肥料和成箱的有机及原生种幼苗。可到头来，我发现自己在园艺栽培上真的是一窍不通。幼苗种下两个月后，我站在六角形网眼的铁丝网搭起的围栏里，仔细察看那 6 株原本长势喜人的玉米秸秆萎蔫的外皮，而黄瓜长得硕大无比，其中一根粗壮得快赶上浣熊了，还有 5 株受蚜虫侵害的番茄，眼看着虫害已经连成一片。结果是显而易见的，比起亲手为家人种植蔬果，我还是更适合修理电路板。打造 21 世纪的成功菜园

我家杂草丛生的花园

这样一个起初看起来切实可行的想法，最终证明是不切实际的，至少对我们家来说是这样。

　　我并不是缺乏和种植相关的基本知识，而是没有付出足够的时间，少了几分警觉，判断力也不足。我必须得承认，自己在种植过程中确实遇到了一些特殊的障碍。对我而言，修剪可食用植株无异于在温和地扼杀生命，所以我尽可能地不去修剪它们，出现蛞蝓、螨虫、蚜虫和椿象时就使用各种有机杀虫剂来对付它们。我们家后花园里蚊子泛滥成灾，再加上田纳西州中部的酷暑，总让我在浇水和除草这件事上打退堂鼓。而当我鼓起勇气准备清理杂草的时候，常常发现自己已经无法区分杂草和幼苗，于是便任由其恣意生长。

　　即使到了现在，距离初次打理菜园子的失败尝试已时隔多年，我们仍然试图在自家后院的菜地里种植蔬菜。有了丈夫和孩子们的帮助，菜园的收成有所提高，他们俨然成了可靠的农场短工。但说实话，我们并没有获得稳定而足量的收成。花园的开支最终超过了节省下来的支出。我们之所以没有放弃，是因为栽种这项活动让我们感到快乐，能在调动感官的同时，让我们与自己所生活的这片土地建立起某种联系，并且从安全距离的位置上一眼看上去赏心悦目。花园的存在缓解了我的焦虑，如果这种焦虑和稳定的食物供应无关，那么就和技术对我们生活所产生的更为广泛的影响有关了。

　　事实证明，第一次在花园里种植蔬果确实是卓有成效的，但这种成效并不体现在食物层面，而是体现在一些问题的解答上。如果我们无法完全依赖大量开明、奉行素食主义、拒绝转基因、只购买有机食品以及在自家花园种植蔬果的消费者来解决问题，那么我们要怎么做才能修复这样一个存在问题的食品体系呢？此外，这段经历还促使我开始探索农业史，研究农业发展过程中推动其变革的各项技术。我认识到，从人类文明发端以来，个体生产者在粮食生产上所做的努力充满艰辛和种种不切实际的想法。

公元前 4000 年，距离今天的巴格达不远处，一位美索不达米亚农民在底格里斯河和幼发拉底河之间的农场上种植小麦。这位农民，或许是名女性，将工具套到一只动物身上。那种工具看起来和锄头十分相似，但实际上是一种较为原始的犁。彼时，人类种植粮食已有约 6000 年的历史，但没有在理论上达成共识（6000 年后的今天，依然没有），来解释人类作为一个物种是如何从植物采集转向了植物驯化以及这一转变背后的原因。如果你去问那位种植小麦的农民，她或许会告诉你，其中的理由很简单，因为她的家人希望居有定所（又或者她的孩子们，和我的孩子们一样，在某天回家的时候提出想要种植他们见过的某种生长中的植物）。

农业耕种使人类定居成为可能，也使人类文明最终得以形成，并随着时间的推移繁荣发展。关于这一点，考古学家们鲜有争议。但是，也有证据表明人类定居出现在农业耕种之前。一些建有寺庙的宗教活动场地[1]和永久住所，在第一批栽培作物出现前很长一段时间内就已存在。秘鲁西部的皮基马查和土耳其东部的哥贝克力石阵的历史，可以追溯到公元前 1 万年前后，它们都分布在适合捕捞鱼类的河流附近，或者是食物资源丰富且易于获取的地区。这些地区的野生谷物、水果和蛋白质丰富多样而且稳定可靠，直到情况发生变化。一场旱灾或是枯萎病的来袭，又或是人口数量的增长超出野生食物的供应量，使得定居下来的人不得不设法用留存下来的可食用植物应对困局。

我们或许永远都不会知道，第一个将种子压入泥土、照料第一批收成的人究竟是谁，他又为什么会这样做。但是有一点显而易见，那就是当人类发展至史前美索不达米亚文明时期，大体上还是觉得种植粮食优于食物采集。于是，人类不再游走于自然世界，而是开始去塑造和影响自然。群居取代了四处迁移的生活方式，古代经济开始形成。生育率直线上升，人口随之迅速增长。当人类不再频繁迁移，照料大家庭变得相对轻松，同时家庭规模的扩大也意味着会有更多的劳动力投入农耕活动当中。

历史学家尤瓦尔·赫拉利（Yuval Noah Harari）在《人类简史：从动物到上帝》（*Sapiens: A Brief History of Humankind*）一书中写道："其实不是我们驯化了小麦，而是小麦驯化了我们。'驯化'（domesticate）一词来自拉丁文'domus'，意思就是'房子'。但现在关在房子里的可不是小麦，而是智人。"[2]

随着房屋的建造和人口的快速增长，人类的营养状况却在走下坡路。农耕大大减少了可获取食物的多样性。过去，采食者依靠均衡多样且富含蛋白质的饮食结构维持生存，而如今，农民以他们种植的单一谷物为食。生物考古学家在早期农耕社会定居者的头盖骨中发现了一些病损[3]，这说明他们患有严重的铁缺乏症。此外还有证据表明，定居者由于营养不良出现了发育障碍。第一代农耕人口的身高几乎全都低于以狩猎采集为生的先人们，抗病能力也普遍较差。他们每天劳作时间更长，更为辛苦。农耕不仅需要开荒锄地、播种除草、抵御虫害，还要收割、储存和分配食物。比起采集野生食物，农耕活动需要消耗更多的卡路里。

哥伦比亚大学教授、生态学家露丝·德芙莱斯（Ruth DeFries）指出："单调沉闷的工作，加上食不果腹的生活，促使人类开始制造工具。从第一代农耕人口定居以来，每一种新的农用工具的引入，都有着相同的设计初衷：用更少的人力劳动从土地上获取更多的粮食。"[4] 当我们思考未来几十年如何才能在一个愈加炎热的世界为更多人提供充足的食物时，可以结合上面这段鞭辟入里的话来思考。为了实现这一目标，人类已经花了 1 万年中大部分的时间，制造出一系列生产工具，而这些工具都只是暂时地解决了问题。随着世代更替，为了能在更大规模上加以运用，工具也不断更新或更替。

人类先是在溪流中筑起水坝，然后再将其运用到河流中。先用石头和木材制作手持工具，最后用机器来取代它们。过去我们把人类排泄物和厩肥用作肥料，后来改为用复杂的化学物质制造肥料。如今，我们有了能够分析作物需求的传感器和机器人，有了无须阳光或土壤就可以生长的粮食，还有了用聚酯薄膜包装的代餐食品。德芙莱斯说："每一项农业技术，都是长期以来一系列实验中的一个环节，为的是花更少的力气使食品供应更加稳定和规模更大。"而探索这一系列实验，正是本书中反复出现的一大主题。在每个章节，我试图解读的都不只是人类未来的发展走向，而是人类在经历了粮食生产中持续的技术进步后是如何发展到目前这个阶段的。

第一位美索不达米亚农民给公牛套上犁枷，正是粮食生产实验早期的一个环节。这位农民发现了一种能够充分利用动物力量的方法。相比单纯依靠人力翻地，用牛耕地花费的时间和精力更少。而接下来一代又一代的美索不达米亚人，形成了一套关于犁的使用机制，用犁翻动泥土，将种子播撒其中，减少播种过程中的人力投入，同时提高粮食产出。

当农民所生产的作物总量远远超过所属社群的需求时，他们便化身为商人。粮食保存和储藏技术的进步，如密封、风干、发酵、腌制等方法的出现，意味着粮食可以运往更远的地方。伴随着铁器时代出现的是更大更结实的船只，还有多条横跨大洋的贸易航线。崛起的帝国和王朝如斯巴达、罗马和周王朝，纷纷开始专注于出口不同的食物，如谷物、坚果、香料、油、水果、葡萄酒、腌肉和鱼干。

到公元 7 世纪，穆斯林商人为全球经济的形成打下了早期的基础，他们将来自北非、中国和印度的农作物销往伊斯兰国家的各个角落。粮食进口不仅使人们拥有了品种更加多样、营养更为丰富的饮食，还改善了人们的健康状况。伊斯兰教的创立者——先知穆罕默德开始传教时，曾是一位香料商人。而在此后 1000 多年的时间里，穆斯林一边售卖备受欢迎的肉桂、丁香、肉豆蔻和干胡椒，一边沿着商队路线使《古兰经》广为流传。

人类到底是如何从狩猎和采集转变为在香料贸易中提出"要不要再买一本《古兰经》"的呢？这一点我们无从得知。但是我们可以有把握地断定，农业并不是一次侥幸的发现或者巧合，而是一个源于选择或必要性，渐进而艰辛的过程。我们可以设想，农业耕种所带来的各项好处（即粮食供应可控、饥饿风险降低和定居的舒适度提高）最终超过了付出的成本。粮食过剩意味着经济形式的多样化，人们可以选择不去耕地，而是去做其他工作，如设计工具、建造房屋、创造艺术等。在社会中，学生可以学习知识，建筑工人可以建造房屋，管理机构能够形成和发展，人们不再为了觅食四处游荡。新石器时代的农业定居促使最早的书写语言产生，推动了陶瓷工艺、玻璃生产、灌溉系统、轮式车辆运输系统的发展，并最终使人类掌握了使用金属和操作机器的方法。

久而久之，健全的粮食体系催生出政治权力。《圣经》旧约中约瑟的故事就证明了这一点。约瑟当时被关在埃及的一座地牢里，为狱卒们解梦。后来，法老做了两个难以忘怀的梦，便召约瑟前来解梦。第一个梦里，7头瘦弱的牛吃掉了7头健壮的牛。而在第二个梦里，7棵干瘪的麦穗吞食了7棵饱满的麦穗。约瑟告诉法老，7个丰年过后埃及会经历7个荒年。于是，法老相应地为此做了准备，在丰收的年份囤积、储备粮食。果真，接下来发生的饥荒波及范围非常广，世界各地的灾民们纷纷赶来埃及购买粮食。法老赏赐了约瑟不少精美的衣袍，并把王国的管理大权也交给了他。

数千年来，从中美洲的玛雅文明到斯堪的纳维亚半岛的维京文明，均随粮食丰足而兴盛，因粮食短缺而走向衰落。时至今日，粮食供应最不稳定的国家通常经济结构多样化程度最低，政府也最为脆弱敏感。比如2014年，五角大楼曾警告称中东地区会出现干旱和作物减产的情况，正是在这片新月沃土之地，出现了"伊斯兰国"（ISIS）。[5] 此外，还有其他极端组织在该地区饱受饥荒折磨、流离失所的灾民中招募新成员。而在这之前，2011年的"阿拉伯之春"背后也同样有饥荒的推波助澜[6]，当时俄罗斯和美国的小麦田因干旱损失惨重，导致全球粮价快速上涨。

在未来几十年，我们只能预见这样的趋势会愈演愈烈。也就是说，能在最大限度上发挥创造力、解决粮食供应问题的国家和地区将在未来最有把握获得成功。

第一次主要的全球性粮食供应恐慌，出现于18世纪晚期。随着城市人口的增加，可耕种土地面积开始减少。1798年，英国教士托马斯·马尔萨斯（Thomas Malthus）提出，粮食供应无法跟上需求增长的步伐，"人口的力量远远大于地球让人类维生的承载力……人类迟早会以某种方式提前灭亡"。[7]该理论直到19世纪40年代中期饥荒席卷英国部分地区，才开始得到人们的重视。但是随后，意想不到的事情发生了，化学家们有了一项意外的科学发现[8]，即氮和磷是植物维持生命活动的重要元素，而欧洲各地的土壤过度耕种，导致了这两种营养物质的流失。几十年后，德国化学家弗里茨·哈伯（Fritz Haber）从空气中分解出氮分子，从而制造出世界上第一款合成化肥的重要配料。

马尔萨斯并没有预见接下来的化工或机械化时代。19世纪中期，第一台收割机上市，紧接着是第一把钢犁。到 1903 年，美国的一家工厂已经开始生产内燃拖拉机。过去需要花费人和动物数日才能完成的工作，现在只需几个小时就能完成。与此同时，作物育种也发生了根本上的变革。1856 年，奥地利修道士格雷戈·门德尔（Gregor Mendel）在修道院的后花园开始了著名的豌豆遗传实验。而在接下来的 10 年时间里，查尔斯·达尔文出版了一本有关植物异体受精的书。此后不久，美国科学家们便将门德尔的研究发现和达尔文的理论运用到了玉米和小麦良种的选育中。他们分离和组合不同的性状，以培育出生长速度更快、产量更高、更抗病虫害的农作物。随着杂交种子的出现、化学杀虫剂和肥料的面世，被称为绿色革命的范式转移随之到来。

接下来，生产力爆炸式提高，农业飞速发展。"二战"后的 50 年时间里，全球粮食供应猛增 200%[9]，而世界人口翻了不止一番[10]。家庭农场并入工厂化农场，作物种植开始依靠化石燃料燃烧所产生的能量。如今，农业综合企业能够生产大量的小麦、大豆，尤其是玉米。玉米会被加工成各类产品，如玉米糖浆、麦芽糊精（一种食品添加剂）和最重要的肉类饲料。一头发育完全、重 1200 磅的牛一生中需要吃掉数千磅的玉米和大豆饲料，但最终产出的可食用牛肉部分不到其体重的一半[11]，约为 500 磅。

绿色革命有许多积极的方面。工业化农场解决了个体和小规模粮食生产存在的效率低下、可行性差的问题。记者保罗·罗伯茨（Paul Roberts）曾写道，现代食品体系一直"被视为人类最伟大成就中的一座里程碑"。他指出，到 20 世纪后期，我们"生产的食物，包括谷物、肉类和蔬果比以往任何时候都多[12]，而且价格也前所未有的低廉，其品种数量、安全保障、产品质量和便捷程度足以让前几代人眼花缭乱"。从广义上来说，经济体的繁荣有赖于数量更为充足、价格更加实惠的各类食品。但是，也需要考虑一些后果：粮食生产每取得一项进步，总会付出相应的代价。

新石器时代的农民怎么也预想不到他们启动的洪荒之力所造成的影响。谁又能想到播撒几颗单粒小麦的种子会造就一项延续整整两千年、改变地球近半居住用地的活动呢？农业耕种给自然体系所带来的改变，比其他任何一种人类活动都要大。[13]事实上，地球上每一条主要河流都已被加以利用或是建了水坝，对每一个主要湖泊和地下蓄水层都进行了开发，大部分（约70%）的淡水则流往农场。如今，渔业捕捞中的可食用生物质超过1/3都来自沿海水域。在过去几十年的时间里，农业综合企业所消耗的生物较为丰富的林地面积相当于整个秘鲁的面积。全球范围内家畜养殖产出近50亿头（只）猪、牛、山羊和绵羊，数量在30年的时间里增长了25%[14]，放牧所需的土地面积加起来比非洲大陆还要大。

绿色革命的缔造者有一个宏大的目标：在世界范围内消除饥饿。杂交小麦之父诺曼·博洛格（Norman Borlaug）1970年获得诺贝尔和平奖时曾表示，他希望"为了全人类的福祉……开展粮食生产"，但他并没有做到。现代农业生产中的人均卡路里供给量远远超过"二战"结束时。如果每个人都获得相同的份额，那么人均卡路里供给大约增加了800卡，但份额均等是不可能实现的。过去半个世纪以来，贫富人口在营养上的差距越来越大，也就是说，富人获

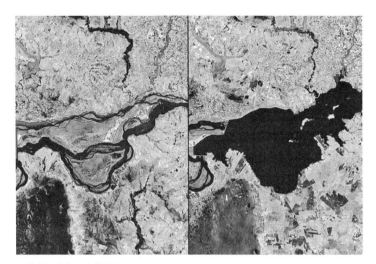

一座水坝改变了农业景观

得的营养供给要比穷人多得多。露丝·德芙莱斯告诫说："人们很容易理想化地认为发展中国家小规模的农耕体系不会受到现代工具的影响。可事实上，发展中国家作物产量低下，农民们承担着高风险和繁重的债务，每天的生活围绕着填饱肚子展开，而且长期处于食不果腹的状态。"[15] 如今，全球有 8 亿多人存在营养不良的状况[16]，而卡路里供给分配的不均衡始终是绿色革命的一个失败。廉价食品和冗长低效的供应链也造成了普遍的浪费，全世界有 1/3 的食品在运输过程中腐烂或被丢弃。[17]

使用农药带来的意想不到的后果也要考虑在内。农田里施用的过量肥料会进入湖泊和海洋，导致海藻泛滥，水生生物因缺氧而死亡。[18] 除草剂和杀真菌剂抑制了表层土壤微生物群中重要的细菌活性。[19] 杀虫剂造成了蜜蜂、甲虫和蝴蝶的群体性死亡[20]，而数千年来这些昆虫一直是粮食生产中重要的传粉者，堪称奥斯卡水准的配角。从种植单粒小麦的早期农田开始，单一栽培即农田里只种植一种作物的模式已经延续了几千年的时间。使用机器播种和收割固然成本低、速度快、效率高，但对付害虫效果就没那么好了。对于某些昆虫和真菌而言，一望无垠的单作农田无异于一顿无限量畅吃的自助餐。害虫经过进化对一些化学农药产生了抗药性，于是需要研制出种类更多、效力更强的农药。这也是1960年至2000年40年间美国杀虫剂用量翻番的一大原因。[21]

投资于化石燃料上的高额资金纷纷流入农用化学品的生产中，以及用于生产和分配食物的机器和运输网络，所有这些都会产生大量的碳足迹。绿色革命所带来的最大的负面影响是气候变化。耐人寻味的是，对全球农场未来发展构成威胁的温室气体，恰恰大部分是由各地农场产生和排放的，特别是那些大型的机械化农场。事实上，我们大多数人所排放的温室气体更多地来自饮食，而非驾驶或飞行。如今，粮食生产所排放的温室气体占每年排放总量的1/5左右，也就是说，农业对气候变化的影响比其他任何行业包括能源工业和运输业都要大。

露丝·德芙莱斯指出，在过去1万多年的大部分时间里，围绕人类粮食生产的各类问题主要源自食物短缺，无论是肥料、可耕种土地面积还是能源都十分匮乏。但是现在，粮食过剩成了许多问题的根源，如使用了过量的化学药品，产生了过多的二氧化碳和废物。粮食过剩所带来的问题远不止环境代价，还有作物产量增加导致的营养价值下降。[22] 政府开展的各项研究表明，50 年来，多种蔬果作物中蛋白质、钙、钾、铁、维生素 C 和维生素 B_2 的含量都有所下降。而在这个时间段内，深加工食品的大众营销已促使消费者选择热量高但营养价值较低的食物，这一点在美国消费者身上体现得尤为明显。美国人平均的糖消费量在 30 年的时间里增长了 20%[23]，成年人平均体重上升了 20%，糖尿病发病率则提高了 700%。[24]

尽管绿色革命能带来多方面的好处，但其所形成的食品体系并不能为人们提供均等的营养供给。一部分人口营养过剩，另一部分人口则存在严重的营养不良状况。除此之外，还会有营养过剩和营养不良同时存在的情况，而这部分人口所占的比例增长得最快，目前，全球近半数国家存在人们患有严重营养不良症和严重肥胖症并存的情形。[25]

花园种植的失败经历，并没有让我对改变食品系统感到无望。我曾经尝试但未能成为纯素食主义者，然后退而求其次成为素食者，接着是鱼素主义者，最后变成了一个有责任心的肉食者，只吃采用人道方式饲养的当地动物制成的肉类产品。我还尝试着吃时令蔬菜和全有机食品，并拒绝转基因食品，但最后统统失败了。屡战屡败的众多因素中，打理菜园子时遇到的挫折算是其中一个。我想种植、采购和烹饪新鲜的多叶蔬菜，主要是为了我的孩子们，但是我有全职工作，做起饭来总是匆匆忙忙，对加工食品也没什么抵抗力。而且，我还爱吃汉堡、牛肉、炸鸡、烤火鸡、各式各样的早餐肉和生活在田纳西州必吃的烤排骨。

吃肉的习惯，会让我的良心感到格外不安。其实，我非常清楚传统的家畜饲养模式以及选择肉类食物会带来哪些环境上的影响，没有一个环保主义者会忽略这些事实。我知道生产一份牛肉所留下的碳足迹要比鸡肉高出 4 倍，而生产一份鸡肉所留下的碳足迹又比小扁豆高出 3 倍。在重拾烧烤之前，我已经坚持好几个月不吃肉了。

可持续食物的倡导者们仔细审视了我们食品系统存在的不足。但是，如果他们真的深入研究过的话，就会发现他们所探究的各类大型解决方案大部分只适用于拥有足够的时间、收入和创造力去烹饪来自社区支持农业（CSA）的食材的人群，而且还需要一定的文化背景，这样才会知道社区支持农业到底是怎么一回事。他们常常提出取缔在美国农作物生产中占重要地位的工业化农场的想法，还建议我们抵制转基因种子，但美国超过 70% 的玉米、大豆、棉花和水稻都使用了转基因种子。倡导者们认为，我们应该去适应大幅度提高的食品成本。在未来几十年的时间里，物价上涨确实在所难免，价格上涨过快势必会让大多数消费者倍感压力。正如食品历史学家比·威尔逊（Bee Wilson）所说，"至今还没有人能想出一个两全的办法，既可以对营养过剩的富人提高物价，又不至于让营养不良的穷人拮据潦倒"。[26]

高价食物深受时下流行的高端美食文化的追捧，推崇如名厨亚当·梅洛纳斯（Adam Melonas）制作的章鱼棒棒糖这样的菜品。这道菜具体的制作方法是，将一只"低温烹煮过的章鱼浸泡在橘色和藏红花色的卡拉胶中，再置于莳萝的花柄上"。热门节目如Netfix纪录片《主厨的餐桌》（Chef's Table）和美国公共电视台推出的《大厨异想世界》（The Mind of a Chef），呈现的多为上千美元的"经典法式牛肋排"，以及覆盖着可食用金箔、价格为数百美元的甜品，这些节目所吸引的数百万观众或许正窝在沙发上，吃着人类有史以来品质最为糟糕的深加工食品。甚至连我这样食材预算有限、厨艺一般的人，也被媒体上所呈现的梦幻生活所吸引。比如说，我会去《美味》（Saveur）杂志中翻找浓缩咖啡粉烩牛肩肉的食谱，然后条件反射似地赶往全食超市，虽然我压根不知道牛肩肉是什么。我陷入了一个怪圈，现代食品系统已经处在最危险的边缘，而我却成了无节制饮食文化中的一分子。我开始感到不安，地球开始升温，而我自己却还在摆弄牛肩肉。

人们对于食品技术存在深深的不信任感[27]，其中一部分原因在于食品行业一路跌跌撞撞，经历过很多次惨痛的失败。以20世纪40年代研制的化学杀虫剂DDT为例，在农作物上施用了几十年后，科学家们才发现这种杀虫剂会导致鸟类死亡，使乳腺癌发病率增加四倍。[28]这是美国政府一开始批准使用、在很长一段时间内造成健康和环境危害后又禁用的几种农用化学品之一。再举一个例子，糖精和阿斯巴甜一度被宣传为具有创新性的低卡代糖，后来它们被用在老鼠身上却发现会致癌。类似的还有人造奶油，过去销售时被描述为易储存且有益心脏健康的黄油替代品，之后却爆出其中含有对心脏健康不利的反式脂肪成分。从麦芽糊精到味精，食品中的许多配料都源自美国数百万英亩的玉米田，虽然颇具创新性且有利可图，但不一定对人体健康有益。在上述这些以及其他数不清的例子当中，技术往往会起到适得其反的作用，它让我们的食品系统变得不那么智能，而且还会带来更多的问题。

除此之外，引起人们关注的还有下列问题。首先是除草剂的过度使用，世界卫生组织在 2015 年指出，市场上销售了 41 年之久的除草剂 Roundup 对人体健康存在威胁。[29] 其次是合成食用色素的滥用，目前这种色素被发现和儿童多动症有关。[30] 再次是三文鱼的养殖，人们使用玉米饲料使鱼增肥，但实际上这种饲料从来不会出现在任何自然水体生态系统中。最后是农作物基因工程的应用，《纽约时报》封面内容曾指出基因工程"达不到承诺的结果"。[31]

因此，《国家地理》《连线》等杂志将发展中的新一轮农业技术浪潮称为下一场绿色革命[32]，而买账的美国消费者少之又少，对此也就没什么好惊讶的了。比尔·盖茨在 2014 年的微软股东大会上指出，"再创造食物的时机已经成熟"。如今，大量公共和私人投资涌入粮食生产创新领域，传统农业企业和其他行业巨头如微软、谷歌和国际商业机器公司投资了数十亿美元。植物遗传学、养耕共生、大数据和人工智能等领域的企业家们正争相构建一个更加完善、"智能"、适应力强的食品系统，并且希望找到能够维持粮食产量的新方法。

一些企业家抱着社会改良的幻想，希望在控制气候变化的同时可持续、公平地为全球提供食物，而另一些企业家则看到了其中的机遇，即未来90亿人口巨大的粮食需求。他们明白，只要攻克了粮食安全的难题，就可以像约瑟那样在必将到来的萧条期掌握王国的管理大权。不管他们这么做的动机是什么，都引起了一定的争议。大多数可持续食物倡导者一听到再造食物的想法就会恼怒不已，他们想要还原食物的本真，倡导回归到工业化和绿色革命之前的有机和生物动力生产模式，而对于这样的想法，质疑者肯定会反驳道："对，是不错，但是可以量化生产吗？"毋庸置疑，回归传统的种植方式能够产出更加优质的食物，但问题是这么做能不能生产出足够的食物呢？

自从诺曼·博洛格开始培育现代小麦以来，再造食物和还原食物本真这两大阵营的分歧便一直存在[33]，所引发的争端如今已演变成一场充斥着夸大之词、极端保守主义和陈词滥调的失控论战。一方认为技术会起到破坏作用，另一方则认为技术是万能药。一方留恋过去，另一方则向往未来。查尔斯·曼恩（Charles Mann）在他最近的一本书中，把主张再造食物的阵营称为"巫师"，把主张还原食物本真的那一方称为"预言家"。他写道："巫师们遵循着博洛格的模型寻找技术解决方案，而预言家们却指责我们疏忽了其所带来的影响。"曼恩还做了进一步的解释，他指出"在预言家们看来，博洛格那种高产的工业化耕种模式或许可以在短期内取得成功，但从长远来看，会使生态清算日来得更加猛烈。滥用所造成的水土破坏会导致环境崩溃，而这反过来又会造成全球社会动荡。对此，巫师们则回应道：那正是我们在努力预防的全球人道主义危机！"

多年来，我一直都在留意这场论战。渐渐地，我认识到这样的争论其实对大家没有任何帮助，于是开始思考接下来的两个问题。为什么一定要二选一？为什么我们不能两者兼而有之？在我看来，肯定能找到一种解决方案，把这两种方法结合在一起，就像我们高中时代学过的经典黑格尔辩证法中的双向箭头。我们所面临的挑战在于借鉴前人的智慧，与此同时，从最先进的技术中汲取经验，从而找到粮食生产的"第三条路"，让我们在增加作物产量的同时恢复而非破坏最根本的生命之网。

2013年打理菜园子失败后，又经过了几年，我遇到了纽曼夫妇——克里斯和安妮。他们是一对务农的年轻夫妻，住在弗吉尼亚州北部海峡地区。安妮是一位艺术家，而克里斯是一名软件工程师，他们的事迹充分说明了生态耕种和技术创新不只可以共存，而且能够相得益彰。在整个研究的过程中，我见了很多人，其中有科学家、社会活动家、主厨、工程师，也有主管、程序员、教育工作者和农民。和纽曼夫妇一样，他们每个人都在为找到粮食生产的第三条路做出努力。

这些人大多会在接下来的章节里出现，而在本书的结尾处，我们会去克里斯和安妮的农场拜访他们。农场位于波托马克河附近，除了这对夫妇和他们两个年幼的孩子，农场上还生活着上百只鸡、几十头猪，以及成片的果树和坚果树。

事实上，我初次关注到克里斯·纽曼（Chris Newman），是因为看到了他发表在网络上的一份宣言《干净的食物：如果你想拯救这个世界，就要克服自己》（Clean Food: If You Want to Save the World, Get Over Yourself）[34]。几周后，当我读完克里斯撰写的那篇文章以及其他有关农场生活的文章（量还挺多的）时，就去了他家。克里斯生活在华盛顿西南部的一个黑人街区，妈妈是非裔美国人，爸爸是印第安人。他从小就是优等生，后来成为软件工程师，在美国财务部从事高级工作。这份工作强度很大，以至于克里斯因胃疼而感到身体不适。他经历了长达数月的活检和结肠镜检查，看了很多专家，才最终确诊病因——压力。起初，安妮就觉得是压力所致，这个想法后来被医生证实。

2013 年，克里斯当时正处于康复阶段，他读了迈克尔·波伦的《杂食者的两难》（Omnivore's Dilemma），这本书是他在从邻居那儿借来的一摞书里找到的，克里斯对书中的一个人产生了兴趣，那就是波菲农场的创始人约珥·萨拉丁（Joel Salatin）。萨拉丁构建了完整的畜牧业体系，模仿自然系统，将多种农作物和家畜整合在一起。克里斯从中发现了孩提时代了解的某些本土农业运作模式，于是在几天时间内报名了萨拉丁的工作坊。很快，他和安妮酝酿了一个计划，准备开始务农。到 2018 年，克里斯出售高端有机肉类和蔬菜已有 5 年的时间，他却开始对自身追求的效果甚至道德理念产生了怀疑。

他的那篇宣言开头是这么写的："我是一位永续耕作的农民，目标是构建粮食生产的自然生态系统。我的梦想是世界能为消费者便捷地提供有利于身体健康的营养饮食，让生产者得以维生，同时也

克里斯·纽曼正在察看一只鸡的情况

让地球变得宜人且适宜居住。很多人和我怀抱着同样的梦想，他们有的是永续农艺家和自然农人，有的是育苗人或者吃货。但我担心（我们正在）屈从于部落文化，而忘了拯救地球其实就是在拯救全人类，甚至那些喜爱廉价汉堡和可乐的人也包含在内。我们正在挖掘掩体，释放那些不认同、不理解我们或者虽然理解却束手无策的人心中的怪兽。"

接下来，克里斯描述了对可持续粮食（他称之为"干净的食物"）生产的"可达性差异"。他和安妮所售卖的产品包括 12 美元一磅的猪排和 4 美元一磅的鸡肉，而这样的价格只有高端市场和饭店才能负担得起。降价可能会让他们面临倒闭："我们的食品是不可达的，人们就是接触不到。该死的食品价格几乎超过了所有人的预算，这就是可持续食品体系存在的最大问题。那些种植、出售和食用这类食品的人，在谈及解决方案的时候非常漫不经心……在我们做到之前，就有这些'拯救世界'的东西？全是胡扯。"

进行了如此猛烈的抨击后，这位由程序员转行而来的 36 岁农民开始着力推广技术的运用。他对自动农具和只需少量水就能种植蔬菜的室内垂直农场赞赏有加，甚至呼吁推广在实验室培养皿中培育出来的不含动物肉成分的人造肉，并指出："如果技术能在不产生负面环境影响的前提下为人们提供物美价廉的肉制品，那么我就无权只因为它出现时间不久、听起来有些奇怪或者可能会威胁到我的潜在收入来源而抵制这项技术。"

克里斯在长文的末尾明确指出，自己不会放弃永续耕作，只是希望主张还原食物本真和再造食物的两大阵营达成和解。他对其他育苗人说道:"所以,让我们滋养土地,产出更加优质的食物,让那些实验室里的研究人员也做好自己的工作。因为无论是否接受,我们之间都是彼此依赖的。"

通过这次拜访,我发现克里斯和安妮正着力引入一些新的耕作手段和工具,而这些东西在其他农民眼中却十分令人讨厌。克里斯说道:"我们既保守又开明,但这并不自相矛盾,而是一种最佳的农业生产方式。"他指出,从人类文明发端以来,农业耕种就一直是一项高风险行业,而在如今这样一个气温更高、人口更加密集的世界,"你必须更加智慧地开展农业耕种"。

如果说纽曼夫妇从头 5 年的务农生涯中领悟到了什么,那就是21 世纪的粮食生产存在各种各样的风险,不仅要敢于冒险,更要懂得如何进行风险管理。克里斯告诉我:"要尽己所能,去理解农民所面临的风险,正常情况下种植粮食本就不易,而身处不断变化的环境当中,粮食生产会变得难上加难。"认识到这一点后,我们将一起前往威斯康星州的欧克莱尔,来到安迪·弗格森的苹果园。这位 32 岁的二代农民深知自己所处的行业虽然面临不断增加的风险,但是依然可以带来持续性的回报。

02
濒死的果树
Killing Fields

暴风雪并不会让果园状况变得糟糕[1]；
要做的是不能让它变热。
"你已被告诉过很多次，
保持低温，年轻的果园，保持低温，
50 华氏度远比零下 50 华氏度可怕。"
——罗伯特·弗罗斯特（Robert Frost）

2016 年 5 月 15 日，安迪·弗格森像往常一样在凌晨 4 点 29 分起床，比闹钟响提前了几秒钟。他很快注意到卧室的窗户上结了一层霜。他从床上爬起来，安静地换上衣服，灌了一瓶咖啡，然后缓缓地走向自己的那辆福特 F-350。在黎明前的黑暗里，他呼出的气化作团团冷雾。但安迪并不担心——天气预报说温度会低至 30 华氏度，这点低温他的苹果树还能扛得住，不过，空气中暗藏着不祥的气息。

安迪驱车来到果园附近的一个数字气象站，上面记录了前一晚的温差变化。大约凌晨两点的时候，水银柱落到了 26 华氏度的位置上，之后就再也没有动过。他急了。在任何时间段内，只要气温持续低于 29 华氏度，都是实实在在的威胁。苹果花组织中的水分可能会结冰，形成冰晶，导致细胞膜破裂，使果实停止生长。

弗格森朝着离他最近的蜜脆苹果树走去，他从树枝上摘下一朵花，从腰带上的工具包中扯出一把 3 英尺长的小折刀，然后把花放在左手的手掌里，用刀尖在中间划了一道，将杯形的花朵切开。里面是苹果生长成熟最初的形态，只有 1 厘米宽。几个月后，我们碰面，他告诉我当时的情况："本来应该是绿色活体组织的地方，已经变成了黑棕色。而你最不希望看到的就是这样的黑点——因为它意味着苹果花结不了果了。"几年前，他也经历过不少类似的情况。2012 年晚春的那场霜冻让他失去了 90% 的收成。弗格森说道："如果你陷入绝望，那么你就无法在这个行业立足生存。要么积极应对自然母亲给你的挫折，要么就换件事做。"当时，他用手机拍了一张苹果花切片后的照片，然后开始往山坡上走。苹果园里有不少山坡。他知道冷空气聚集的时候，生长在低洼地方的果树更容易受损。

当时，安迪和他的父亲及哥哥在威斯康星州西部总共有 3 个果园，相互之间都在半小时车程内。驱车半小时——差不多就是 20 英里（1 英里 =1.609344 千米）的距离——足以分散风险。举个例子，如果其中一个果园遭遇了雹暴，其他的果园则可以幸免于难。位于欧克莱尔的果园是 3 个果园中占地面积最大的，也是安迪和妻子及两个女儿安家的地方。这里也是他初吻、求婚和举办婚礼的地方。

他熟悉每一棵盘根错节的老苹果树，包括麦金托什、科特兰、里弗贝莱、哈拉尔森和蜜脆，他都能叫得出名字，而且对新品种赛斯塔和帕扎兹的幼龄果树也了如指掌。2012 年，安迪在威斯康星大学麦迪逊分校拿到法学学位，便和父亲一起打理家族生意。这对父子档已将果园占地面积扩大到 350 英亩，收成好的时候可以收获 700 万个苹果。他们采用让本地居民自采自摘的零售运作模式，剩下的苹果则会批发给沃尔玛、山姆会员店以及当地超市。

　　月光下，安迪家四周的果树林有一种优雅脱俗的美丽。树上长出了大片"雪球般的花朵"，苹果花缀满枝头，一眼望去仿佛刚刚下完一场浅粉色的雪。2016 年的冬天是个暖冬，是有记录以来冬季气

弗格森果园中雪球般的花朵

温最高的一年。那一年，果树纷纷进入花期最初的阶段——萌芽期，而且时间提前了一周。现在，花瓣都长出来了，花朵完全绽放开来。唯一的挑战似乎是花的数量过多，需要减少 80% 左右。安迪特别担心那些新品种的苹果树——结果数量过多，会吸收新树树干和枝条的营养和能量，久而久之整体的产量会减少。5 月 14 日晚，他一直在思考这件事，迷迷糊糊地睡了过去。如果每棵果树开出 80 朵花的话，那么一周时间内就得修剪掉大约 300 万朵花。

第二天早上，安迪扫视着果树，查看有没有需要抢救的果实，而不是有选择性地摘掉其中的部分。走到山坡上的几排果树中间，他又摘下了一朵花，用刀片将它切开，同样也看到了破裂的组织。他继续往上走，加快步伐，挨个对果树上绽放的花朵做了小手术。他把其中一份切面标本的图片发给了父亲，并附言道："这里的气温降到了 26 华氏度，很多花被冻死了。"父亲在弗格森果园以南 20 英里的位置，他的果园也出现了类似的情况。到了中午，安迪已经剖开了 200 多棵苹果树上的花朵，但没有一朵是幸免于难的。弗格森家族不知道持续几周的霜冻会产生什么样的影响——5 月份气温低于零度的 4 个小时，已经导致 600 万个尚在萌芽期的苹果被冻死。3 个果园的总产量锐减近 3/4，最终收成损失将会超过 100 万美元。

霜冻过后的几天，安迪醒着的时候大部分在抽样检查苹果花的情况。他用一种类似于电线钳的金属小仪器——千分尺，对所有能找到的果实的生长情况都进行了测量。他把数据汇总在一起，制成电子表格和图表，以便更好地掌握 3 个果园损失的情况，这项任务十分艰巨。安迪回忆道："每 50 朵或者说 100 朵花中，我可能会发现一朵还存在着活性组织。周二的时候量出来是 4.5 毫米，两天后再回来测量一下，没准儿就是 6.5 毫米。接着我就走了，这是个好势头。然后我又会发现另外一朵长到 4.5 毫米且没被冻死的花，可是之后花朵便停止生长，再没有生命迹象了。我知道其实整个过程是在做无用功，因为如果花蕾可以结出果实，那就一定可以长出苹果，而如果花蕾遭到了破坏，那就是坏掉了。你无法在那个点上扭转命运，只是试图去获得某种程度上的掌控感。"

　　不久后，安迪开始前往该地区损失更加惨重的一些果园，帮助种植者评估他们的损失。一年前，他被推选为威斯康星州苹果种植者协会的会长。有这样一份职责在身，他很快就向政府办公室请愿，要求宣布进入灾害状态，帮助没有购买保险的农民承担作物冻害的损失。与此同时，安迪着手研究如何保护苹果免受暖冬和晚春的各类冻害。2016 年的这场霜冻，和 4 年前那次花期提前和异常霜冻造成果园大面积受损的情形如出一辙。如果这些极端天气成为一种新常态的话，那么安迪和其他种植者就需要筹划出一个新的计划，以保障该地区果实的存活。

　　在农业科学家驯化的众多野生水果作物中，几乎没有一种像苹果这样进行了如此大的人为改造，与最古老的苹果相差甚远。现代苹果和古代苹果的相似程度，就像潜水艇和莱特飞机。公元前 1000 年前后，来自哈萨克斯坦东南部的苹果树种子经由丝绸之路上的商人被传播到世界的各个角落。[2] 最终，数千种野生苹果品种遍及美国和欧洲，但从此苹果品种锐减至十几种，并在全世界选育上市。

野生苹果树高度可达 100 英寸（1 英寸 =2.54 厘米），宽度也是如此，树的寿命为一个世纪左右。如今，经过驯化的苹果树被矮化了 10 英寸，为的是更方便快捷地进行采收。苹果树的结果年限不到 30 年甚至不到 20 年，而且很多树根本不是自然的生长形态。安迪·弗格森的赛斯塔和帕扎兹苹果树都被绑到了棚架上，栽培的苹果树更像是藤蔓或者树篱。野生苹果无论是大小、颜色还是口味，都存在显著的个体差异。梭罗曾写道，一些野生苹果尝起来"口感丰富，有独特风味"[3]，而其他的则"酸涩到让松鼠的牙根都发酸"——和我们今天大部分人所买到的微酸带甜的红绿苹果截然不同。

现代和古代苹果最显著的差异在于繁殖方式。苹果是杂合植物[4]，这也意味着每一颗发育成果实的种子都与果实本身存在基因上的差异。也就是说，任何一个野生苹果的外在特征可能都与其亲本有所不同，而果实中的种子又会繁育出带有另一串基因序列的后代。从进化发展的角度来说，杂合性是件好事，但如果你想要的是性状稳定且可繁育的果实，情况就不同了。这也是现代苹果园运用克隆技术来繁育超市中有限的苹果品种的原因。亲本果树的枝条被嫁接到接穗或根茎上[5]，这样一来，果园里就都是选育品种的基因复制品了。

我喜欢甜味，又爱咬起来嘎吱嘎吱的爽脆口感，贪心地希望一年四季都可以吃到苹果，所以喜欢现代果园种植的苹果。不过，苹果树上出现的虫害、真菌和其他病害也与克隆所带来的稳定产出有关。随着时间的推移，苹果小卷蛾、潜叶虫以及黑星病和火疫病等已经进化出更加巧妙的办法侵入苹果树和处于各个生长阶段的果实。到目前为止，种植者和农业科学家们已设法用技术方案解决了以上几乎所有的环境问题，而且以化学药品为主。施用于苹果的杀虫剂和杀真菌剂比其他任何一种水果作物都要多。[6]而种植者和大自然之间的危机持续的时间也远远超过了收获季。

如今，美国的苹果在上架前都会储存 6—12 个月。[7]二年生苹果树每隔一年结出果实，且只在秋季，但消费者需求是常态化的。几十年前"气调储藏"方式的出现，使批发商得以满足消费者对苹果常年的需求。在储藏过程中，需要调整和控制储藏设施内的温度和湿度以及氮氧含量，从而控制苹果通过表皮细小气孔"呼吸"的能力。储藏环境会大大减缓熟化过程，这样一来，苹果即使在仓库中存放一年多的时间，口感也依然新鲜。

值得注意的是，几项重要研究都发现苹果的抗氧化活性在储存过程中几乎没有下降。[8]而《营养学杂志》（*Journal of Nutrition*）中的另外一项研究则表明，在次优储藏环境中，一个苹果在 6 个月内抗氧化成分会下降近 40%。[9]但不管怎样，现代培育工具和长时间储藏已经大幅提升了获取苹果的便利程度。对于大多数美国家庭而言，"一天一个苹果"的准则直到 20 世纪 50 年代才在财务支出和地理分布上成为可能。如今，苹果生产在美国成为价值高达 40 亿美元的行业[10]，而全球超过半数的苹果供应来自中国。[11]富有光泽的红绿苹果所搭起的完美金字塔，是美国超市的重要支柱，在全球各地的商店都能买到。无论我去哪里旅行，不管是挪威偏远的小镇，还是肯尼亚的乡村市场，都能看到苹果的身影。而且不管在哪里，苹果都长得差不多，就像在坚固的显示器中组装的许多甜美多彩的砖块。苹果的生产到了无穷无尽甚至不可侵犯的地步。很难想象这些无处不在的苹果仍然来自大自然，而且仍然处于自然的支配下。但这是理所当然的，它们仍然处在自然的支配之下。

我拜访安迪·弗格森位于欧克莱尔的果园是在 7 月份，那天万里无云，距离 5 月那场造成巨大损失的霜冻已经过去了两个月的时间。在我这样的外行人眼里，果园里的果树非常健康，充满生机。果树成排种植，缀满了泛着光泽的绿叶。一排排果树中间的地面上是厚厚的青草地。去年的整个春天，我一直在研究气候变化对于农业更加直观的影响有哪些，如席卷巴西种植园的咖啡锈病，埃塞俄比亚的玉米田因干旱而枯萎。威斯康星州的灾害看起来不那么明显，但很快我就发现这里的严重程度并不亚于其他地区。

我从格林湾出发前往欧克莱尔，一路驱车经过成片的玉米田。在夏日的阳光下，玉米田如同一大片水域广阔而闪耀。威斯康星州是美国的"乳制品之州"，出产的奶酪和黄油占美国总产量的 1/4，同时它也是第二大牛奶供应地。该州的农田大多用于饲养娟姗牛和荷兰奶牛，还有一些为它们提供饲料的玉米田。弗格森果园入口处木质欢迎牌上的文字"弗格森果园：苹果、南瓜和欢乐"，打破了一路过来玉米茎秆的单调沉闷。园内的欢乐是显而易见的，安迪在仓棚旁修建了一个大型立体方格木架，还用栅栏围了一片区域作为宠物乐园。

在成长的过程中，安迪一直是个难得的、能够为遥远的奖励持之以恒努力的孩子。刚开始创业的时候，安迪经营一家草坪护理公司，有 3 台手推式剪草机，还有一名员工，那时他 13 岁。靠着草坪护理，安迪赚到了购买 1984 年款 GMC 吉米车所需的 4000 美元。这辆卡车一直停在车道上没有动过，直到安迪到了可以考取学习许可证的年纪。考取到十级后，弗格森将热情扑到了果园上，周末和夏天都在那里劳作，学习和了解销售苹果这门生意的方方面面，包括嫁接和记账等。他告诉我："我一开始就意识到，只有特定类型的人，才会热爱这份工作，你需要未雨绸缪，富有耐心，脸皮还要厚一点，而我很清楚自己就是这样的人。"

安迪从法学院毕业时曾被列入优等生名录。美国中西部的两家公司和一家五百强企业纷纷向他抛出橄榄枝，并为他开出 6 位数的年薪。安迪一一拒绝了，他选择继续父亲的事业。安迪的父亲曾在明尼苏达矿务及制造业公司担任工厂经理，后来离开了大型企业，并买下土地，开始打理弗格森家族第一个占地 100 英亩的果园。从体格上来讲，安迪几乎与传统认知里的农民无异，他身材魁梧，肩膀宽大，面颊红润，手也很大，大到可以单手握住 6 个蜜脆苹果。他看起来像是典型的正在崛起的中西部农民。今年 32 岁的他在这个行业里相对年轻，和美国趋于老龄化的粮食种植者很不一样。

过去半个世纪以来，美国的农场规模呈指数级扩大，而农民数量却从 1910 年的 600 万人 [12] 减少至今天的 200 万人 [13]。托马斯·杰斐逊（Thomas Jefferson）一度将农耕生活奉为美国式理想的化身，即"在土地上辛勤劳作的人都是上帝的子民……他们的胸膛里装着与众不同的质朴真切的美德" [14]，这促使着农民们付出心血汗水，尤其是年轻一代。在美国，农民的平均年龄是 57 岁 [15]，而且有相当一部分人的年龄超过 70 岁。如今，农场主的数量占比不到全国人口的 1% [16]，却经营着美国 40% [17] 左右的土地。在每位农民短暂占有并照料土地之后的很长一段时间内，土地都会存在，而且会和其他任何一项因素一样，决定着未来数代人的生存与成功。

安迪和纽曼夫妇一样，认为农业正处在新旧世界发展战略的奇妙十字路口上。他评论道："在所有行业中，农民是最接近自然的。从传统意义上来讲，我们认为很多因素是不可控的，可是我们必须采取积极的行动。我们无法与大自然对抗，我们所种植的作物都源于自然，但我们可以影响和改变自然发展的方向。"安迪没有将近年来困扰果园生意的雹暴、花期提前、春季严重霜冻、夏季异常干旱等极端天气事件同气候变化联系在一起，他说："我不太关注围绕气候变化展开的争论，双方都存在过激之处。"对于气候变化这一政治问题，美国中心地带的农民一般不会过多地关注。而当我要求安迪谈谈国际社会对于气候科学的广泛共识时，他拒绝了，并指出："这个问题超出了我的认知体系。我是农民，运用的是作物科学，不是一位从事农耕的科学家。"

他承认，"至少就自己的果园和当地的情况而言"，耕作条件正变得更加难以预测且充满不确定性。他决心要找到在新常态下取得成功的方法，而且对此十分乐观。安迪说："植物可以适应，那么我们同样也能做到。这或许就是我们人类比其他物种更为优越的地方，我们懂得创造工具，懂得适应环境。"

在安迪看来，无论是为迎合消费者口味变化而培育的酸甜可口的新品种，还是在自家果园里为满足更大需求而搭建的高密度"水果墙"，或是 2015 年那场破坏性的雹暴发生后在具有最高价值作物的大片区域安装的防冰雹网，以及使用新一代的"信息素诱捕器"释放人工合成的性信息素引诱捕食性昆虫并实现无毒杀虫，都证明了他的话是正确的。安迪计划在果园里尽可能杜绝使用杀虫剂，转而使用信息素诱捕器和其他防治虫害的方法。安迪对于苹果采摘机器人寄予厚望，他认为将其投入使用的话可以降低果园的采收成本。同样地，安迪也乐于接受运用基因工程来培育自带抗虫性和耐旱性的苹果树。不过，他也指出，要实现培育"智能"水果树，至少也要花上数十年的时间。

安迪每周都要对果园例行考察，他开着卡车或者徒步扫视苹果树，观察有无损害的迹象，留意并解决任何潜在的病虫害问题，这次他邀请了我与他同去。他身穿蓝色牛仔裤和 T 恤衫，头戴一顶带有弗格森果园标识的棒球帽，还戴着一副弧形太阳镜，偶尔将眼镜摘下来的时候会露出眼睛周围几道非常明显的褐色晒痕。每到一处，安迪都会指出果树各种各样不尽如人意的地方，有些和 5 月那场霜

从俯拍的角度看安迪的棚架墙更像是行栽作物而非苹果树

冻有关，有些则是一些常见的环境压力造成的。经过几小时的考察之旅，满目翠意的果园在我眼里开始变成了植物版的急诊治疗室，病患们情况不一，有的是断肢、致命肿胀，有的则是皮肤烧伤和心脏骤停。

　　我们步行穿过欧克莱尔果园里种植着幼龄帕扎兹苹果树的区域。该新品种为蜜脆苹果的变种，由威斯康星州一位私人苹果培育员育种。帕扎兹的果肉组织类似于蜜脆，细胞比正常的要大。安迪描述道，一口咬下去，"果肉在嘴里迸开而不是裂开"，因而比起传统苹果品种更加丰沛多汁。从口味上来讲，帕扎兹更加酸甜可口，糖分和酸性物质的含量更高，而且安迪认为额外的趣味性会让这一品种获得巨大的商业成功。两年前，他用高密度棚架种植了 4 万棵帕扎兹苹果树。如今，这些苹果树已经长在了一起，如同藤蔓一般，成了一片连绵不断的水果墙。

原本安迪还打算在霜冻来临前对这些果树进行花朵的修剪。结果可想而知，出现了完全相反的情况，帕扎兹苹果树几乎光秃秃的，结不出什么正常的果实了。我们从一棵苹果树旁走过，树上零星地长着几个苹果，个头和脐橙差不多。对于一棵幼龄果树而言，能在7月中旬结出这样大小的果实已属难得。安迪用手抓住树上的苹果，说道："看看这苹果已经多大了，还有两个月的生长期呢，到秋天的时候它的个头会变得很大，跟个小南瓜似的。"在正常情况下，那棵幼龄苹果树原本可以结出20个左右成熟的苹果，如今却将所有的养分和能量都供给了霜冻中存活下来的几颗果实。任何一种果树的生物学目标都在于吸引动物来品尝美味的果实，并传播其种子。在这种情况下，果树为了更好地吸引食草动物，会努力让为数不多的果实个头长到最大，但是这番努力却偏离了正途。安迪指出，幼龄苹果树无法重新调整其养分供给，导致"苹果生长过快，可能到了采收的时候，会出现果肉膨胀导致果皮破裂的情况"。几个月来，我的脑海里总是浮现这一幕，一棵纤细的果树为了存活下来结出果皮破裂的硕大苹果，着实让人揪心。

我们坐上卡车，前往一片树高18英尺的蜜脆果林。这里的苹果树有7年的树龄，正处在盛果期。一些苹果花位于枝杈深处，因而躲过了一劫，没有受到霜冻的影响。安迪指了指几个圆滚滚的正常个头的苹果，在靠近中间的位置有几道棕褐色的条纹，安迪称之为"霜冻环"，是5月15日霜冻结束后接踵而来的又一次霜冻在仍处于生长期的幼果上留下的伤痕。安迪指出，其中一棵树折断了几根枝条，或许是根部受损的迹象。他还向我展示了其他果树上畸形的小个头苹果，像握紧的小拳头似的。这些苹果同样幸免于难，历经多次霜冻而存活下来，但是由于细胞遭受损伤，他们一个个都长得奇形怪状。安迪告诉我，他会让这些带有霜冻环和形状奇怪的苹果继续留在树上，用来饲养马匹，或者制成苹果酱。

安迪来到一棵蜜脆果树前，眯着眼睛打量着树叶，问道："有没有发现这些叶子看起来无精打采的？"我分辨不出来，在我眼里叶子们长势不错。他摘下一片树叶，细细端详，然后从腰带上的工具包中取出一个小袋子并打开。袋子里面有一个 6 英尺高的显微镜，是安迪从网上订购的一套高中生物课工具包里的。他将叶片放在显微镜下，仔细查看。"是螨虫。"他咕哝道。安迪给我看了一下螨虫存在的证据，并将这棵树的位置记录了下来。

在旅程接近尾声的时候，我们来到一片成熟的麦金托什苹果林，树龄为 20 年左右。其中一棵苹果树给人的感觉颇为震撼。这棵树很纤细，病恹恹的，和其他的果树比起来要矮小一些，树上几乎没有什么叶子，但是孱弱的黑色树枝上却硕果累累，挂满了数百个苹果，着实让人费解。安迪解释道："这是一棵垂死的树最后的一口气了——看到这一幕总是怪怪的……它知道自己时日无多，所以拼尽全力结出大量的苹果，因为它有自己的生物学使命，要保证血脉的延续。"他补充道，这棵树原本是因为染上一种病毒性疾病才逐渐衰弱的，而霜冻来袭又给了它最后一记猛击。这棵树的树龄较大，又病恹恹的，导致花期推迟，也因此没有受到霜冻的影响。这里有一个奇怪的恩典笔记——这棵树虽然染了病，却能在生命走到尽头之前，最后一次将如同万福玛利亚般神圣的遗传信息播撒到世间。虽然在这片种植着克隆树的果园里传递遗传信息说到底没什么意义，但我还是会萌生这样奇怪的念头，希望能够见证果树最后一次结果，充分证明植物在面临更大磨难时坚韧不拔的原始意志。

　　苹果树本身具有一定的前瞻性，喜欢生长在四季分明的地区，樱桃树、桃树等其他核果类果树也是如此。为了能够在春天孕育果实，这些果树都需要经历寒冬的洗礼。数千年来，果树们已经认识到冬季会出现暖冬和其他天气不稳定现象，并进化出了一系列巧妙的生物学手段，来保护花朵免受伤害。

　　秋季气温下降，白昼时间逐渐变短，花蕾中激素含量不断上升，在冬季来临后进入休眠期并停止发育，即便是暖冬也不例外。为了打破休眠状态，苹果树必须达到一定数量的"低温单位"，每个低温单位意味着果树在零度以上的低温环境内要待满一个小时，温度区间在32华氏度到45华氏度。只有在这段狭窄的温度区间内，果树中的激素水平才会发生波动，将果树从休眠状态中唤醒，并开启新一轮的生长和发育。低温时段的原理有些类似于保险计划，就像交了自付额才能得到保障那样，苹果树只有在达到了一定需寒量的情况下，才会萌芽。冬季休眠结束后，果树开始累积一定数量的"热量单位"，或是处于温暖环境中数小时，从而产生促进生长的激素，最终促使花蕾绽放。

苹果树的需寒量一般为 800 — 1800 个低温单位 [18]，具体数量取决于果树品种和种植地区。佐治亚州和北卡罗来纳州等美国南部的苹果种植州往往处在温度区间的低值，但即便如此，由于近来的暖冬趋势，这些州还是遇到了问题。"需寒量不足"已经导致果树授粉环节脱离正轨，只有零星几朵苹果花或几乎没有苹果花绽放。这样一来，就无法完成同步授粉，并最终导致果实数量减少。

而在北部的苹果种植州，暖冬的出现也导致了反常的"过冷"现象。一般来说，在冬季，威斯康星州、密歇根州和纽约州等地区的果树会长期处在零度以下的低温环境中，果树会渐渐进入深度休眠状态。而出现暖冬时，果树在寒冷环境下"主动"睡眠的时间减少，在零度以上温度区间内所待的时间增加，因而累积了额外数量的低温单位。那些经历了"过冷"阶段的果树在开花过程中会变得更加脆弱。就像一个孩子平时吃太多糖果就会变得更加暴躁易怒一样，一棵经历了"过冷"的树，累积的低温单位数量过多，过度刺激就会导致春季开花所需的热量单位数量相应地减少。

这或许就是 2016 年春天安迪·弗格森苹果园里所发生的情况吧。果树在温和的冬季累积了额外数量的低温单位，以至于早春的暖空气一来，即使为期不长，它们也竞相开花。这是因为果树对温度信号做出了误判，以为春天已经到来。4 月初，花瓣在起到保护作用的花苞中绽放，比往年提前了一周的时间，霜冻一旦来袭就很容易受损。

除了美国中西部的果园，2016 年的异常天气也让其他地区摸不着头脑。几个月前，前所未有的暖空气和温度波动席卷新英格兰，导致了园艺学家口中的情人节（2月14日）桃子大屠杀。[19] 新罕布什尔州、康涅狄格州、罗得岛州的桃树花期提前了不止6天，而是整整近5周的时间。到2月13日，很多果园已经花开满园。而在情人节这一天，温度突然骤降至零下14华氏度。这3个州的果园里所有的桃花"无一幸存"，当年的桃子收成化为乌有。美国第四大桃子产地新泽西州损失了近40%的收成，而纽约州的哈德逊河谷则损失了近九成。该地区桃子收成损失的金额总计高达2.2亿美元。

威斯康星大学麦迪逊分校的园艺学家阿马亚·阿图查（Amaya Atucha）告诉我："你看看近年来水果作物所遭到的破坏，就会发现这一切发生的规模和频率都是空前的。数千年来，我们一直生活在气候稳定期，而目前我们正在见证一场变迁。环境条件不断发生变化，不只是对于苹果而言，对于葡萄、樱桃、桃子、蔓越莓和蓝莓来说也是一样的。这样的变化不仅发生在少数几个地区，它无处不在，所造成的破坏也无处不在。"来自美国农业部的杰瑞·哈特菲尔德（Jerry Hatfield）用词更加鲜明，他指出："这不单只是水果产业每7年或10年出现的一次全军覆没，如今这样的事件定期出现，无非是我们的双手染上更多植物的鲜血罢了。"

除了暖冬和花期提前，温度波动同样不利于果树生长。如果气温在几天内从75华氏度骤降至25华氏度（近几年冬天田纳西州出现过好几次这样的情况），那么对于正处在花期的果树而言就会形成巨大的压力。随着时间的推移，为了能在恶劣天气中生存下来，果树经历了一系列磨砺锤炼，去"适应气候和水土"。就像肌肉力量逐渐增强一样，果树组织也会逐渐对低温形成一定的耐受力。当气温降低、白昼时间变短，果树的树皮和花蕾会生成某些化学成分，防止结冰，保护其不受冻害。正如健美运动员可以通过锻炼达到举重400磅的效果，苹果树也可以通过逐渐建立化学屏障，对零度以下的低温形成耐受。但如果从100磅一下子加到400磅，那么不管是哪位举重运动员，都会受伤。果树也如此，不能从温暖迅速进入严寒。即使是在冬季休眠期，剧烈的温度波动也会破坏正处于休眠状态的幼芽，导致开出的花朵呈现病态，较为脆弱。

树根也会因此遭到破坏。一般来说，在冬季，大部分苹果种植区的雪会如同毯子般，维持地层土壤的温度，保护树根不受冻害。但是频繁的温度波动融化了落到地面上的雪，导致严寒来袭时树根变得更为脆弱。安迪指出，从根本上来讲，树根所遭到的破坏比花蕾更让人担心，因为"不仅失去了一次收成，而且整棵果树原本可以再结20多年的苹果，但也都化为泡影"。

2016年，除了威斯康星州的苹果和新英格兰的桃子损失惨重，美国乃至全世界都发生了许多前所未有的气候事件，比如得克萨斯州洪水肆虐，南极冰架破裂，印度部分地区出现128华氏度的历史高温，阿拉斯加州蔓延的森林大火以及纽约市持续两天厚达28英寸的积雪。同年，唐纳德·特朗普（Donald Trump）被选举为美国总统，并以此为契机公然反对气候科学。[20] 在选举中支持特朗普的各州 [21] 几乎囊括了美国所有主要的农业生产州，受特朗普青睐的加州除外，连摇摆州威斯康星州也包含在内。《成功农业》(*Successful Farming*)是一本有关农业综合企业贸易的杂志，记者吉尔·格利克森(Gil Gullickson)一直负责报道气候变化对"农业大州"所产生的影响。他告诉我，虽然"大多数农民承认天气趋势存在异常，但很多人依然保持着时下普遍的保守态度，认为环境科学家在胡说八道"。

然而，针对这些州所开展的农业研究却展现了截然不同的另一面。无论是Monsanto、Syngenta还是Cargill和John Deere，每一家大型农企都早在2016年到来前就认可和接受了气候科学，并纷纷建立起研究部门，形成系列产品，有针对性地解决气候变化所带来的问题。美国一些知名的农业大学也在同步开展研究，呈现气候变异对当地粮食生产的影响，有时会取得显著的成果。

密歇根州立大学的一个团队就樱桃生产展开了研究。密歇根是美国第三大苹果生产州和第一大樱桃产地。虽然樱桃树对于需冷量的要求低于苹果树，且树皮更薄，但是苹果树和樱桃树的开花方式大同小异，这使得它们对于气温变化更为敏感。2012年的冬天，密歇根州的樱桃收成遭受重创。暖冬过后，连续一周气温都维持在70华氏度，樱桃树在3月初便开始萌芽。但紧接着，4月一场霜冻降临，该州樱桃花无一幸免。密歇根州立大学的农业气象学家杰夫·安德烈森(Jeff Andresen)回忆道："密歇根州的水果行业损失了5亿美元，樱桃的损失尤为严重。"此外，那年苹果的产量也下降了近90%。

但是，果农的伤心事反倒对农业研究有利。在霜冻来袭前，安

被冻住的苹果花

德烈森带领一群研究生花了一年的时间收集气象资料，研究 1895 年至 2013 年这 100 多年来樱桃树花期的变化。他们通过密歇根州各地的气象感应设备或者记录在册的政府档案搜集数据信息。2012 年霜冻过后，安德烈森的研究又获得了额外的经费支持，同时也引起了更多的关注。该研究团队从以下三个方面入手，进行了更加深入的研究，即樱桃树的花期、春季霜冻和雨量水位。2016 年首次公布的研究结果显示出了较为严峻的形势，从 1895 年至 1945 年的 50 年时间里，三个维度的数据都维持在稳定的水平，但在"二战"后的几十年间，这些趋势却发生了显著的变化。[22]

其中，和花期有关的数据十分引人注目。安德烈森告诉我："职业生涯中总有那么几次，会遇到一些十分醒目又难以忽视的数据，这就是其中一次。"他所带领的研究团队发现，在"二战"后75年的时间里，温室气体的排放量迅速增加，樱桃树春季的发芽期已提前超过10天。1945年，"绿蕾期"即花瓣绽放前的阶段，一般出现在4月5日，而到2013年，这个日期提前至3月26日。

此外，霜冻数据也让安德烈森感到颇为吃惊。1940年以前，每年春季霜冻发生的次数不超过10次。而在1940年后的数十年时间里，霜冻发生的次数却增加至近20次。安德烈森指出："并不是说所有的霜冻都很严重，或者造成了巨大的破坏，但霜冻发生的次数越来越频繁了。"在他看来，这也代表着气候开始变得更加反复无常。最后一个维度即雨量水位，对于樱桃产业至关重要，因为樱桃一旦在采收前淋了小雨，薄薄的果皮就会裂开。安德烈森和他的团队发现，自1945年以来，春季降雨量平均增加了10%。

安德烈森说道："很多果农都向我反映，春季变得更加潮湿了，作物的花期纷纷提前，霜冻发生的次数也愈加频繁。但是，光看关于樱桃的数据就总结出更为宏观的时间趋势，这样的事情鲜少发生在我所研究的领域之中。"当我询问安德烈森他所收集的这些数据有何更大的意义时，他回答道："结论就是，如果你是一名果农，并且想要获得成功，那就必须具备莫大的勇气和决心。"

这一点对于美国东南部地区的桃子种植者来说更是如此。佛罗里达大学的园艺科学教授何塞·查帕罗博士（Dr. José Chaparro）指出，气温上升会导致该地区的农场出现新型害虫和病原体，而暖冬的到来和积温时数的不足则会造成果实个头变小、品相变差。至于苹果，需冷量不达标，会导致果树开花数量减少或花期不一致，查帕罗将这种情况称为"一场生产噩梦"。他发出警告，如果气候变暖的趋势进一步加剧，那么包括佛罗里达州、佐治亚州在内的东南部各州的桃子种植行业恐怕会面临崩溃的风险。目前，查帕罗正在加快培育能够耐受高温的新品种，他所带领的团队正从与目前大范围用于商业化种植的桃树相比具有更少需冷量的桃树中进行性状的挑选。[23] 查帕罗指出："说到底，我们希望能够对桃树进行改良，以适应新常态。"

在美国，除果农以外，种植其他作物的农民也同样在努力地应对气候转型。美国农业部的杰瑞·哈特菲尔德进一步向西探索，过去 10 年里的大部分时间他都在研究与玉米种植相关的类似时间趋势。他考察了过往数十年的数据信息，对两个时间段内艾奥瓦州中部地区春季降水量的情况进行了研究。哈特菲尔德发现，1900 年至 1960 年仅有两年的平均日降雨量超过了 1.25 英寸 [24]，而在 1960 年到 2017 年的这段时间内，其中 7 年中有 8 天或更多天达到了高降雨量阈值。总体而言，春季越来越潮湿，野草和虫害的挑战愈演愈烈，真菌和作物疾病也扩散开来。关键是，降水开始以倾盆大雨的形式出现。哈特菲尔德发现，从 1980 年至 2010 年，4 月到 5 月中旬适合农田作业的天数减少了 3.5 天。这是因为暴雨天泥土会被雨水浸透，导致重型农业机组根本无法作业。他指出："就算只是少了一天的农田作业，也会带来巨大的损失。"

美国西部和南部所面临的环境挑战，与中西部和东北部地区截然不同，不再是反常的霜冻天气或是愈加潮湿的春季，取而代之的是热浪、森林火灾和严重干旱。当气温超过某个数值，植物就不得不通过呼吸作用释放更多的水分[25]，从而达到降温防暑的效果，也因此消耗了通过光合作用获得的能量，造成减产。而在降温过程中水分的缺乏，则会导致植物晒伤乃至死亡。哈特菲尔德指出："对于美国大部分农民而言，水资源可利用量正日益成为作物生产中主要的限制性环境因素。"2011 年得克萨斯州发生的那场干旱，致使家畜、棉花、玉米、小麦和花生产业蒙受了 50 亿美元的损失。2012—2014 年，美国南部大平原形成了新的"尘暴区"[26]；随之而来的热浪和干旱让数万英亩的小麦和玉米毁于一旦。在这艰难的 3 年时间里，农作物保险理赔总金额高达 300 亿美元[27]，而最终为这些赔付买单的是美国的纳税人。紧接着，2015 年加利福尼亚州又遭遇了一场干旱，该州农业生产损失数十亿美元，近两万人因此失业。

经历了这几场干旱后，美国内政部和农业部发布多篇气候报告，预测到 21 世纪末美国西部地区的平均气温将会上升 5—7 华氏度[28]（比迄今为止均温变化的 4 倍还要多），并且将导致该地区出现前所未有的严重干旱。报告中还指出，目前为西部地区水库供水的积雪场在未来会急剧减少。[29]此外，包含科罗拉多河谷在内的主要河谷流量也将下降近 20%。现在这些河谷主要为干旱的加利福尼亚州南部和其他 6 个州提供用水。

美国农业部气候变化项目办公室的资深生态学家玛格丽特·沃尔

什（Margaret Walsh）说道："我们到现在才开始真正认识到事态的严重性。不同地区需要考虑在内的变量有很多，如温度波动、降水量变化、外来入侵害虫、新型病害、海平面上升等。"[30]沃尔什强调称，最糟糕的后果中有些是全球供应链和经销网络的问题造成的。

她指出，对于一个到目前为止我们还无法充分认识的问题，开始寻求解决方案实在为时尚早。而且无论从什么角度来说，问题的解决都不可能依赖自上而下的努力。最有效的解决方案来自基层地区的努力，从无到有，由密歇根州立大学和位于艾姆斯的艾奥瓦州立大学等高校和敢于反复试错的安迪·弗格森等农民一起建立起来。为了保障和增加我们的粮食供应，每一方都在为持续了万年以上的长期实验添砖加瓦。

加利福尼亚州中部地区分布着 700 万英亩的农场，如同一块西洋跳棋棋盘，这里种植并出产美国一半以上的水果、坚果及蔬菜。一直以来，这里土壤肥沃、气候温和、作物高产，宛如现代版的新月沃土。美国几乎所有的草莓、杏仁和葡萄都产自加利福尼亚州中部和北部地区，占比在 80%—95%。核桃、开心果、无花果、柠檬、西兰花、大米、朝鲜蓟、土豆、番茄以及 3/4 的绿叶蔬菜也产自这里。此外，美国 20% 的牛奶供应源自加州牧场畜养的奶牛。《纽约客》（The New Yorker）的撰稿人达纳·古德伊尔（Dana Goodyear）曾将金州（加利福尼亚州的别称）中部地区誉为"美国的水果篮、沙拉碗和牛奶盒"。[31]

但是到 2015 年的时候，持续 3 年的严重干旱，加之 6 个月来降水量为零，加利福尼亚州中部地区大片最为肥沃的农田变得荒芜而又干涸。各个水库的库容量已经减少了一半，灌溉用水由供水公司定量配给。50 多万英亩的作物进入了休耕状态。[32] 新闻报道中出现的图片里，有布满旧沙发和生锈汽车的裸露河床，有干枯的果园和坚果园，果树光秃秃的枝条仿佛是为祈求雨水降临而伸出的双手。媒体纷纷围绕这些异常的、出乎意料的损失进行报道。例如，由于能够产生花蜜的作物数量大幅减少，加利福尼亚州的养蜂人不得不给蜜蜂饲喂糖浆和加工过的蜜蜂饲料（一种油和花粉的混合物）。[33] 而加利福尼亚州北部获奖无数的优质红酒也受到了影响。酿酒葡萄喜光，可光照过多又会导致热休克 [34]，使葡萄失去其原有的风味。

干旱和气候变化对粮食生产的影响恐怕还是第一次让美国主流民众感到担忧。多年来，种植商品作物的腹地农场出现的变化微乎其微，很容易为人们所忽视。可现在突然间，连草莓和霞多丽葡萄酒也开始面临威胁。

而在美国以外其他地区种植的令人垂涎的果蔬，也面临着同样的问题。加利福尼亚州出现干旱的那段时间，墨西哥的牛油果园也开始受到反复无常的生长条件的影响 [35]，以至于墨西哥连锁餐厅小辣椒警告称，因气候变化的影响菜单中现有的鳄梨酱可能会被取消。此外，位于意大利特雷维的橄榄种植区也未能逃过极端天气的影响。[36] 而在伊朗，高温天气让开心果园蒙受了巨大的损失。[37] 就连巧克力也没能幸免 [38]，气候变暖让"黑斑病"和"肿枝病毒"等病虫害问题进一步加剧，而这些都是由西非和中南美洲可可农场感染热带植物病原体引起的。[39]

虽然我们当中很多人或许能够适应没有开心果和牛油果的生活，甚至愿意减少巧克力的摄入并且少喝葡萄酒，但是有一样进口产品几乎对所有人来说都是不可或缺的，那就是咖啡。我不敢去想如果深度烘焙咖啡没有了，我们家的经济生产力会出现什么样的状况，更不用说整个国家了。但是在2016年，气候研究所发布了一份报告，里面详细阐述了气候变暖对"咖啡带"重点国家（包括埃塞俄比亚、巴西、哥伦比亚、墨西哥和萨尔瓦多）咖啡农场所产生的影响。咖啡树适合生长在干燥且相对凉爽的环境中，而这些国家海拔较高的种植区正好符合这样的生长条件。但是，不断攀升的气温已经导致咖啡豆生长速度放缓。而愈加炎热的天气，也加剧了虫害入侵和有害真菌的进一步蔓延，咖啡豆被蛀虫钻孔，或是咖啡树染上叶锈病。因叶锈病死亡的咖啡作物面积仅南美洲就多达数百万英亩。根据气候研究所报告中所提出的预测，按照目前气候变暖的趋势，除非我们找到适应环境的方法，否则到2050年适合种植咖啡的耕地面积将会减少一半。[40]

全球咖啡企业已共同推动成立世界咖啡研究组织，并为其提供资金支持。世界咖啡研究组织由一批科学家组成，致力于提出一系列应对方案[41]，包括为植物根系降温，对遮阴树进行管理，并用覆盖物覆盖土壤或树根。目前，该组织正在创建一个基因库，以保护野生咖啡植株的基因多样性。在过去数千年的时间里，野生植株已逐渐适应了压力重重的气候条件。该组织的首席研究员贝努瓦·贝特朗（Benoît Bertrand）满怀希望地认为，古老的野生阿拉比卡咖啡豆种子里蕴藏着基因信息，可以通过现代工具加以利用，并育入新的植株中，使其有能力适应未来的环境压力。

1920 年，罗伯特·弗罗斯特（Robert Frost）创作了诗歌《再见并保持寒冷》（*Good-bye, and Keep Cold*），他在照料枫树林的同时，还乞求自家苹果园免受冬末暖空气的侵袭。这一点提醒我们，只要有果园，春季霜冻对果园的危害就一直存在。现在和过去的区别并不在于气候威胁，而在于气候威胁的规模和出现频率的加快，以及我们对于解决方案的迫切寻找。

在恺撒时期，也就是大约 2000 年前，葡萄栽培正处于早期的黄金时代。罗马共和国的酿酒师们萌生了一个想法，在寒冷的春夜为葡萄藤加热，以保护葡萄免遭冻害。他们在葡萄棚架之间用修剪下来的枝条、死亡的植株和其他农场废料生起小火。后来，欧洲各地乃至美国的护园人了解到这一方法，纷纷开始在园内成排的苹果树、桃树和李树间点燃篝火。虽然并没有证据表明这种做法的有效性，但它还是一直延续了下来。到 20 世纪，美国果农开始通过在金属护箱里燃烧掺有重油或旧橡胶轮胎的锯屑为作物加热，这种装置后来被称为霜烛。果农们希望燃烧过程所产生的油烟能为幼芽们裹上一层油膜，从而防止热量流失。然而，这样的做法并不奏效，反而造成了严重的环境污染，因此 1970 年该做法就被禁止了。

如今，户外作物供暖器可以说是一个利基市场。安迪·弗格森回忆起 2012 年霜冻来临时邻居们纷纷用拖拉机拖着霜龙牌供暖器在果园内穿梭的情景，这种供暖器采用的是丙烷燃料，和巨型风扇相连。根据该品牌的网站介绍，只要每 8 分钟拖着热风吹送机从每排果树间穿过，整个果园的温度就可以上升几度。虽然近年来作物供暖器行业有所发展，尤其在加州发生轻微霜冻时受到葡萄园和开心果园果农的欢迎，但是依旧缺乏能够证明该设备有效的科学证据。

以安迪为例，他认为这项技术就是一场代价高昂的赌博，并没有比"试图用一根蜡烛让整个屋子暖和起来"的做法更靠谱，但是，2016 年 5 月 15 日那场霜冻过后，他在研究中发现了一些更具发展潜力的解决方案。密歇根州的樱桃果农采用水冷却法，在暖冬气流来袭时将细密的水雾喷洒到嫩芽上，这已经取得了一定的成效。在水雾蒸发的过程中，可以达到降温效果，防止低温单位的消耗。杰夫·安德烈森在研究樱桃的过程中，对水冷却法进行了探究，结果发现该方法可以让樱桃的花期推迟一周以上。他告诉我："如果2012 年冬天使用了水冷却法的话，那么我相信大部分的作物损失或许可以避免。"但是，人工降雨的设备既昂贵又耗时，而且该方法是否适用于大型商业化苹果园还未可知。

安迪选择了另一种对他而言可行性最强的办法，即使用高 40 英尺、功率 130 马力的风力机霜冻风扇。夜晚气温下降，暖空气上升，在地面冷空气之上形成暖空气层，也就是气象学家口中的逆温层。霜冻风扇的设计原理是将逆温层中的暖空气向下吹，使冷暖空气融合在一起。安迪读过一份康奈尔大学的研究报告，发现这种机器可

安迪·弗格森

以在一定面积的农田内，让空气温度有效地上升 3—4 度，而每台机器的作用面积约为 10—15 英亩。安迪说："如果气温过低，机器是起不到什么作用的。但是像 5 月 15 日那天晚上，当气温下降至 26 华氏度，而你希望将果园温度维持在 30 华氏度左右，那么这台机器可以发挥作用。"安迪发现，2014—2016 年，密歇根州和纽约州果园所使用的霜冻风扇数量增加了 9 倍，从每个州 50 台上升至 500 台。[42] 他的那台已经卖掉了。

2016 年 8 月，弗格森家族以每台 35000 美元的价格购买了 3 台霜冻风扇。9 月 17 日，霜冻风扇运到了欧克莱尔果园。而在机器到货前的那段时间，安迪开着他那台小型挖掘机来到种植着帕扎兹果树的区域，在 3 个不同的地方挖出 30 棵果树，并往每个树坑内倒入 33000 磅重的混凝土。风扇制造商的一名技术人员带来了起重设备，将巨大的风扇安装上，接上电线并加以固定。风扇的安装过程喜忧参半，安迪说："采取防治措施确实不错，但是我更愿意把那笔钱投资到种植新的果树上。我习惯于用这笔钱为农场增加价值，而不是去规避损失。"除此之外，安迪还会采用一些成本较低的解决办法，如种植一些冬季覆盖作物，从而在没有降雪的情况下为土壤保温，以及在果树的树干上涂抹一些特殊的油漆，减少霜冻来临时树皮开裂情况的发生。

研究进行到这个程度，我开始迫不及待地寻找能够保护安迪果园内果实不受伤害的办法，但是霜冻风扇实在有点自欺欺人的意味。和试图用防冻蜡烛让户外暖和起来的做法比起来，在露天环境中安装鼓风扇并没有节能多少，也没有那么站得住脚。一想到地球大气层存在种种异常，而果农们却为了让冷暖空气融合而大量耗电，我不禁惶恐不安起来。但是，在安迪看来，这种想法未免缺乏远见。霜冻风扇未必是一个全面的解决方案，但却是一种通往更加巧妙且可持续办法的过渡性技术。而且，其他的很多办法都太过不切实际。比如，霜冻来袭时，密歇根州的一些大型苹果园租用直升机机队，直升机在飞过果树上方的时候向下产生气流，从而降低逆温层的高度。机队一次性可以覆盖近 40 英亩的果园，但是这么做的成本巨大，平均每架直升机每小时的租赁费就高达 1600 美元左右。安迪说："当你意识到自己的作物可能一夜间损失惨重，这个时候花费天价的办法你也会愿意试上一试。"

自从那次拜访之后，安迪和我一直保持着联系。我们互发邮件，分享有关气候变化对水果生产影响的文章链接，还会一起探讨该领域涌现的新技术，其中一些有待推敲，而另外一些更具发展前景。

我读到一些听上去就十分惊人的内容，比如"冷沉淀保护剂"的研发[43]，这种物质实际上就是生物体（包括南极地区的昆虫、鱼类和两栖动物）体内的防冻剂，有助于它们抵御极端的低温。发生霜冻时，这种化学制品或许也有助于保护苹果花中脆弱的组织不受损害，但这一方法到目前为止还没有被证明有效。华盛顿州立大学的研究人员对"纳米晶体"进行了成功的测试，这种晶体材料可以在春季包裹和保护果树花蕾，以防止冻害。密歇根州立大学的研究人员则设计出了"生长调节剂"的配方[44]，模仿花蕾中所产生的各类激素，而将这种调节剂喷涂至果树表面可以延长其需冷时段，将花期推迟。尽管如此，这些化合物在安全性、效能和成本等方面的问题仍然存在。

一次，我给安迪写了一封邮件，主题是"苹果采摘机器人研发成功了"，还附上了一家名叫 Abundant Robotics 的公司链接。这家公司研发了一款多臂机器人，看起来像是好几条真空软管。这款机器人通过摄像头"识别"苹果，确定哪些果实是成熟的，然后迅速伸向成熟苹果，缓缓地将它们吸住、抓紧并从树上摘下来。我给这家公司的首席执行官丹·斯特里（Dan Steere）打了电话，他告诉我这款机器人将在"未来几年"上市,"而且在未来 10 年时间里,你会发现在生产领域,机器人采摘几乎适用于所有的食品,或许能够成为现实"。听到这个消息,安迪非常高兴,因为他正面临用工难的问题。他说:"我们为最出色的采摘工提供的时薪为 25 美元,但是这份工作非常辛苦,没有多少人愿意来做这份工作,我面临着两个最大的难题,一个是天气,另一个是劳动力。或许这款机器人可以解决其中一个难题,这样我就可以集中精力去攻克另一个难题了。"

2018 年的夏天,安迪和弟弟两人在明尼苏达州买下了一大片苹果园,实现了持有量翻番。他指出,为了"抵御极端天气事件,继续将果园隔离开来",这其实是他战略的一部分。目前,这位 32 岁的果农已在两个不同的州拥有占地 300 英亩、种植着 250 万棵果树的果园。

安迪在后来的一通电话里说道:"你一直问我,是什么让我拥有这样乐观的心态,或许这个问题我永远无法给出一个好的答案。可能你想听的是一些内涵深刻的话,或是其他的。但如果你真的想要知道是什么让我坚持不懈地努力,那我现在用短信把它发给你。"紧接着跳出来的是一个链接,是 Dodge Ram 几年前推出的一个广告,当时正值 2014 年超级碗比赛。这则广告的内容是保守派广播电台主持人保尔·哈维(Paul Harvey)1978 年的一次演讲《所以,是上帝创造了农民》(*So God Made a Farmer*)。我一边开免提和安迪通话,一边播放着广告。这则广告在 YouTube 上的观看量超过了 2.3 亿次。演讲夹杂着老式收音机噼啪作响的声音:

而到了第八天，上帝俯视着自己一手建造起来的伊甸园，说道："我需要有个人来打理这一切。"于是，上帝创造了农民。我需要的这个人，能整夜守着刚出生的小马，并目睹它离世，而后擦干眼泪告诉自己："也许明年会好起来的。"我需要的这个人，能用柿子树枝制作斧头柄，能用大块车胎给马匹钉马掌，能用草绳、饲料袋和鞋子碎片制作马具……会放下手中的除草机，花上一个小时，用夹板为一只腿部骨折的草地鹨固定伤腿。这个人必须凡事按照步骤来，不走捷径。这个人必须会播种，会除草，懂得喂养动物，知道如何育种，会耕田，会种植，会捆羊毛，还会挤牛奶……这个人能用分享的温情凝聚家庭，这个人会笑也会叹息，然后当他的儿子说将来也想要"从事和父亲一样的工作"时，脸上会挂上欣慰的笑容。所以，是上帝创造了农民。

03
抗旱的种子
Seeds of Drought

真理，诞生在痛苦和磨难中，而每一个新的真理都是在不情愿的情况下被接受的。想要让世界毫不质疑地接受一个全新的真理，甚至是一个旧的真理，就像寻找不会发生的奇迹一样荒诞。

——阿尔弗雷德·拉塞尔·华莱士（Alfred Russel Wallace）

　　我可以拍着胸脯说，保尔·哈维在构想上帝所创造的完美农民时，脑海中并没有浮现一位72岁高龄的肯尼亚妇女。但露丝·奥尼昂奥（Ruth Oniang'o）不仅与保尔的描述十分契合，而且在一些重要的方面甚至做得更为出色。我从未见过像她这样温和坚强的农民。她所生活的地方，距离美国中心地带十分遥远，约为14000英里。

　　露丝生长在肯尼亚西部的一个小村庄艾姆勒克。她家的农场占地2英亩，坐落于山坡上，土壤贫瘠，多碎石。到了会走路的年纪，露丝就开始帮助母亲种植玉米、龙爪稷、番薯、高粱、矮菜豆、豇豆、花生、班巴拉豆和香蕉。当时既没有拖拉机，也没有犁，只能用双手和一种看起来有点像镐的锄头来劳作。露丝和村庄里的其他孩子大部分时间都在采集野果。村庄附近的森林里到处都是原生态的乌梅和番石榴。除此之外，他们还会到附近的河流旁采摘河岸上生长的野生绿叶蔬菜。露丝记得这些蔬菜被统称为"沼泽蔬菜，它们没有植物学名，是森林的食物馈赠，应有尽有"。

露丝 10 岁时，饥荒席卷肯尼亚西部地区。这片降水量丰沛的农业区，向来以全国第一大玉米产地而闻名。在这里，种植玉米（即美国的白玉米）不是用来制作牲畜饲料或者玉米糖浆的，而是直接供人类食用。在全球所摄入的卡路里中，玉米占到了一半以上。[1] 玉米粒先是被磨碎，然后再熬煮成一种浓稠的、看起来有点像黏土的粥，其被称为粗玉米粉，几乎所有的饭菜里都少不了它的身影。在露丝童年的记忆里，该地区发生干旱的频率虽然不高，但每 10 年到 14 年总会出现一次，而且每次爆发都会格外严重。1955 年那场干旱几乎让肯尼亚所有的玉米作物毁于一旦。这次全国性饥荒被称为杯中的饥荒，因为收成太少，所以不得不用杯而不是麻布袋或以蒲式耳为单位来为每个家庭定量分配玉米粒。露丝的父亲是一名警察，她们家是为数不多的能用父亲薪水补贴口粮的家庭。她还记得目睹堂妹患上夸希奥科病后的明显症状，这是一种营养不良导致的疾病，症状包括腹部鼓胀、脱发、皮肤干燥粗糙等。她还记得村庄里有两位失去了家人的老人，每到饭点就会来到她家门口，伸出盘子讨要食物。露丝说道："我妈妈会说：'我们家的门永远是敞开的。'我们永远不会让邻居受饥饿之苦。因为我从很小的时候就明白一点，饥饿会逐渐把尊严消磨殆尽。"

虽然巴瓦家族（奥尼昂奥是夫姓）战胜了饥荒，但免不了还是会遇到许多困难和难题。在露丝的 10 位兄弟姐妹中，有 5 位在蹒跚学步的年纪因疟疾而夭折。而她自己也得过疟疾，但刚好是在德国制药企业 Bayer 生产和销售特效药氯喹之后，救灾工作人员向少数几位幸运儿发放了药物。露丝康复起来后，她向母亲许下了三个承诺："第一，长大后，我要拯救生命。第二，我要为艾姆勒克建造一家医院。第三，我要生 20 个孩子，来弥补母亲孩子夭折的痛苦。"成年后，露丝打算生 5 个孩子，而不是 20 个。如今，她已经是 7 个孩子的祖母。露丝开玩笑地说道："我还想再生几个呢。"但是，当时许下的另外两个承诺，她全都做到了，而且还不止这些。

高中时期，露丝成了班里的尖子生，并获得前往美国华盛顿州立大学读本科的奖学金。她留在华盛顿州立大学继续攻读了生物化学和营养学硕士，并在 70 多岁时回到祖国肯尼亚，在位于内罗毕的肯雅塔大学担任营养学和公共卫生学讲师。很快，她的才华被肯尼亚政府发掘，她开始协助政府制定国家食品安全政策。她加入了议会，并担任了 5 年的议员。再后来，她成为联合国顾问和《非洲食物、农业、营养与发展杂志》（*African Journal of Food, Agriculture, Nutrition and Development*）的主编。此外，她还创立了非洲农村外展项目。如今，这项基层活动正与肯尼亚西部数千名小农场主展开合作，帮助他们提升作物产量和生活水平。

农村外展项目有两个目标：提高非洲农业生产力，同时保障小农场主的利益。这两个目标看上去有些自相矛盾，尤其是考虑到露丝为实现这些目标所寻找的那些合作伙伴，包括非洲农业技术基金会，这是一个与 Monsanto 合作的非营利组织。即便 Bayer（生产疟疾特效药的那家公司）在 2018 年收购了 Monsanto，它也仍然被广泛地视为小农场主的头号敌人。此外，非洲农业技术基金会还获得了比尔及梅琳达·盖茨基金会的资助，而一直以来该慈善团体因将西方技术强加于弱势群体而颇受指摘。聊天一开始，露丝就告诉我："我并不是倡导之前的农业工业化，也就是美国 20 世纪那种

露丝·奥尼昂奥

重污染的原始农业。我说的是运用技术即现代种子和种植方法来造福人类，生产出数量充足、干净卫生的气候智能型粮食，这样一来，小农场主就可以从辛苦乏味的劳作中解放出来。而在促使粮食生产工业化的同时，我们应该继续保持本真。"

当我受邀与露丝和农村外展项目中与她共事的其他农民会面时，虽然心里带有一丝警觉，但我还是接受了邀请。对于西方农业综合企业，尤其是 Monsanto 出产的种子，能使农村社区受益这一点，我有些怀疑。但在接下来的旅程中，我慢慢意识到美国工业化农业的观念已经变得多么狭隘。我认识到，在美国以外的其他地方，尤其是那些发展中经济体，围绕技术和农业的讨论，包括针对转基因作物的探讨，并不是为了让玉米片有个更加诱人的标签，或是由财团来掌控食品体系，他们这么做是为了进步，为了生存。

一个 7 月的早晨，天气温和有微风，此时正值肯尼亚西部地区干燥的冬季。我乘坐着一辆日产探路者，在赤道以南几英里的位置，沿着一条泥土公路颠簸前行，一路上遇到了不少让人吃惊的事情。我和农村外展项目的员工一道从内罗毕出发，在前往纳瓦科洛村庄的路上迷了路。这段路上没有任何路标，但车上的每个人都有手机，戴着牛仔帽的司机肯雅塔也在手机上搜索信息。他用斯瓦希里语冲着自己的翻盖手机大声吼着，试图在主路上找到正确的岔道口，声音甚至盖过了汽车引擎的轰鸣声："你是不是说在路的左边找一棵有

些倾斜的香蕉树？"我们的汽车拐入了一条颠簸的小径，这条路只比卡车宽上几英寸而已。肯雅塔自言自语道："开对了。"这场新的旅程似乎充满希望。

我无精打采地坐在后排靠窗的位置。车窗是开着的，我嗅着空气中焚烧的玉米壳的味道，其中还混合着新翻泥土、动物粪便、柴油机烟气和桉树的气息。奇怪的是，所有这些气味混在一块，反而让人更加精力充沛。我已经 3 天没吃东西了，之前吃的那碗炖山羊肉让我体内这个习惯了欧美发达国家食物的消化系统开始了强烈的抗议。我变得食欲全无、焦躁不安。我把苹果手机收了起来，不再对着沿途的风土人情拍照，包括头上顶着香蕉篮或水罐、衣着艳丽的妇女，在牛拉车上搬动成堆柴火的孩子们，猴子成群的金合欢树，沿着森林边缘爬行的狒狒，还有标牌上写着"行星计算机中心"的小土屋，以及用油漆写着"宫殿旅馆"却没有窗户的荒废小屋。

你也许会说，我们驱车穿越的这片地区相当于肯尼亚的艾奥瓦州，可它看起来一点也不像美国的玉米种植带。我们沿途经过的每个玉米农场占地面积都在一英亩左右，有些旁边还连着菜园，零零散散地养着几只家畜。玉米田的四周环绕着由圆柱形仙人掌构成的篱笆。大部分农田里的玉米作物看上去都病恹恹的，黄棕色的叶片因干旱而卷曲，有被害虫啃食过的痕迹，叶片上布满了病害留下的斑点，还被肆意疯长的寄生杂草独脚金缠绕着。这样的景象接连不断，直到我们经过一家农场，清一色翠绿的玉米秸秆瞬间映入眼帘。

我们终于抵达此行的目的地，也就是迈克尔（Michael）和阿玛尼·施于卡（Amani Shiyuka）的农场。他们的农场比大多数农场的占地面积都要大，不止两英亩。在院子外面，6 个穿着白色 T 恤衫的人正在为今天的活动忙碌地准备着。翠绿的玉米田，配上黄褐色的玉米须，看上去足足有 10 英尺高。我听说，这个品种的年产量十分稳定，比附近大部分的农场都要高出 1/3，即使最近发生了干旱也同样如此，这让施于卡家族在当地变得小有名气，他们用卖玉米赚到的钱，盖了一间两居室的房子。不仅房屋面积在当地是最大的，而且也是唯一的一间砖房，被邻居们称为 Tego 宫殿。对于这些赞美，迈克尔面露笑容。而阿玛尼个性安静，她戴着一串小小的十字吊坠，听到这样的溢美之词，明显谦卑了起来。

3 年前，施于卡夫妇加入了农村外展项目，与非洲节水玉米项目展开合作。该项目为他们以及肯尼亚各地和周边国家的数千名小农场主提供了高科技玉米种子。他们所种植的 Tego 抗旱玉米种子（Tego 一词源自拉丁语中的"保护"）是由 Monsanto 设计研发的。Monsanto 被 Bayer 收购后，Bayer 继续作为重要的合作伙伴参与非洲节水玉米项目。2018 年，比尔及梅琳达·盖茨基金会允诺，到 2023 年，为非洲节水玉米项目下一阶段的研究和外展项目投资 2700 万美元。该项目其他的投资者还包括霍华德·G.巴菲特基金会和美国国际开发署。总部位于内罗毕的非洲农业技术基金会对该项目进行监督，生产并测试 Monsanto 研发的玉米种子，并将种子供应给地方经销商。施于卡夫妇同意让农村外展项目和非洲节水玉米项目在他们的农场里举办户外日活动，一方面展示这些种子所取得的成功，另一方面为当地农民普及现代的农业耕作方法。

当我们乘坐日产探路者抵达时，露丝大声招呼道："你们来啦！"她身穿一件亮色的波点连衣裙，戴着紫红色的头巾，还穿着一双紫色的威灵顿长筒靴。她刚刚在院子的入口处挂起横幅，上面写着"农村外展项目：通过农业根除贫困"。"你好，奥尼昂奥博士！"我也大声回应道。虽然我隐约觉得自己这句问候语好像读错了，但还是不太明白为什么自己一下子就成了旁边那群孩子嘲笑的对象。（我想说 jambo，意思是"你好和欢迎"，后来却发现自己说的是jamba，意为"放屁"）就这样，我与这位令人钦佩的学者和活动家长久的相知相识就这么开始了。

露丝和迈克尔带着我们四处逛了逛。院子里回荡着音乐家们演奏的欢快的卡姆巴音乐。近 200 名农民涌了进来，参加此次的开幕式，他们在白色帐篷下摆放的折叠椅前落座。折叠椅的中间是个舞台，地方长官和有关团体成员一会儿要上台致辞，并一起观看有关农耕经济挑战与成功的表演。农村外展项目的工作人员对附近学校一群 13 岁的女生进行了培训，教授她们农耕技巧。只见她们沿着人群的外围，如行军般大踏步地走着，每走一步都会用力晃动膝盖和手臂。奥尼昂奥博士坐在观众席第一排的嘉宾席上，女孩们在她面前排成了两列。

队伍里年纪最大的女孩用英语和斯瓦希里语说道："我们是来自福佑学院的学生，现在站在你们面前，朗诵我们的诗歌《不只是农民，而是要做一位出色的农民》（*Not Just a Farmer, But a Good Farmer*）。"女孩们的年纪从 6 岁到 14 岁不等，她们身穿校服，带领的蓝色衬衫外面搭配着紫红色的背心裙。每个孩子都编好了发辫，保持着奥运会体操运动员般的沉稳和冷静。

女孩们开始用斯瓦希里语齐声朗诵。与此同时，一位活动现场工作人员轻声地用英语对诗歌的内容进行了翻译：

哦，农民们！你们遭受折磨，你们蒙受损失！

不计其数的农场，收成却欠佳。

全国各地贫困无处不在。

公民在哭泣，为什么你们会经历痛苦？

教师在哭泣，警察在哭泣，连医生也在哭泣。

我们想问农民一个问题：

为什么我们明明有农田，却还挣扎在饥饿的痛苦之中？

当女孩们朗诵诗歌的时候，观众们表达了他们的认可，其中一位观众大声喊道"我明白"，另一位则不断地重复"说得对"。

贫穷不是问题所在，问题出在农民身上。

为了挽救孩子，爸爸和妈妈现在用了优质的玉米种子，

因为有了非洲农村外展项目，农村外展项目，农村外展项目。

农民们欢呼起来吧，因为你们找到了高品质的玉米种子。

给露丝的香蕉

贫穷已然被打败，因为你们将会获得好收成。

人群中响起阵阵掌声，女孩们簇拥在奥尼昂奥博士身旁。年纪最小的女孩将一串夹杂着金色和红色的彩条花环挂在了奥尼昂奥的脖子上，个头最高的女孩递给她一大串香蕉。露丝从座位上站了起来，向女孩们表示感谢，并拥抱了她们。后来，她告诉我："我把所有的希望都寄托在孩子的身上。我们做的最有效的工作就是校园干预教育。只有年轻一代才能推动农业创新。"但他们也是未来承受气候变化最恶劣的影响的一代人。露丝补充道："这是我们所面临的最新的挑战。"

✸

　孩提时代，奥尼昂奥时常去流经艾姆勒克村庄的那条河边采摘野菜。而那条河流现在完全干涸了，这是露丝所记录下、亲眼所见的近期气候影响的表现之一。自 2000 年以来，非洲之角经历了有史以来最为严重的干旱。[2] 在我前往纳瓦科洛的时候，埃塞俄比亚、肯尼亚和索马里约有 1200 万人因干旱面临饥饿的风险[3]，1000 万人靠紧急粮食援助维持生计。[4] 这是索马里和埃塞俄比亚 6 年来第二次面临大范围饥荒的威胁。与周边国家相比，肯尼亚因干旱所遭受的损失相对较小。但是在 2016 年，也就是我去肯尼亚的那一年，该国玉米产量因干旱和虫害下降了 10% 左右。那时候，我们并不知道接下来的第二年，干旱情况会进一步加剧。2018 年 5 月，联合国宣布，肯尼亚有 240 万人面临严重的粮食不安全风险。[5]

　肯尼亚的情况反映了非洲大陆大部分地区面临的现状。过去 15 年来，肯尼亚的平均气温一直和全球气温变化趋势保持一致，而近年来全球气温可以说是有史以来最高的。此外，害虫数量增加，作物病害蔓延，干旱期延长，干旱发生的频率也有所增加，加上降水周期变短，短期降水量增加，降水规律变得更加难以预测。作为肯尼亚最高的山脉——肯尼亚山上的冰川面积开始减少。[6] 一个世纪以前山上还有 16 条冰川，如今只有不到一半保存完整，而且预计在 30 年内将会全部消失。该国畜牧业受水资源短缺的影响尤为严重，牲畜数量自 2000 年以来迅速减少。农民们纷纷出售家畜，换取耐高温且耐旱的骆驼。目前，肯尼亚共有 300 万头骆驼 [7]，数量是 10 年前的 3 倍。

气候变化激发了农民对新知识和新工具的兴趣。露丝告诉我："开始有更多的农民前来参加我们的户外日活动，了解相关信息。当气候条件变得不利于作物种植时，他们必须寻求更好的种植方法。"施于卡农场的户外日活动中，前来参加的农民 15—20 人为一组，轮流参加由农村外展项目和非洲节水玉米项目的工作人员举办的各个工作坊。这些工作坊从传统的农耕方式讲到新型的耕作手段，介绍了堆肥学、轮作、本土蔬菜照料、高科技储藏材料和 Tego 抗旱玉米种子。露丝和我加入了一个由 17 位农民组成的小组，其中 12 位是女性，我们一起参加有关 Tego 抗旱玉米种子的工作坊。一位非洲节水玉米项目的实地指导人员用斯瓦希里语对参加工作坊的人说道："你们一直苦苦地等待，可雨水却迟迟不降临。一下雨，降水量又过多，把一切都冲刷殆尽。你们不清楚到底应该在什么时候种植、除草，也不知道玉米会在什么时候成熟。"人群中有人点头，还传来了表示赞同的咕哝声。接着，他用英语说道："白人把它称为气候变化。"他要求大家跟着他一块重复这个英文术语。农民们慢慢地齐声念道"气候变化"，那声音如同某种不知名物种的拉丁文名字。指导员继续说道："不管是干旱还是暴雨，这些品种可以抵御气候变化所带来的不良影响。"他解释称，这种玉米种子的研发是为了更好地耐受环境压力，并在 3 个月左右的时间内迅速成熟，传统种子一般需要 4 个月才能成熟，而在采收的季节，这种作物能快速干燥，在降水时间无法预测的情况下，这也是一大优势。

露丝打断了一下，对大家说道："气候变化这个概念一开始会有些奇怪。但是出于各种原因，你们一直以来都会与气候变化的影响为伴。现在，你们明白尝试种植新型种子的好处了吧。眼见为实。"露丝告诉我，户外日活动的真正目的就是帮助农民们逐渐接受新的种植理念和耕作工具。她补充道："他们希望种植父辈使用过的种子，因为那是他们所知道的全部。"

非洲节水玉米项目旨在鼓励农村那些挣扎在生存线上的农民接受现代化。这一目标不仅对于农民来说有着非常重要的意义，而且会给 Monsanto 及其母公司 Bayer 带来莫大的影响。罗伯·弗雷利（Robb Fraley）是 Monsanto 的首席技术官，被誉为转基因种子发明者，同时也是转基因种子最热切的支持者之一（2018 年 Monsanto 被 Bayer 收购后，他受聘担任顾问）。他指出："非洲粮食产量增加的潜力是巨大的。肯尼亚乃至非洲大部分的农民仍在种植美国早在 20 世纪二三十年代就已经停止使用的种子。"[8]弗雷利补充道，Monsanto 提供了"最尖端的育种技术和最有效的基因手段"，因此非洲节水玉米项目的科学家们才能有针对性地根据当地的土壤和气候条件设计和研发种子。他还强调，Monsanto 并没有从该项目中获利，"我们实施的是世界上规模最大的气候智能型玉米育种公共项目"。

玛丽亚姆·梅耶特（Mariam Mayet）是总部位于约翰内斯堡的非洲生物多样性中心的负责人，她一听到这样的言论就格外生气。她指出，非洲节水玉米项目和 Monsanto 是在"打着慈善的旗号牟取暴利"，该中心正据此对非洲节水玉米项目提起诉讼。

除了肯尼亚的纳瓦科洛，非洲节水玉米项目还面向非洲中部、东部地区 6 个国家近 20 万农民进行了宣传推广。该项目引发争议存在多方面的原因，其中最主要的是该项目让这些农村地区转变为转基因种子的市场。Tego 抗旱玉米种子虽然经过基因改造[9]，但其实它们并非严格意义上的转基因种子（具体的区别我稍后会展开）。此外，非洲节水玉米项目还在纳瓦科洛附近的几个研究站测试一种转基因版本的 Tego 种子——Tela 抗旱玉米种子，旨在提高作物耐旱和抗虫害的能力。

转基因作物在农业中所发挥的作用在肯尼亚一直以来都引发热议。2012 年，该国下令禁止转基因作物的进口和商业化种植[10]，并对转基因作物潜在的环境和健康影响表示担心。非洲 54 个国家中只有 7 个国家允许转基因作物的商业化种植[11]，且大多限于纺织业的棉花种植，其中包括南非、埃及、尼日利亚和埃塞俄比亚。但是，政府的这些限制却遭到了猛烈的抨击。越来越多的西方和非洲科学家及政治家开始对关于反转基因作物的法律提出批评。[12] 他们指出，经过基因改良和编辑的种子可以帮助非洲各国在农业上实现自给自足，并有助于减少高温、干旱和入侵害虫所带来的环境压力。

来到肯尼亚的时候，我也对转基因作物表示怀疑。虽然我的担忧没什么科学依据作为支撑，但是我和很多西方人一样，提到转基因作物和 Monsanto 就会不悦。对我而言，转基因作物代表了美国工业化农业最糟糕的一面。但是与此同时，我也会好奇，在如今气候变化无常、人口迅速增加的时代，经过生物工程改造的种子到底能否对非洲各地的农场和农民有所帮助。在环境压力不断变大的情况下，采用备受争议的方法，似乎也是可能且合理的。

罗伯·弗雷利坐在写字椅上，手里拿着一个玻璃箱。他的办公室比起我预期中 Monsanto 高管的办公室更为低调，只有低矮的天花板、荧光灯、歪斜的百叶窗帘和随处可见的小玩意。办公桌上堆放着成摞的书和光碟，包括《改变了的基因》（*Altered Genes*）、《被扭曲的真相》（*Twisted Truth*）、《基因改良作物，我的天哪！》（*GMO-OMG!*）等。（他告诉我："每一本抨击基因工程的书，但凡我能找到的，我都读过。"）数十年来，弗雷利办公室的墙壁和架子上保留着妻子和 3 个孩子的相片，还有导师诺曼·博洛格的照片和信件。让人费解的是，读书椅上居然放着一颗圆鼓鼓的金属豌豆荚。旁边的桌子上摆着前总统比尔·克林顿授予的国家科技奖章。弗雷利还曾荣获世界粮食奖。2017 年，他和该奖项的另外两位获奖者，即非洲发展银行行长阿金乌米·阿德希纳（Akinwumi Adesina）和佛罗里达大学食品和农业科学研究所的土壤学家佩德罗·桑切斯（Pedro Sanchez）一起呼吁全球各方采取行动，运用抗虫害的转基因作物种子，帮助非洲作物摆脱不断蔓延的虫害。这种被称为草地黏虫的毛虫是一种入侵害虫，破坏了肯尼亚数万英亩的玉米田，连化学药剂也无济于事。2017 年荣获非洲粮食奖的奥尼昂奥对他们发起的活动表示声援。

弗雷利轻轻地拍了下玻璃箱的盖子，对我说："这就是遗传学的力量。"箱子里左侧的位置有一个标本，看起来像是一根小小的石化了的棕色多滋乐，右边则是一簇黄色的去掉了外壳的转基因玉米穗，长 12 英寸。弗雷利说："这个干枯了的是大刍草，是一种古老的野草，是玉米的母株和祖先。神奇的是，从大刍草到现代各个品种的玉米植株，中间只经历了 5—6 次的基因改变。数千年时间里发生的 6 次基因突变让我们从这里来到了那里。"说着，他将手指从左边滑向右边。

接下来，弗雷利即兴介绍起了有关植物育种的历史。无论是有意还是无意为之，人类对植物基因的干预都已有数千年的历史。弗雷利告诉我，在农民还未出现的时候，番茄是又小又苦的，胡萝卜短小且色浅，葡萄只有豌豆大小，串也长得稀疏，至于绿叶蔬菜，味道酸涩得很，"足以让你的嘴唇扭曲"。弗雷利指出，正如粮食生产已经深深植根于人类自身，这促进了文明的进步和发展，人类行为其实也深深嵌入了食物之中。

对谷物基因的早期改造，大多是无心插柳柳成荫。贾雷德·戴蒙德（Jared Diamond）曾在《自然》（Nature）杂志上发表一篇题为《动植物驯化的演变、结果与未来》（"Evolution, Consequences and Future of Plant and Animal Domestication"）的论文，讲述了小麦和大麦的早期进化过程。[13] 原本，野生小麦和大麦的麦穗会自然脱落，使种子散落，不利于人类采集，接着出现了一种麦穗不易脱落的随机单基因突变。戴蒙德写道："这种突变在野生环境中是有害的（因为这样种子就无法散落下来），但是方便了人类采集。而一旦人类开始收集这种野生的谷物种子，并将它们带回营帐，无意间撒落一些，而后将剩余的种植起来。那么不易脱穗的突变品种，就这样被无意识地挑选出来了。"类似的过程持续了数千年的时间。农民们一次次地选取有利突变，从而逐渐培育和生产出颗粒更大、口感更为软糯的谷物，还有不那么苦涩的蔬菜和更加圆润清甜的水果。

玉米的故事之所以有趣，是因为直到 20 世纪 30 年代它的起源依然是个遗传学上的谜团。世界上并不存在野外生长的现代玉米品种。于是，科学家纷纷假设现代玉米的祖先早已灭绝，直到诺贝尔奖获得者基因遗传学家乔治·比德尔（George Beadle）在 1934年发现大刍草是在短时间内经历了一系列突变，才变成了现代农业中的卡路里巨头玉米。[14] 几个关键的突变改善了谷物中淀粉生成的类型和数量，玉米粒的大小、形状、颜色以及玉米穗轴排列的长度和数量，这些突变也进一步提升了玉米作物在不同类型土壤和气候条件下生长以及抵御某些害虫的能力。

早期玉米植株的优势在于其拥有极强的繁殖能力。弗雷利对我说："玉米繁殖力强，且天然多产。无论是热带还是温带气候，无论是干燥还是多雨气候，无论是凉爽还是温暖气候，人类所适应的各种气候玉米都能够一一适应。"这就意味着，在培育新品种时，可供科学家选择的基因库本身就很丰富。而且这也是传统玉米育种即杂交或非转基因种子能获得巨大成功的原因。由孟德尔、达尔文以及后来的博洛格所推崇的杂交育种技术，能更加高效地从世界各地不同的玉米品种中识别和控制有利突变，从而生产出更为高产的玉米作物。

弗雷利指出，肯尼亚和美国所种植的玉米存在几大区别。在美国，玉米的大规模生产很多时候是用于非食物用途，如生产乙醇。而在非洲，玉米广受喜爱是有充分理由的。弗雷利说："玉米是卡路里发电机。和世界上其他作物相比，玉米可以在最小面积的土地上产出卡路里最高的果实。"《华盛顿邮报》（*Washington Post*）的专栏作家塔玛·哈斯佩尔（Tamar Haspel）在《为玉米正名》（"In Defense of Corn"）一文中，对主要作物在每英亩土地上所能产出的卡路里进行了比较。现代玉米在每英亩土地上可以产出约1500万卡路里[15]，土豆的产出仅次于玉米，大米的产出则为每英亩1100万卡路里。相比之下，大豆作物为600万卡路里，小麦则为400万卡路里。哈斯佩尔指出："玉米在卡路里产出上的优势，对于挣扎在生存线上的农民而言至关重要。"

传统育种存在某些局限性。现代遗传学的发展，让科学家得以加快新品种的培育进程，而他们所采用的方法只存在于孟德尔和达尔文的想象之中。例如，利用"标记辅助"法培育 Tego 抗旱玉米种子。"标记辅助"这一方法虽然传统，但从技术层面来看还是挺有意思的。该方法可以精确地编辑种子的基因组，包括插入新的基因，编码来自同一物种所需的性状。这一过程贵在速度快，可以大大缩短培育新品种所需的时间——当作物需要迅速适应诸如昆虫入侵等导致的不断变化的环境时，这是一个显著的优势。

转基因作物和传统作物的关键区别在于：传统作物的特性由相同或近似物种决定，而转基因作物可以从外源基因中获得新特性。例如，在实验室实验中，将老鼠的基因植入生菜中，使植株能够产生维生素 C；将天蚕蛾的基因植入苹果树中 [16]，可以预防火疫病。

Tego 种子的转基因版本——Tela 抗旱玉米种子含有两种外源基因，其中一种来自枯草芽孢杆菌，这种细菌存在于土壤和人类胃肠道中，实验已证明其可以帮助植物在生长过程中更高效地管理水分。第二种基因来自另一种常见的土壤细菌——苏云金芽孢杆菌（Bacillus thuringiensis，简称 Bt），它使植物能够在体内产生专属有机杀虫剂。不出所料，美国也有与这些作物类似的品种：Tela 抗旱玉米种子是 Gard 抗旱玉米种子的变种 [17]，后者是 Monsanto 推出的，已经种植在美国 300 万英亩的农田上了。在美国种植的玉米中，至少有 90%（约 8000 万英亩）是 Bt 转基因作物 [18]，反转基因人士经常引用这一事实批评美国的玉米产业，还称这类玉米为"玉米大王"。

弗雷利认为，将玉米改造成天生耐旱和抗虫害的作物，将使最干旱地区最贫困的人口受益。西尔维斯特·奥伊克（Sylvester Oikeh）是非洲节水玉米项目在内罗毕的科学主任，他支持弗雷利的说法，即 Monsanto 及其母公司 Bayer 在短期内不会从转基因玉米中获得经济利益。奥伊克说："该公司已将其育种技术无偿捐赠给非洲节水玉米项目 [19]，并自愿培训其科学家在当地培育和生产种子。""我们努力并不是为了盈利。"虽然目前的确如此，但最终

Monsanto 将在种子成功开拓新市场后获益。非洲节水玉米项目的科学家已经根据不同地区和土壤类型开发了 100 多种玉米品种，且所有品种都被列入 Tego 品牌进行销售。Bayer 的马克·艾治（Mark Edge）告诉我，"看到 Tego 就有点像是看到'内含英特尔（Intel）处理器'一样"，"农民们开始把它与高产和顽强的适应力联系起来"。艾治说，目前 Monsanto 没有收取额外费用——农民按照"当地种子市场的标准价格"购买具有先进技术的种子。但随着种子市场的成熟，Monsanto 会开始以更高价格出售种子以获取更高利润。

非洲生物多样性中心的玛丽亚姆·梅耶特认为，Monsanto 正以一种不正当的方式进行新帝国主义，并且试图垄断农业，还打着人道主义的旗号，他们这样的野心坚持不了太久，因为想要占领并控制新市场需要长期的努力。她说，非洲节水玉米项目"确实是 21 世纪的骗局"。"他们正在推动一种技术驱动的、一刀切的食品生产方法，专注于单一作物和转基因种子，这让农民的传统知识和技能发挥不了作用。"

肯尼亚关于转基因作物的争论正处于白热化阶段。非洲有 100 多个环保组织，其中有很多是西方组织的子公司，比如"地球之友"和"绿色和平组织"，他们支持对转基因生物采取限制措施，并且担心转基因生物会对人类健康造成危害甚至会威胁到肯尼亚本土作物的纯度。多年来，政府官员对这些人的担忧做出了回应，但在 2019 年 1 月，肯尼亚国家环境管理局批准在肯尼亚引入首批商业化转基因作物。

纳瓦科洛宴席上摆在餐桌中央的粗玉米粉

　　第一批转基因玉米被引入美国时,我19岁,可能在那之后不久,我就不知不觉地吃了人生中第一个用转基因玉米做的油炸小饼。到现在为止，我已经吃了 20 多年的转基因食物。你摄入的转基因食品很有可能比你意识到的还要多。现在，美国 70% 的加工食品中，包括比萨、薯片、饼干、冰激凌、沙拉酱、玉米糖浆和泡打粉，至少有一种转基因成分。[20] 事实上，自 20 世纪 90 年代中期以来，数百万美国人一直在吃转基因食品，并且我们中的大多数人并不知情。虽然我们没有内在或外在的证据表明这些食物已经对我们的健康产生了负面影响，但一说到转基因食品，我们会本能地抵触。

目前，全球 13 个国家（包括阿根廷、巴西、加拿大、中国、澳大利亚、德国和西班牙等）的农场中种植着 4 亿多英亩的转基因作物[21]，主要是水稻、玉米、棉花和大豆。其中美国更多，约 1.8 亿亩[22]，比其他国家的总和还要多。反转基因人士认为，食用转基因食品是很危险和鲁莽的行为。"转基因食品制造商将我们置于现代历史上最大且不受控制的实验当中。"[23] 儿科神经学家和公共卫生倡导者玛莎·赫伯特博士（Dr. Martha Herbert）说。

然而，包括美国国家科学院和世界卫生组织在内的各大国家科学学会得出一致结论，认为市场上的转基因生物不会对人类健康构成威胁。尽管反转基因人士努力将这项技术与一系列健康问题（从过敏到癌症）联系起来，但在加州大学戴维斯分校运营大型实验室的植物遗传学家帕梅拉·罗纳德（Pamela Ronald）认为"这些说法并没有科学依据"。唯一一项将转基因生物与癌症联系起来的重大科学研究被《食品与化学毒理学》（*Food and Chemical Toxicology*）（首次发表上述研究的期刊）撤回[24]，因为研究报告中含有不确定数据。该研究是由法国科学家吉利斯-艾瑞克·塞拉利尼（Gilles-Eric Serralini）所领导的小组进行的，该科学家还曾提出转基因生物与老鼠体内肿瘤的生长存在相关性。

罗纳德说："有关基因的某些东西让人们感到恐惧，这种深深的恐惧来源于我们胡乱修补生命，我们在违背自然。"转基因作物首次被引入时，并没有太多证据证明其安全性，但现在情况已经发生了变化。罗纳德说："自从基因工程技术于20世纪70年代首次商业化以来，还没有出现过一例危害人类健康或环境的案例。""经过20多年的仔细研究和数千名科学家站在客观角度严格开展的同行评审，世界上各大科学组织一致得出结论，目前市场上的转基因作物都是可以放心食用的。"

有些反转基因人士单刀直入，比如美食作家迈克尔·波伦，他说相比于其他的植株培育技术，转基因技术未必会对健康造成更大威胁。波伦告诉我："没有任何证据表明这项技术本身存在问题。我认为主要问题在于我们如何应用它。"

马克·林纳斯（Mark Lynas）是英国早期支持转基因生物的人士，但他之前曾是一名"反转斗士"，他厌恶极了操控植物基因组这一想法，甚至在半夜摧毁了几英亩的转基因玉米作物。2018年，他出版了《科学的种子：为什么我们在转基因生物上犯了这么大的错》（Seeds of Science: Why We Got It So Wrong on GMOs）。他在书中承认了自己的错误并断言，和气候变化背后的科学依据一样，转基因生物安全性的科学依据同样有力。[25]他写道："我不能一面用科学依据说服那些否认气候变暖的人，一面否认关于转基因生物的科学共识，还称自己为科学作家。"[26]《华盛顿邮报》

（*Washington Post*）的哈斯佩尔（Haspel）也主张改变公众对转基因作物的看法。她说："反对转基因作物的争论，从来就不关乎转基因作物本身。""它关乎一个企业主导的工业化食品体系，而转基因食品不过是充当了替罪羊。"

基因工程最初应用在医学上。1972 年，科学家们开始从酵母菌和细菌中提取酶[27]，创造出能够挽救生命的药物，比如胰岛素，并最终用于治疗癌症。直到今天，对糖尿病患者进行治疗的胰岛素来自转基因生物。但直到 20 世纪 90 年代中期，农学家才开始将这些方法应用到作物学中并将产品提供给消费者。转基因作物于 1994 年首次出现，并迅速传播开来。"农民们最初只种植 50 万公顷的转基因作物，10 年内便发展到了 5000 万公顷，"弗雷利告诉我，"这是农业史上接纳速度最快的革新。"

利用新的基因编辑工具 CRISPR，最终可能使修改动植物基因组变成和在 Photoshop 中操作文件一样简单。哈斯佩尔写道："有了 CRISPR 技术，即使在基因改造成本相对较高的地方，修改动植物基因组也可以很便宜，便宜到你在家花 159 美元就可以买一个 CRISPR 细菌的装备。据生物技术行业估计，将一种转基因作物推向市场大概需要 1.3 亿美元。"而且这样的低成本，决定了无论是学术研究人员还是企业巨头都可以使用它。2017 年，科学家们通过 CRISPR 技术清除了实验动物身上的艾滋病病毒[28]，并使已清除病毒 DNA 的小猪繁殖[29]，从而使猪在人类心脏移植上的应用更加安全。尽管这些医学成就受到广泛赞誉，但 CRISPR 近期在食品领域的应用却没有获得好评。例如，学术研究人员开发出基因编辑过的蘑菇和土豆，它们暴露在氧气下不会变棕色，因此也不容易造成浪费——可这却引起了人们的怀疑。

人们的怀疑并非没有依据：基因工程在农业中的大多数应用都存在严重缺陷。它们被设计出来只是为了让企业获利，而不是让消费者受益。波伦说："（基因工程可以）提高工业化农业的生产率，增加除草剂销量，巩固单一作物制等。"Monsanto 的抗农达种子几乎成为转基因作物的典型，它被编辑成带有特殊"耐受"基因的种子，有助于抵御几乎可以杀死其他所有植物的化学喷剂。如今在美国所有玉米、棉花和大豆的培育中，这些耐化学喷剂的植物占90%，但也有许多产品没能如愿达到效果。使用抗农达除草剂和其他抗除草剂种子的农场出现了抗化学物质的"超级杂草"，导致农民不得不使用更多、更强的除草喷剂。世界卫生组织的一个附属科学机构近期指出，草甘膦（抗农达中的关键成分）具有毒性，会对人类健康造成潜在的威胁。所有这些都导致公众对转基因作物的信心难以提升。

"主要的转基因作物都存在歉收情况。"波伦告诉我。不少普通的转基因作物也遭遇了失败。例如，1994 年改造的 FlavrSavr 番茄，具有成熟慢、抗腐、风味浓郁的特点。但在上市 3 年后，也就是 1997 年，该品种由于需求低和生产成本高而被取缔。黄金大米的失败更令人感慨，或许人们一开始对它抱有太高的期待了。遗传学家认为，在粮食安全缺乏保障的国家，富含 β - 胡萝卜素的转基因大米可以治愈因严重缺乏维生素 A 而失明的儿童。然而，经过 10 年的发展，科学家仍未能将转基因大米中的 β - 胡萝卜素含量提高到足以缓解危机的水平。最近努力生产的一种广受欢迎的转基因苹果，即 2017 年入驻美国超市的北极苹果，也受到了批评。遗传学家"关闭"了一个基因序列，该序列会导致金色美味苹果的果肉在被切开并暴露在氧气下时变成棕色。科学家们希望，更多的孩子可以吃到午餐盒里的切片苹果，减少食物浪费。但是，尽管美国超市里的转基因产品越来越多，例如 DelMonte 已获得美国食品和药物管理局（FDA）的批准，被允许培育一种粉红色（玫瑰色）果肉的转基因菠萝。但到目前为止，这种产品还没有得到主流消费者的信任和支持。

由于目前市场上转基因产品得不到大众的重视和喜爱且多次失败，所以从 2015 年至 2018 年，打着"非转基因"标签食品的销售额从 80 亿美元飙升至 260 亿美元，也就不足为奇了。皮尤民调显示，尽管并没有科学依据能够证明这一观点，但是约有 40% 的美国人认为转基因食品对健康的危害比非转基因食品更大。[30]乔氏超市和墨西哥餐厅等许多公司已经决定不再使用和销售转基因食材，Danonn 和 Triscuit（一家零食饼干企业）等也是如此。[31]"生产（非转基因）品牌的公司犯下了违反理性的罪行"，另一位《华盛顿邮报》专栏作家迈克尔·格森（Michael Gerson）评论道，他提议抵制转基因产品。被标记为非转基因的产品，现在包括盐、蜡烛、甚至猫砂，它们是由惰性物质制成的，不具有可以修改的基因组织。

帕梅拉·罗纳德和许多科学家一样，她认为公众只一味抵触转基因作物，却忽视了这项技术成功的关键所在。以 Bt 转基因抗虫棉为例，它每年为全球节约了数百万英镑花在农作物化学杀虫剂上的经费。Bt 这种细菌也被植入 Tela 抗旱产品中，被世界各地的有机食品生产商运用在喷雾配方中，它对人类和其他动物的毒性还没有食盐厉害。美国农业部报告称，Bt 转基因作物使杀虫剂的使用量降低了 90% 之多。[32]

罗纳德还举例说，转基因木瓜可以抵抗环斑病毒，有助于拯救夏威夷的木瓜产业。[33] 此外，她和同事们利用标记辅助育种技术培育出了耐洪水的水稻品种——"防涝水稻"。[34]2017 年，孟加拉国和印度洪水地区共有 600 多万农民种植这种大米。她告诉我："因为抗农达而妖魔化整个技术，是一件无耻的事。"

罗纳德指出，她所谈的"公众对转基因作物的偏执"与 19 世纪晚期人们对杂交育种的抵触如出一辙。1899 年，英国税收经济学家和植物学家马克斯韦尔·马斯特斯（Maxwell Masters）写道："有许多大人物反对杂交作物，在他们看来这是对自然法则的亵渎。"公众花了几十年的时间才默默接受这项技术……1953 年，詹姆斯·沃森（James Watson）、弗兰西斯·克里克（Francis Crick）和罗莎琳德·富兰克林（Rosalind Franklin）发现 DNA 是生命体的分子基础，开启了基因科学的大门。"能够解码并重新排序基因不仅神奇，而且让人心生敬畏，"罗纳德告诉我，"在生物之间移动基因。"虽然这在某些方面是可怕的，但它也是一个为世界做积极贡献的机会。"环境网站 Grist.org 的专栏作家纳撒内尔·约翰逊（Nathanael Johnson）花了几个月的时间调查转基因作物，他比较同意下面这一观点："尝试新事物可能是有风险的，但不尝试新事物——保持现有的发展轨迹——风险更大。"

尼日利亚农业和农村发展部部长哈桑·达姆（Hassan Adamu）警告说，对转基因作物的担忧可能会极大程度地伤害气候环境本就脆弱的非洲及生活在那里的非洲人。他说："虽是好意，但也可能会夺人性命，有些欧洲和北美团体建议非洲人警惕农业生物技术，这可能是出于善意的严重误导。""如果我们把他们的危言耸听放在心上，那么数百万非洲人将遭受痛苦，甚至可能死亡。"一位津巴布韦科学家在《华尔街日报》（Wall Street Journal）上发表的一篇专栏文章也传达了同样的观点[35]，他斥责津巴布韦在大范围饥荒期间拒绝接受转基因作物的行为："我国政府宁愿看到人们挨饿也不愿让他们吃转基因食品，拒绝转基因食品援助是一种人道主义暴行，是建立在自然灾害之上的人为灾难。"

露丝·奥尼昂奥看待 Monsanto 和转基因作物有着自己的一套标准。"这不是好或坏的问题，"她说，"我看到的所有科学研究都表明，转基因生物所带来的好处远远大于风险，而且风险是可控的。"她指出，抵制 Monsanto 的是"那些能够高价购买食物的人"，他们把过去无法承受未来环境和人口压力的农业浪漫化了。"在肯尼亚，我们没有资本那样奢侈。我们正从一个食物匮乏的国家向粮食出口国转变。连自己都不能养活的人怎么会取得进步。"

与安妮和克里斯·纽曼一样，奥尼昂奥也支持开辟出第三种方式来发展农业，这样的想法超越了美国农业公司和可持续发展活动人士的二元思维。她结合过去和现在的相关战略畅谈了非洲粮食生产的愿景。她解释说："在美国讨论农业好像只有两种方式——要么是旧世界的农业生态学，要么是高科技的农业综合企业。""为什么这两种方式无法共存呢？它们必须共存。我们的人口预计将在未来30年翻一番。我们需要一个能顶住人口压力的农业部门，而不是一个不断落后的农业部门。我们既需要本土蔬菜，也需要现代种子、多样的营养和高产谷物。"

科考站位于肯尼亚纳瓦霍罗北部的基塔莱镇，就像一个小型的大学校园。绵延不绝的草坪上长满了黄色的草，周围环绕着几座低矮的水泥建筑，里面有实验室、办公室和宿舍。在科考站的一角有一片农田，面积有半个足球场那么大，四周环绕着铁链围栏，围栏顶部是一圈带刺的铁丝网。栅栏里面是一个由数千根高高的玉米秆组成的长方形网格，在灰褐色的环境衬托下闪烁着绿色。其中大约一半的作物是 Monsanto 备受争议的 Bt 转基因玉米的变种。非洲节水玉米项目的负责人迪克逊·利亚戈博士（Dr. Dickson Liyago）带了4名自己团队里的科学家来为正在进行的研究收集数据。Bt 转基因玉米最初是为了阻止欧洲茎螟虫的破坏而开发的，科学家们目前正在测试它对抗这种蛾子的有害近亲——非洲茎螟虫的有效性，以及对抗正在摧毁整个大陆上玉米的秋季黏虫的有效性。他们正在对比 Bt 玉米种子与市场上主要的玉米种子的效果，市场上的种子具有传统的抗虫害特性。完成目前对 Bt 玉米的研究后，利

在转基因实验田与利亚戈博士（中间位置）与他的团队

亚戈博士将进入第二研究阶段，即用包含抗虫害和抗旱的双性状的
Tela 抗旱玉米取代目前这个试验田里的作物。

　　利亚戈博士打开了锁在铁链围栏前门金属链条上的两个挂锁，
推开了门。我们进入试验地点，走过写着"生物危害"和"非授权
人员不得进入"的指示牌，接着走进一个小棚子，我们在棚子里穿
上黄绿色的实验室外套（如果试验作物的花粉落在我们的外套上，
在绿色背景的衬托下就能看到，也更容易清除掉）。我们轮流走到一
个盛有抗菌液体的浅托盘那里，给鞋子消毒，以免我们的鞋子把花
粉带到研究区域。

利亚戈博士带领我们走进迷宫般的玉米地。玉米秸秆在狭窄、安静、像隧道一样的行列里看起来既绿色又健康，似乎都在发光。玉米植株已经高过我们头顶，以至于我们几乎看不见天空。身处其中感觉就像在丛林中穿行，又像在图书馆的书架之间漫步。每块田里每一排植物都排列得规规矩矩、整整齐齐，每一株都有一个代表其遗传谱系的标记。在试验区周围，有一种由5行玉米组成的"边界作物"，有助于防止花粉通过风的传播而流入流出。试验区内有6个相邻的矩形试验区，每块试验区都有含Bt特性的不同品种的玉米种子。在转基因作物的行列中散布着同样品种的种子，只是缺乏Bt特性，以及数行目前市场上主要的玉米品种。研究人员称这些植物为"商业检测"。

"我要为阿曼达测试一下！"利亚戈博士喊道。他70多岁，身材矮小且瘦削，戴着金属框眼镜，笑容灿烂，一笑便露出一颗颗整齐排列的牙齿，连最后面的臼齿也看得见。"告诉我们，这些植物中哪些是转基因的？"他问道。我犹豫了一下，仍然想着丛林袭击和成堆的书籍。利亚戈催我："转悠着仔细看看。"我这才发现，每隔三行，玉米叶子上就会出现很多小洞，就像被弹片炸过的织物一样。而在相邻的3行中，玉米叶子上就没有小洞。"这些吗？"我指着一些没有洞的植物说。"很好！"利亚戈说，"你判断的没错。看它们多么健壮，生气勃勃，充满活力。但它们的'邻居们'却在受苦。龟背竹的叶子显然遭到了攻击！"

利亚戈的同事奥马尔·奥登戈博士（Dr. Omar Odongo）剥开Bt玉米的皮，去掉玉米丝，顿时一排排毫无瑕疵的珍珠般的玉米粒露了出来。然后，他剥掉一个非 Bt 玉米的外皮，发现有玉米粒丢失或畸形的情况；玉米棒上还有一只胖乎乎的灰色毛毛虫在休息，那里有一块黏糊糊的棕色斑块，几天后毛毛虫就会变成蛾子。奥登戈说："具有 Bt 特性植株的基因能够决定害虫的生死，幼虫咬几口叶子就会死掉。"秋夜蛾原产于美洲，直到 2016 年才飞到肯尼亚。现在它已经遍布在 30 多个非洲国家，并且传播迅速。自 2017 年初以来，这种毛虫已经对非洲大陆上数十亿美元的玉米、高粱和其他主要作物造成了损失，这对本就生存艰难的农民来说简直是一个巨大的打击。

大多数控制这些害虫的传统方法都有不足之处。买得起杀虫剂的人就使用杀虫剂，比如倍硫磷，一种可能毒害人体神经系统的有机磷酸盐。如果使用化学 Bt 喷剂，效果会好得多，但对小农户来说还是太贵了。农民只有使用大剂量的像倍硫磷这样便宜的化学药剂，才可以把叶子和茎最深处的害虫杀干净。以玉米螟为例，雌蛾一次产大约 200 枚卵，并将卵深深埋在玉米叶子底部形成玉米芯的地方。幼虫几天内就会孵化，以树叶为食，还会钻到茎和穗轴中，在那里成长并化蛹。买不起这些化学药剂的农民经常在紧要关头尝试手动撒灰或沙子，把它们撒在玉米幼苗的每一片叶子上，一英亩地里有成千上万片叶子，他们希望这些灰或者沙子能作为屏障保护茎干不被幼虫侵害并杀死幼虫。可惜这么费力的过程很少真正起到作用。

利亚戈告诉我："到目前为止，试验的结果还不错。""Bt 转基因玉米的产量比非 Bt 转基因玉米高 40%。"[36] 他还补充说，用转基因作物实现传统作物无法实现的结果，就是一个很好的例子。利亚戈说，这种转基因作物不仅替小农户节省了钱和时间，还减少了有毒化学品的使用，并且提高了产量、保障了粮食安全和增加了农民收入。我问过他 Bt 玉米花粉对蝴蝶等益虫有什么负面影响，以及遗传漂变的威胁，他没有直接回答，而是说 15 年的测试表明，玉米含有的毒素不足以伤害益虫。[37]科学杂志《自然》上的报道证实了他的观点。["忧思科学家联盟"的简·里斯勒（Jane Rissler）告诉《自然》杂志说："我们很高兴听到转基因玉米的花粉无害"。]

虽然利亚戈称在经济和环境两方面，Bt 玉米对肯尼亚来说是一举两得，但说到 Monsanto 培育可能具有耐旱性状的玉米一事时，他的态度就很谨慎。如果你养过室内植物，可能就会发现，即使有时候你忘记给它们浇水，有些植物也不会怎样——例如蕨类植物、常春藤和多肉植物，它们只要喝一点水就会恢复活力——而其他植物就没这么耐旱了，植物能够耐旱的原因很难理解。自 7 世纪中期以来，各公司和机构已经投入了几十亿美元和数十年的时间来研究植物的"喝水"效率和耐旱性，但 Bayer 的马克·艾治告诉我，他们唯一能达成一致意见的是"这真的很复杂"。

农药行动网（Pesticide Action Network）的资深科学家玛西亚·伊希伊·埃特曼（Marcia Ishii-Eiteman）直言不讳地批评了转基因作物，她说，把转基因作物作为一种可能的抗旱解决方案来推广，这让她很不高兴，因为几乎没有证据表明转基因作物可以被改造成耐旱作物："这太假了。"她引用了普渡大学分子遗传学家朱建康（Jian-Kang Zhu）的话，他说："研究干旱对植物生物学的影响就像研究癌症对哺乳动物生物学的影响一样复杂困难。"

艾治说，决定植物应对干旱方式的并非单一的基因，而是"一组复杂的基因，不同植物之间也是不同基因在负责"。他说 Monsanto 抗旱玉米种子（相当于美国的 Tela 种子）的田间试验结果好坏参半。在美国西北部一些干旱事件中，作物经受住了干旱的考验，但在同样缺水的中西部农场，情况就不一样了。对此艾治也不确定具体原因。

要揭开植物抗旱性的奥秘，科学家们必须先搞清楚植物最需水的发展阶段。利亚戈告诉我："我们知道，如果玉米在花期前两周遇到干旱，花粉发育就会延缓。"在花期后两周内，籽粒发育会延缓。即使度过这些关键期后再补水，大多数植株也没法正常发育了。他们还考虑了植物从土壤中吸收水分的机制。较长的根可以吸收到更深处的水；更宽、更多的导管有助于高效地将水从茎部输送到叶片。光合作用也是一个关键因素：当植物叶子打开气孔吸收二氧化碳时，作为自然冷却过程的一部分，也会释放水。

植物学家帕梅拉·罗纳德说，了解植物在环境压力下生存的方法是植物学家"重大的全新领域"。她和她的团队花了 5 年时间尝试开发耐旱作物。这一想法实践起来非常复杂，而且研究成本也很高，如果没有像 Bayer 或 Syngenta 这样大的研发预算，她们很难开展研究。现在，越来越多的顶尖大学和政府科学家也加入其中。南非开普敦大学的研究人员正在研究 Myrothamnus Flabellifolius，一种所谓的复苏植物，它可以在几乎脱水的情况下自我恢复。这种植物在体内丧失高达 95% 的水分后——比种子所含的水分还少——便会休眠或冬眠几个月甚至几十年。[38] 当雨季到来时，它就又会恢复生机。研究人员希望通过基因改造技术将这种神奇的特点应用到非洲本土的一种高蛋白谷物——画眉草上。与此同时，以色列理工大学的科学家已成功将类似的"复苏"基因植入烟草。[39]

其他地方也有类似的例子，阿根廷科学家已经培育出一种嫁接了天然耐旱向日葵基因的大豆植物[40]，最近还获得了阿根廷政府的商业种植许可。在田纳西州橡树岭国家实验室，科学家杨晓汉（Xiaohan Yang）正在研究龙舌兰仙人掌等植物储存和管理水分的方式，希望培育出具有这些能力的作物。如果他成功了，大片沙漠将成为肥沃的农田。

露丝·奥尼昂奥说，这波研究热潮告诉大家，在气候压力之下，做出积极的创新大有希望。"世界不会停滞不前，"她告诉我，"我们不能停滞不前。人类的思维必须不停地在各个领域前沿发展，医药、通信、工程和交通——农业也是如此。"

在离开内罗毕回家的前一天，我参观了玛丽·玛特（Mary Matete）的农场，这个农场距离露丝在艾姆勒克长大的农场大约15英里。41岁的玛丽最近创建了新技术集团，该集团由农场附近的妇女组成，她们定期开会讨论现代农业。玛丽和她64岁的丈夫罗伯特有9个孩子，最小的5岁，最大的22岁。面积为1.5英亩的农场上的大部分工作由玛丽负责，她现在种植了耐旱玉米和大豆，并且定期轮种来保持土壤健康。她还保留了1/4的土地种花生、卷心

玛丽·玛特

菜、洋葱、茄科类作物和山药。

经历了两季甘蔗歉收后，玛丽于 2012 年加入了农村组织项目（ROP）。组织里的人在玛丽的土地里施肥，恢复了土壤健康，并把她的玉米换成了 Tego 抗旱品种。在她加入 ROP 的 4 年里，土地里的玉米产量增加了 400% 以上，从每年 18 蒲式耳增加到每年 74 蒲式耳。这一成功促使她成立了新的技术集团，并与邻居们合作。玛丽和 16 位邻居一起与当地供应商建立信用关系，集体把过剩的农产品储存起来，并根据其购买力协商种子和其他供应品的价格。

这是进步，但还不够。玛丽夫妇地里 74 蒲式耳的产量只有艾奥瓦州农场 200 蒲式耳产量的 1/3。2016 年，玛丽的总收入相当于

990 美元，但她将 3/4 以上的收入用于购买种子、化肥和下一季的储物袋，用 180 美元来维持他们一家 11 口一年的生活。

参观了几个小时玛丽家的农场后，就快到中午了。玛丽的两个孩子——13 岁的简·贝斯·阿斯瓦尼和 9 岁的乔纳斯·阿克韦诺从学校回家，他们因为拖欠学费被退学了。玛丽心烦意乱。我问她希望孩子们长大后做什么——他们会继续经营家庭农场吗？玛丽耸了耸肩。她告诉我，未来要发展更大的农场和现代农业。那时小农户也将有机会进入新的经济部门。她说，肯尼亚和许多非洲国家一样，正在向技术驱动型经济发展。她听说谷歌和微软最近在"硅谷大草原"——内罗毕设立了办公室。但农业生产仍占全国 GDP 的近 1/3，为 3000 万公民创造了就业岗位。玛丽说，无论她的孩子们往哪个方向发展，农业方面还是其他领域，教育和科技知识都对他们未来的成功至关重要。

讨论间歇，罗伯特握着我的手说，"如果你很同情我们的话，全能的上帝啊，你什么都不要做，带走一个就好了"。

"带走一个？"

"一个孩子。"他说。

过了半天我才明白，罗伯特是想让我把他们其中一个孩子带到美国去抚养。我咕哝着回答说我很荣幸，但"很难安排"。然后我在背包里翻来翻去找钱。我问他们一学期的费用是多少。我掏出 2000 先令（相当于 20 美元）交给玛丽，这笔钱能给简和乔纳斯支付一年的学费。玛丽明显很尴尬，什么也没说。罗伯特则跪在地上念祷文。

后来，在去机场的路上，我才意识到我严重低估了自己遇到的农民以及他们面临的风险。我对他们自以为是的馈赠起不到什么作用，对此我也感到很羞愧。我花了很长时间才意识到我的报道建立在了一个错误的前提之上——最起码，美国人应该关注一下非洲农场采用的现代方法。我遇到的农民都是有眼光的实践者，而不是新农业技术的受害者，他们判断成本和收益的能力并不比其他人差。它们生活的地方土地面积比我们多得多，所以他们本就更应该在可持续发展方面做得更好。相比于我们，他们更应该学着利用更多科技来应对气候变化带来的压力，而在气候变化这方面，他们可能比地球上其他人更脆弱。美国农民已经从低收益增长的苦差事中解放出来了，可就是这样的苦差事，他们还兴致勃勃地干了一个多世纪。"西方人可以很轻松地说，我们追溯一下过去农业采用的方式吧。"露丝告诉我："但非洲正试图摆脱过去农业的模式。为了做到这一点，我们得考虑所有用得上的工具。"

04
机器人农场
RoboCrop

他犯了错误。现在是时候修正他的错误了。

——迪克·琼斯《机器战警》(Dick Jones, *Robo Cop*)

　　我在肯尼亚学到的最重要的一件事是保持谨慎。我开始明白，从理性来讲，我当时对现代食品生产的一些担心有点自以为是，缺乏可靠科学证据的支撑。可能我们许多人的顾虑都如此。尽管各主要科学组织都推断，基因工程技术从整体而言并不比其他作物育种方式危险，但我们仍担心转基因作物会影响人类健康。我们总认为以企业为主导的工业化农业企业带来的各种灾祸，从单一作物制、全球流行的肥胖症，到赤潮和耕地减少，都与转基因作物有着密不可分的联系。其实，我们大部分人不知如何剖析这些问题背后的科学原因，也不知它们孰轻孰重。

　　露丝·奥尼昂奥告诉我，尽管她能预见转基因作物前景不错，但她非常担心在肯尼亚的粮食体系中越来越多地使用工业化肥和杀虫剂。近来，赛斯纳飞机在越来越多的工业用地和政府经营的农田上喷洒大剂量的化学物质。肯尼亚的河流及其沿岸的赤潮现象日益严峻。露丝对这些化学物质对土壤质量、水质纯度和对人类健康的危害充满担忧。露丝的担忧我感同身受，因为我也对农业中使用化学物质这一问题最为担忧（可能也有一部分原因是担心这会影响我的咖啡补给）。

蕾切尔·卡森（Rachel Carson）的《寂静的春天》（*Silent Spring*）让我第一次意识到杀虫剂的危害。这本书自 1962 年初版以来，销量过百万。它以犀利的散文文风和严苛的科学注解揭示了 DDT 的毁灭力量，这种杀虫剂在 20 世纪为美国农民所广泛使用。该书推动了早期现代环保运动的兴起，促成了 1970 年环境保护署的成立，也使得美国于 1972 年颁布了对 DDT 的禁令。尽管《寂静的春天》发行后的几十年环保行动未曾间断，但其他强效的农用化学品再次大行其道，甚至造成了可怕的后果。

1967 年，就在卡森的书出版后不久，美国在越南的丛林上空喷洒了五百万加仑的橙剂，这是一种带有致毒化学物质二噁英的灭草剂。这种毒剂致使越南的大片丛林落叶，敌人无处可藏。此次化学运动对生态环境和人类健康造成了持久沉重的危害。位于印度博帕尔市的 Vnion Carbide 公司生产的杀虫剂中含有异氰酸甲酯，1984 年的一次事故中释放了含有这一成分的有毒气体，致使约 15000 人死亡，更多的人受到危害。[1]2010 年，另一极具争议的除草剂阿特拉津投入使用几十年后，人们发现其可阉割雄性青蛙[2]，致其产卵。

农产品大规模使用化学物质引发的一些问题已经得到管控，但仍存担忧。化肥流入墨西哥湾形成的死水区（dead zone）已经超过 8000 平方英里。[3] 这些化肥也会蒸发进入空气中[4]，形成一氧化二氮，这种温室气体的威力要比二氧化碳强劲 300 倍。在艾奥瓦州，一种名为"蓝婴综合征"[5]的现象取代了农业废水造成的污染。该现象是指化肥中硝酸盐的残余物渗入水龙头，流进新生儿的血管，阻碍血管中氧气的流动。大批蜜蜂神秘死亡，这种名为蜂群崩坏症候群的自然现象与新烟碱的使用密切相关。新烟碱是由一种尼古丁状的化学物质制成的常用杀虫剂成分，可致蜜蜂失去繁殖能力。近年来大量学者致力于研究新生儿先天性异常与孕妇孕期接触高浓度有机磷杀虫剂的相关性[6]，这种杀虫剂通常用于农业和园林绿化。

要知道，农民接触该化学物品的风险远超普通消费者。多数药理学研究表明，食品（包括传统农产品）中化学物质的残留是极低的。[7] 甚至环境工作组这样的农药监督组织都表示，食用非有机果蔬对健康的益处远远大于这些食物中化学残留物的风险。但经过日积月累，某些农用化学品对生态环境和公共健康造成的影响要引起我们的重视，尤其面对粮食需求的日益增长、害虫数量的日益增多、耕地质量的日渐降低等情况。

这就是我为什么去寻找可以帮助回答这个问题的人：未来几十年，人类如何在大幅减少化学物质的同时生产满足几十亿人需求的粮食？最终，我找到了一位秘鲁籍的硅谷工程师，他为这个问题量身打造了一支机器人军队。

乔治·海洛德（Jorge Heraud）站在加利福尼亚州的一块生菜田间，快被逼疯了。那是 2014 年 4 月的一天，风和日丽，万里无云。加州萨利纳斯山谷在他周围延展开来，一排排翠绿的长叶生菜在黑土地上拔地而起，好似隐匿在山谷中的奇幻牧场，一望无际。海洛德是来测试代号为"土豆"的机器人的，它也许相当于农业界 1977 年的 Apple-I。它的成功投产可以影响生菜种植，甚至农业耕种的未来。露丝·奥尼昂奥看到了传统农耕和新型农耕的协同作用，海洛德也同意这个思路，机器人"土豆"就是证据。他认为，智能机器的使用与粮食的可持续生产并不冲突，反而是实现该目标的一种手段。

在海洛德看来，机器人"土豆"的任务看似简单，就是给生菜幼叶间苗，为生命力更强的生菜留出成熟的空间。也许你像我一样脑海中出现了类似 C-3PO 的两足机器人举着钳子一样的双手在田间漫步的场景，"土豆"可不是这样的。它就像侧放在一个架子上的大型金属糖果盒，搭扣在拖拉机背面。通过装在架子上的相机"观察"植物幼苗。仅需毫秒，"土豆"就能识别生命力更强的幼苗，并用细小的管子和喷嘴喷出浓缩化肥，杀死弱苗。

或者说，这是海洛德雏形机器人的本职工作，但它出现了故障。机器人偏爱可控的环境，"土豆"精密的仪器无法承受高温、灰尘和拖拉机的震动。它的电子元件开始出现了设备短路、喷嘴松动、冷却风扇积满灰尘、计算机信号不稳等问题。一天下来，"土豆"的监视器基本每半个小时就蓝屏一次。

失败次数越多，海洛德怒气越大。数月来，他的团队都忙着测试"土豆"的升级版，即它的表弟们，他们还给它的表弟们起了"恺撒""考伯""鸡肉""楔形""果冻"等沙拉主题的名字。它们都是被正式命名为"生菜机器人"（Lettuce Bot）这一产品的早期模型，海洛德已经贸然地开始把它们出租给农民了。两天后，海洛德不得不与他的投资人召开董事会。他们为海洛德的创业投资了1300万美元，他们希望听到的消息是机器人可以投入使用了。

海洛德45岁了，他决定一个人扛起压力。但最近，他皮肤出现刺痛，爆发疹子，经常失眠，胃部灼热。生菜机器人甚至不是他最初向投资人描述的产品。他想象的是发明一个除草机器人，可以完成更加复杂的任务，并杜绝全世界农用化学品的使用。这种机器的出现将首先冲击以 Syngenta、Bayer、DowDuPont 和 Monsanto 为首的除草剂产业。这将促进表层土壤肥力，支持"免耕"农业等气候智能型农业实践，拯救水生物种和两栖物种，减少食物中化学物质残留引发的公共健康问题，清洁世界水道。怀着这些崇高的目标，海洛德将他的公司命名为蓝河科技（Blue River Technology）。

后来，海洛德在董事会上坦白了实地测试的失败，他本担心投资人会赶他下台，但他的担心显然是多余的，他们反而要求海洛德扭转局势。接下来的几个月，他和团队20位工程师无时无刻不在排故，他们将此戏称为"排故狂潮"。他们轮流在硅谷办公室的小房间

乔治·海洛德

和衣而睡，召集自己的家人帮忙拧扳手，固定管道，重新设计风扇、打造支架、更换材料、重新配置化学成分。海洛德一把一把地服用抗胃酸咀嚼片。到2015年末，他们终于设计出一款抗干扰"生菜机器人"，可以驾驭各种场景。他们加强与萨利纳斯山谷和亚利桑那州尤马族农民的联络，生产了更多的机器人。到2017年初，全美约1/5的生菜种植都接受过生菜机器人的间苗。[8]

这次成功让海洛德和他的投资人备受鼓舞，但还有更好的消息等待着他们。微芯片公司Nvidia发布了具有超大处理能力的计算平台。这个平台是为自动驾驶汽车的导航设计的，但它的出现意味着海洛德一直构想的那种农田机器人可以比现在的生菜间苗机器人有更强大的能力来处理移动摄像机捕捉到的数据。这也意味着海洛德团队有望设计出他一直设想的除草机器人。然而，在海洛德的团队着手制造第一台梦想机器人之际，他怎么也没想到拖拉机公司John Deere会在2017年9月以3.05亿美元的价格收购蓝河科技。该公司成立于1837年，商标以黄绿为主色，是最老牌的农机公司。该公司将参与擘画海洛德的宏伟蓝图，不单单减少全世界农用化学品的使用，而且将彻底改变粮食生产方式。

蓝河科技公司的总部坐落于加利福尼亚州桑尼维尔的一座朴素的单层建筑里，与Yahoo!、Juniper Networks和Lockheed Martin Space Systems在同一条街道。海洛德指着他办公室的隔间和灰色地毯，不动声色地说道："欢迎来到农业2.0时代。"公司的72名员工中，只有包括海洛德和他的合伙人李·雷登（Lee Redden）在内的一小部分人有田间劳作的经历；其他员工都是毕业于哈佛、斯坦福、牛津和加州理工学院的高才生，主修软件和机械工程。海洛德的笔记本电脑上贴着"I♥SOIL"的贴纸，这是表明该公司是个农业公司仅有的线索之一。贴纸旁边有一张带相框的照片，上面是一个黄色的赛斯纳作物除尘机，和露丝·奥尼昂奥在肯尼亚的农场徘徊时看到的农场上空飞过的除尘机一样。照片上这架除尘机正在艾奥瓦州的玉米地喷洒草甘膦（一种除草剂）。海洛德蓝绿色的双眼深邃坚定，表情淡然。他跟我说他要坚持下去，要不断提醒自己不忘初心。

海洛德出生在秘鲁的首都利马，他的父亲是电气工程师，母亲是小学老师。海洛德从小偏爱数学。5岁时，他就会将电话簿的6位数电话号码一列列地相加，以打发空闲时间。父母把他送到一所由英国人授课的国际学校。每天下午以及每个周末，小海洛德都会跟着父亲去他的公司Digita，这是一家专门从事工厂自动化的公司。一到夏天，他就会来到利马北部外祖父母的农场，这里种植着200英亩的西红柿和稻子。

他喜欢农场的有趣生活，喜欢驾驶拖拉机和小皮卡货车，喜欢扫荡香甜的杧果园，喜欢去鸡笼捡鸡蛋，喜欢吃外婆做的蛋糕和馅饼。但他也觉得干农活又苦又无聊。早上5∶30起床，6∶00就已经跟表弟一起在农场除草了。"我很早就知道，一个农场，哪怕很小，也算得上大型户外工厂。农场上会有十几个小孩不停地弯腰、拔草、弯腰、拔草。7 岁那年，我第一次想到，这种重复性工作就应该交给机器来完成。"

海洛德学习成绩优异，14 岁的时候已经在给父亲的公司设计软件了。后来他考上了秘鲁的卡托里卡大学，这所大学是南美数学家的摇篮。他一边学习，一边继续研究鸡饲料工厂的自动化，创建了一套集饲料分类、称重、混合、包装于一体的自动化流程。很快，斯坦福大学就与海洛德取得联系，提出想要为他提供奖学金让他就读学校的电气工程硕士。海洛德毕业后，就进了美国 Trimble 公司，该公司是研发 GPS 技术的鼻祖之一。20 世纪 90 年代中期，在 Google-X 和特斯拉问世之前，他就带领团队设计了第一台自动驾驶拖拉机。"在一次科技展上，我们第一次展出这台拖拉机，人们排了一英里开外的长队想要体验它。这时我突然意识到，我们可以设计更智能的捕鼠器。"海洛德说，目前，自动驾驶拖拉机已用于发达国家半数以上的粮食生产，也为自动驾驶汽车的出现奠定了基础。

海洛德成为美国 Trimble 公司的收购总监，收购类似于制造精密播种机和测量土壤湿度的电子传感器这样的公司。后来，他想成立自己的公司。离开 Trimble 公司后，他在斯坦福大学获得了行政管理 MBA 学位。在学校内网上，海洛德发布了"让我们来解决农业最大的问题"的宣言。24 岁的内布拉斯加人李·雷登是机器人学的博士，他响应了海洛德的号召。雷登在舅舅家 6000 英亩的玉米农场长大，每个夏天他都在农场帮忙。15 岁时，他已经是专业的汽车修理工了。他的副业也开展得如火如荼，包括制造和修理摩托车、沙滩车和小型赛车等。在斯坦福期间，他发明了十几个不同功能的机器人，从乒乓球培训到给婴儿做心肺复苏。"但是这些机器人也只能在实验室吃灰罢了，"他说，"我希望发明一些实用的东西。"

海洛德研究了一些农业灾害问题：死水区海水缺氧、蜂群群体崩溃、化学品残留引发的人类健康问题和表层土壤流失等。海洛德说："所有这些灾害再次回归到化学品的过度使用上。"他和雷登想到可以培训机器人来区分农作物和杂草，用机械的方式清除杂草，或借助有针对性的无毒物质。

他们首先考虑将热泡沫、激光束、电流和沸水作为对付杂草的武器。他们计划将这种机器人推销给有机农场主，为了保证食物是有机的，这些农场主大量使用包括机械耕作在内的无化学除草方法，这种耕作方式既耗油又破坏土壤。经过几个月的研究，他们面对的却是一个令人失望的事实：除了使用除草机，没有其他有效的办法能够去除杂草。"事实证明，用电或热的液体来消灭杂草，需要的时间和精力要比化学物质多得多——而且它也不能保证有效。"海洛德说。这些方法只能消除杂草的可见部分，但不能除根。对机器人来说，用机械钳拔除杂草要比投放微量毒药耗费更多的时间。海洛德和雷登又想了一个办法："对化学物质使用精度进行严格把控；我们必须研究出怎么弄。"

这无疑挑战更大。这是一场恶战：两个不知天高地厚的理想主义者居然妄图颠覆价值 280 亿美元的除草剂产业，甚至是价值 2500 亿美元的农用化学品产业。他们也赌上了自己的一切：雷登不得不搁置自己的博士课程，辛辛苦苦争取到的奖学金也搭了进去。海洛德还有年幼的孩子，他不仅要面临数年无薪的生活，还放弃了

Trimble 公司的高管职位。他说："但从一开始我们就确信，不解决这个问题良心会不安。"

　　蓝河科技创始初期，海洛德意识到躲避问题不如迎难而上。海洛德曾将自己的公司推荐给 Monsanto 和 Syngenta 的投资部门，这两家公司是他计划要铲除的行业巨头，或者起码要削弱他们的力量。他希望能接触到这两家公司的化学家和植物学家，希望借助他们的力量让他在主流农民中获得信任，从而实地测试他的机器原型。

　　开始，两方对他的回应都不温不火。"我们喜欢海洛德在 Trimble 公司的工作经验，他是一个聪明的家伙，但一开始有一些不切实际的理想主义。"Syngenta 的投资总监加布里埃尔·威尔莫斯（Gabriel Wilmoth）说，他没有参与首轮投资，但一直关注着公司的发展。他看到生菜机器人成功问世，又听说 Nvidia 公司芯片的消息，他想加入了。Monsanto 成长风险投资公司的投资主管基尔斯顿·斯特德（Kiersten Stead）也提供了一些资金。但这种支持只是出于名义上的——几百万美元——同时，在一定程度上也是为了密切关注年轻的竞争对手。当然你也可以认为，对其投资即认输。威利·佩尔（Willy Pell）是一名电气工程师，也是海洛德的第一批雇员之一。他说："除草剂产业的化学家被杂草打败了，这是一个残酷的现实。"

作为植物王国的底层生物，杂草常常被忽略。但事实上，杂草具有顽强的适应力和惊人的繁殖能力。[9]比如，一朵蒲公英可生产170粒种子，每个种子还不及字母 i 上方的圆点大，头顶羽毛状的降落伞可带着种子随风飞行，然后落地生根。就这样，经过 3000 万年的传播，蒲公英的足迹遍布世界七大洲中的六个洲。凤仙花也有其巧妙的繁殖方式，它会将种子储存在一个"弹道种子荚"里，在果实成熟后裂开。爪钩草的种子类似于牛蒡、苍耳子的种子，有爪钩和绒毛，可依附在动物蹄脚和皮毛上，得以广泛传播。稗草的仿生技术使它看上去与水稻植株没什么两样——其外观和生长特性与水稻如此相似，就连经验丰富的农民都难以分辨。

杂草界的"成吉思汗"是藜草[10]，也叫长芒苋，其顽强程度在杂草界屈指可数。它可以长到 10 英尺高，形状像黄松，有玉米芯那么宽的茎。一株植物能产出 100 万颗种子，而一块田地一旦有藜草出现，将会产生数亿颗种子，这就增加了植物发生突变的可能性，从而抵抗除草机的侵袭。"对于一个农民来说，藜草就像感染了葡萄球菌但又对抗生素产生了抗药性一样，"海洛德说，"农业史上还未见过这样的植物。"

几十年来，Monsanto 和 Syngenta 的化学家们都致力于研究对分子具备"选择性"的产品，也就是说该产品可以除草，却不会伤害农作物。抗农达棉花、玉米和大豆是第一批经过精心设计的转基因作物，可耐受除草剂，因此种植期间可以不加选择地喷洒化学药品。这个方法虽然行之有效，但它造成了某些化学品的过度使用，而且助长了杂草的耐药性。2006 年，阿肯色州的一位棉农发现他喷洒在棉花田里的 Monsanto 农达没有像以前那样杀死藜草。[11] 两年后，美国抗农达的藜草范围达到了 1000 万英亩；到 2012 年，增长到了 3000 万英亩。如今，抗除草剂的杂草侵袭了 7000 万英亩的庄稼。[12] 化工企业给出了两种解决方案，一种是稍微增加农田里化学品的用量，另一种是重新配置一些像麦草畏和 2，4- 二氯苯氧乙酸（2,4-D）这样的老牌、强效的化学品，但这种方法也带来了许多问题。麦草畏造成了化学品的漂移，破坏了周边数百万英亩的农作物。[13] 因为使用麦草畏，相邻的农民冲突不断升级，甚至引发了命案。[14] 与此同时，藜草一直在美国的农田里，投下数以万亿计的"小型炸弹"。

如果机器人能够阻止除草剂伤害农作物，就意味着 18 种以前政府认为破坏性太强而不能被广泛喷洒的杀虫剂可以投入使用了。"我们在减少化学物质的用量，同时也在扩大可使用的化学物质的种类。"海洛德说。换句话说，蓝河科技的成功也许给了除草剂产业致命一击，但也可能会促成新产品的研发。

扑哧……扑哧……扑哧——128 个喷嘴喷射的除草剂精准地喷洒在 8 排棉花田里，像一个个迷你狙击手。蓝色的药水完美地落在长方形的杂草丛上，有的有一张纸那么大，有的只有指甲盖大小。

在一个潮湿的仲夏，我们来到了棉花之乡的腹地。海洛德来这里测试他的第一台除草机器人 See & Spray。这片棉花田属于南

See & Spray 首秀

森·里德,他 37 岁了,是第三代农民,在阿肯色州的玛丽安娜种植了 6500 英亩的棉花、玉米、水稻和大豆。海洛德从棉花田开始测试,因为棉花最早种植,而且杂草问题最为严重。See & Spray 除完棉花田的杂草后,接着去粮田除草。

　　玛丽安娜和密西西比河三角洲的其他小镇一样,有 4000 人,平均收入不高不低,约为 24000 美元,是一个深受低价农作物影响的农业社区。镇中心曾经有许多漂亮的房屋,但现在都被遗弃了,门廊破旧、窗户碎裂,野葛藤到处蔓延,表明这里有一个非常丰富的资源:杂草。该地区是世界杂草最猖獗的地区,这也为海洛德的成功提供了有力的证明。

　　See & Spray 搭在拖拉机后面,以每小时 12 公里的标准时速轰隆隆地行驶在里德的农田上。拖拉机后面有一个巨大的白色裙状圆顶，以保护机器人不受灰尘和雨水的侵蚀。圆顶下方横向摆放着8台计算机，机器人上方有3个装着亮蓝色液体的大水箱，这是一种用于测试的人造除草剂。

一名软件工程师坐在拖拉机的驾驶室里，用笔记本电脑关注着机器人下方地面的鸟瞰图，屏幕上的实时画面是24台摄像机收集到的画面的合成图像。画面显示了龟裂的棕色土壤、3英寸高的棉苗，以及随机分类的杂草。这些杂草与棉苗看起来似乎并没有什么区别，机器人却能做出分辨，因为屏幕显示的画面中，棉花作物四周是圆圈，杂草四周是方块，并且经常有十几个方块重叠在一起。

海洛德解释说，See & Spray 正在扫描这些作物，并且在30毫秒之内——大约是眨一次眼睛 1/10 的时间——它就可以将棉花与杂草区分开来，并决定喷洒除草剂的数量和位置，然后接着扫描下一排。

"如果喷洒偏了，你会毁了我的棉花的。"里德指着一株幼苗上的蓝色药水，开玩笑说。

"所以我们才没把药水染成红色，"海洛德说，"不然看起来太血腥了。"

海洛德没开玩笑。在早期，生菜机器人确实毁掉过一整片的生菜。它的喷嘴漏了，把本来用于杀死弱小秧苗的高浓缩肥料喷向了一英亩又一英亩的秧苗。海洛德为人谦逊严肃，他赶忙搭乘飞机，去帮助受影响的尤马和萨利纳斯农民解决问题。他的团队在喷嘴上增加了一个自动中止任务功能，在漏水超过5秒的时候就会自动停止。然后，他们还免费为这些农民的 100 英亩生菜田间苗。

在里德的田地里，我们注意到许多棉苗被染上了蓝色，而旁边的杂草却毫发无伤。因为有些棉苗已经枯萎，不像正常的棉苗那样健壮，所以 See & Spray 的编程未识别出来。雷登训练机器人识别农作物的方式就像人们教小朋友区别勺子和叉子一样。首先让小朋友认识勺子，过段时间再给他展示不同形状、不同大小、不同材质的勺子。最终他会明白这些用具虽然花样繁多，但都可以归类为勺子，和叉子以及其他餐具是不同的。同样的，程序员也会分批次在机器人的编程中写入几百、几千甚至上百万的棉花图片，让它不断学习棉花作物的变化过程，了解棉花叶子的形状和质地会发生哪些变化，了解棉花生病和健康时的不同形态，了解棉花生长过程中各个阶段的形态，能将它们准确地识别出来。机器人从图像档案中获取信息并加以区分、做出决定的能力叫作深度学习。

蓝河科技团队写入 See & Spray 中的图片取材于澳大利亚的一个棉花农场，他们将摄像机安装到一个购物车上，花了 3 个月时间推着它在不同的田地里穿梭，为机器人上传了近 10 万张棉花图片。但因为阿肯色州的春天潮湿寒冷，那里的棉花与澳大利亚的棉花并不是百分之百相同。接下来的两周，海洛德的团队每天都为澳大利亚棉花拍摄几千张新图片。机器人也一天比一天精确。仅需一年的时间，到 2018 年中，机器人的准确率将提高到 95% 以上，几乎一夜之间就可以实现从爬到走的跨越。

我们在田野里漫步时，看到 See & Spray 还会犯一些低级错误。海洛德突然拍了一下大腿。"成了！"他大喊道，一反往常的镇静。他正在观察一株被杂草团团包围的棉花。这台机器用蓝色液体勾勒出了杂草的轮廓，拯救了中间挣扎的幼苗。海洛德用食指拨动着幼苗的叶子说："玉米苗或者大豆苗也一样，我们这么做能杜绝粮食种植中的化学品。"我深受触动，海洛德发明的机器人既着眼过去，又放眼未来。他的目的是彻底解决这个过去几十年一直被落后技术耽搁的问题。

海洛德关注的是如何减少化学品的使用，而南森·里德想的是如何节省开支。他日常开销的 40% 都用来购买除草剂了，一年要花费 50 多万美元。每英亩棉花通常要喷洒 25 加仑由 Monsanto 的农达制成的除草剂。经过两周的试验，See & Spray 除草机平均每英亩可以少喷洒 2 加仑。使用除草机器人还意味着他不用再买为防止出现除草剂抗药性而改造过的转基因种子，这能节省近 3/4 的成本。但是，和大多数农民一样，这样只能让里德勉强维持生计。只有海洛德给出不错的价格，阿肯色州的农民，或者肯尼亚的工业农场主，才会考虑购买除草机器人。

近几十年来，机械耕种和工业化学品侵蚀了全世界 1/3 的耕地。[15]美国每年要使用不止 10 亿磅杀虫剂，占世界 56 亿磅[16]杀虫剂使用总量的约 1/5。

美国从 20 世纪 40 年代开始在农场使用除草剂，主要使用的是"二战"期间化学家发明的 2,4- 二氯苯氧乙酸。他们将这种毒素广泛

蓝河科技除草机器人喷洒杂草，解救幼苗

用于草地和粮田。但 20 年后，也就是 20 世纪 60 年代末，草甘膦的
出现取代了它。约翰·弗朗茨是 Monsanto 研发阻燃剂的年轻骨干，
他主要在公司农业部研发无毒除草剂。Monsanto 希望找到危险较
小的除草方式，2,4-D 便是研究生化武器的产物。[17] 弗朗茨发现草甘
膦会抑制植物体内酶的合成，阻碍其生长，对哺乳动物、鸟类、鱼类
或昆虫无太大影响。Monsanto 以"农达"为品牌名，发售了这种
化学物质，并宣称这是史上最安全的除草剂。事实的确如此。"草甘
膦可能是效果最好、毒性最小的除草剂，但任何药物使用过量都会
适得其反，"美国环境保护署和农业部化学家亚当·戴维斯（Adam
Davis）说，"这就像我们常说的一句谚语，是药三分毒啊。"

在 1996—2016 年这 20 年间，世界草甘膦的使用量飙升了 15 倍还多。[18]同一时期，草甘膦检测呈阳性的美国人的比例增加了 500%[19]（该结果基于美国环境保护署和国立卫生研究院对尿液样本的分析）。今天，哪怕杂草的抗药性越来越强，给人类健康造成的伤害越来越大，美国依然在 95% 以上的农作物上喷洒草甘膦。2015 年，世界卫生组织表明，草甘膦在很大程度上是"潜在致癌物"。[20]此时，美国已肆意使用草甘膦 40 多年。最近的一些研究认为草甘膦和其他官方批准使用的杀虫剂不仅高度致癌，还会引发过敏症、多动症和老年痴呆症。[21]

还有越来越多的证据表明，知名的除草剂会伤害土壤中的微生物[22]，尤其影响蚯蚓种群的活动，阻止它们给土壤进行天然的排气和施肥。人们会给土壤施加远远超过除草剂用量的化肥，这也会带来新的问题。化肥能在短期内为土壤补充大量的氮气，但长此以往，过量的氮气会过度刺激土壤中的微生物[23]，致其毁灭。

南森·里德表示，尽管化学物质对土壤健康的潜在影响很大，但从短期和长期来看，一个更大的挑战是机械耕种这种看似无害的替代性耕作方式。大多数传统的农民和几乎所有大型有机农场的农民都会用拖拉机翻动土壤来除草，但这会造成水土流失。目前，美国土地退化的速度比改良的速度快了 10 倍。[24]机械耕种还会导致土壤逐渐干旱，破坏微生物种群。干旱是 20 世纪 30 年代美国"尘暴"危机的主要原因。"如果你是一个微生物，或者一条蚯蚓，连续 6 个月你每天都可以享用健康的土壤给你提供的自助大餐，突然间土壤被搅了一下，什么都没有了，你会待在原地不动吗？"里德说："当然不会。"

里德开始进行"免耕"耕种，这是一种完全不用犁地的生产方式。主要靠秸秆残渣天然分解，之后像肥沃的地毯一样覆盖在土壤表层。里德说："就在这些秸秆上播种新的种子，虽然不太美观，但效果很好。"他在一次丰收后种了黑麦，经过几个月的生长，土壤会进行天然的氮气补给。收获果实后，他就把黑麦的秸秆铺在土地上，再种植经济作物。里德认为，See & Spray 一个最大的优势是它可以助力实现和推广免耕农业。他的免耕农田比经过耕种的农田收成增加了 15%——多收了 200 磅棉花和近 30 蒲式耳的玉米。免耕可以保持土壤湿润，从而节省灌溉成本。南森的覆盖作物为他节省了一半的灌溉支出，一英亩约节省 25 美元。

免耕农业还可以锁住地下的碳。因为庄稼在生长的过程中会进行光合作用，并向大气中释放二氧化碳。人们收获果实后将庄稼的根部和秸秆留在田里，它们会分解，然后转化为土壤。犁地会把碳再次释放到大气中，免耕则将其隔绝在地下。"如果全世界的土地都采取免耕耕种，对解决气候变化也会大有裨益。"美国农业部的杰里·哈特菲尔德表示。

免耕农业最大的劣势是杂草，尤其是藜草（种子一般都在土壤表层，只有被翻到地下才会死亡）。"如果不进行机械耕种，多数农民会加大除草剂的用量。"海洛德解释道，也就是说，免耕农业往往更多地使用化学产品。事实上，正是除草剂投入使用促成了 20 世纪七八十年代免耕农业的首次实践。[25]"现在的有机农场不会轻易尝试免耕，因为他们不用除草剂。"海洛德说。

目前，美国只有 1/5 的农田是全程免耕耕种的，仅占全球农田总量的不到 10%。[26] 海洛德对此深感担忧："近些年免耕农田的增长速度极其缓慢。农民都习惯旧的耕种方式，但若想缓解气候压力，他们必须做出改变。"至少在理论上，See & Spray 这样的技术可以让免耕耕种更轻松，农民也负担得起。哈特菲尔德说，如果免耕耕种在有机农场和传统农场都能成为主导模式，那将意味着一场为土壤健康和碳封存而战的变革。

但这种转变需要农民更了解土壤。约 1510 年，列奥纳多·达·芬奇曾说："我们对天体运动的认知比脚下的土壤还要充足。"至今也并未有太大改变。单一勺健康土壤里就有数以亿计的微生物[27]，比地球上的人口还要多。其中有 1 万至 5 万种不同的物种，包括大量的线虫（小蠕虫）、微小节肢动物（微型虫子）和单细胞原虫。《大西洋月刊》(*The Atlantic*) 上有一篇题为《保护土壤微生物，就是保护人类自身》("Healthy Soil Microbes Healthy People") 的文章，其中写到土壤里各种各样的细菌和真菌是植物的"胃"。它们帮助植物根部"消化"营养物质，以植物细胞可以吸收的形式为其提供氮、磷和其他营养物质。海洛德深深沉迷于土壤科学，他坚信"我们保证未来粮食供给最好的途径就是保护土壤的健康"。[28]

在阿肯色州的棉花田度过了漫长的一天后，我们瘫在了一个猎鸭小屋的客厅沙发上，这个小屋是海洛德专门租来招待来访的团队成员的，这一幕就像 HBO 在拍摄电视剧《硅谷》时，演员偶然来到了《拯救》的片场。12 名工程师住在兄弟会式的捕猎小屋，墙上挂着动物标本，有两台弹球机和成箱的空啤酒瓶。在这里，海洛德告诉了我他的计划，他想以人们买得起的价格大规模生产自己研发的机器。这个计划主要依附于农业巨头 John Deere，该公司即将宣布要以数亿美元的价格收购海洛德经营了 6 年的创业公司。[29]

海洛德不担心公司失去独立性。"John Deere 让我们更有机会做大做强，"他说，"如果没有 John Deere 的支撑，我们的小公司总是命悬一线。我们只是发明了两个除草机的新手小白。任何一个像生菜机器人喷嘴泄漏这样的事故都可能是致命的。"

加入 John Deere 意味着依托该公司的机械工程师、制造工厂和上万个经销商，蓝河科技在 2020 年发售了第一批 See & Spray 除草机器人，这比他们的计划提前了几年，规模也变得更大。John Deere 公司的高级技术总监约翰·蒂普尔（John Teeple）在收购蓝河科技之前的数月里一直关注着海洛德的团队。他告诉我："你也许会好奇，一个有着 180 年历史的老牌公司为什么要收购一个硅谷的创业公司？其实，我们是要帮助定义农业的新时代。"他继续说道："过去两三年大数据和数字技术与农耕相结合所带来的巨大变化超越了过去的几十年。农业正在发生巨变，很显然，海洛德的团队成为这一转变的领军人物。"

下一步，在 John Deere 公司的支持下，海洛德计划将蓝河科技的除草机器人升级为施肥机器人。农民每年会花比除草更多的钱用于买化肥，一年大概要花 1500 亿美元。这对机器人来说是一大跨越。机器人要录入一系列包括植物叶子的颜色、大小和材质在内的视觉信号，再利用这些数据推断植物的健康状况和所需营养物质的量。"这意味着机器人需要更强大的数据处理能力，不过也是可以做到的。"海洛德说。

这个技术链的下一个环节可能是一把农业界的瑞士军刀：一个可以区别对待每一株植物的机器人，它不仅能喷洒定量的除草剂，还能定制化肥、杀虫剂、杀真菌剂和灌溉用水的用量。这个机器人集上述功能于一体，所有产品都按需供应。这种耕种方式跟传统的一块地只种一种作物相比，能大量减少化学物品的用量。至少在理论上，这种耕种方式能终结单一作物制。据我们所知，一块地只种玉米或大豆已经是一种新常态。单一作物的农田更容易受到枯萎和灾难的影响，也会对土壤养分进行过滤，从而使粮食供应面临风险。

海洛德说，现代农民一直将农作物的种植隔离开来，部分原因是我们的设备无法处理更复杂的问题。能够单独照料植物的机器人可以支持间作种植这种传统耕种方式，即同时种植玉米和大豆或其他豆类作物。这样，海洛德的机器人就能促进重建多样化的、小规模种植农场的可持续性，帮助解决绿色革命带来的问题。

粮食智库（Food Tank）的总裁丹妮尔·尼伦贝格（Danielle Nierenberg）是可持续农业的倡导者，她认为并非如此。"我并不太认同这种智能农业的设想，"她说，"有很多问题需要解决，比如，这些机器人体内要配备哪些化学物质？农场的哪些工种会因为被机器人取代而消失？在我们减少使用除草剂的同时，工业化农业固有的许多问题中，哪些会持续存在？"

其中一个问题是垄断企业潜在的胁迫性。John Deere 在"权利修复"运动[30]中是个反面教材，在这个运动中，城市和乡村的人都在努力争取关于限制使用专有软件和硬件的法律，这些专有软件和硬件使个人几乎无权维修自己的设备或机器——这个问题不仅可能会让一个价值 500 美元的苹果手机机主心生怒火，而且可能会在经济上搞垮一个价值 20 万美元的人工智能拖拉机的所有者。

农民的成功与少数垄断独大的公司和他们的机器人捆绑在一起，也难怪尼伦贝格会对农业的未来感到绝望。这好像创造了一个技术界的反乌托邦。John Deere 公司让农民依赖使用其专用设备，且连维修机器都要用他们的专用设备。这与 Monsanto 的做法没有什么区别，让农民不得不购买他们的除草剂和种子。还有一种可能性，尽管看起来有点遥远，一个依赖软件的粮食系统可能会更加容易遭到黑客的攻击，因为黑客可以操纵机器中有毒化学物质的剂量。

海洛德不愿一直纠结最坏的情况。"这不是非此即彼——我们应该选择技术还是农业生态、可持续农业还是工业化农业？"他问道。"答案是两者都要。我们需要各种类型的解决方案。"他带我回忆起他孩提时代在农场和工厂之间建立的联系。"100 年前的工厂简直是一场噩梦，浓烟滚滚，工作环境恶劣，死了好多人。现在，很多农业企业都处于这种状态，效率低下，生产有害的化学物质，造成大量的碳排放。但与之相比，现代工厂的设计理念是：智能化、自动化、对大自然和人类都安全的工作环境，并力争在每一项工作中都实现人体工效学。它们的理念已经转变过来了。"海洛德坚信，"机器人不会将我们驱逐出大自然——而是可以帮助我们修复它"。这是个有趣的悖论。

　　这种对第三种农耕方式的描述还是给人希望的。尽管排除了技术给环境带来的无意识的潜在危害，但机器人也只是未来粮食产业的解决方案中很小的一部分。和海洛德一样，机器人是有局限性的。就说一点，农业的许多问题都深藏在地下，而海洛德的机器人所能解决的，只是土壤表层的问题。在这里，海洛德也强调了数字工具的潜力：电子土壤传感器开始学习从不同方面分析土壤的健康状况，可以精确到微生物的活动，并将信息无线传输给监控室的农民。海洛德团队还开发了一款带有红外传感器的无人机，可以在作物上方巡航，监测作物能否充分地吸收和反射阳光，评估其生长和健康状况。

农用无人机

数据收集和分析设备的大网络在不断发展，无人机、传感器和机器人都是其中的一个环节，这些设备能将农作物的信息越来越详细地反馈给农民。这种数字农业世界通用的术语叫作"精细农业"，我第一次有机会探索这种农业的运作方式，是在上海市中心一座由玻璃和钢筋建造的写字楼里。在那里，我见到了一些城市软件工程师和数据分析师，他们受雇于中国最大的有机农业企业之一，正不停地切换按钮、轻扫 iPad 的屏幕来监控果蔬的生长。该企业将农场当作工厂，让海洛德孩童时期的梦想落地开花——这才是真正的"头号玩家"。

05
传感器的灵敏度
Sensor Sensibility

技术是有用的仆人，但也是危险的主人。

——克利斯琴·洛斯·兰格（Christian Lous Lange）

    投资新技术总是充满风险，农产品和农业领域更是如此。在过去几百年尤其是最近几十年里，涌现出无数个以技术为主导的策略方案。这些尝试不以人道主义为目的，甚至缺乏实际用途。在这方面，硅谷初创企业Juicero就是个经典的反面教材。该公司筹集了1.2亿美元，用于生产价格昂贵，可以实现网络互联、用冷压方式制作果汁的榨汁机。产品推出后不久，顾客就发现这种榨汁套装既不需要机器也不需要联网，直接用手挤压即可，因此公司随后倒闭了。对此，进步刊物《国家》（*The Nation*）刊载了一篇名为《农产品的未来》（"The Future of Food"）的文章，以此来警示读者："说农产品的未来在于高科技，这种说法几乎不能告诉我们为子孙后代建立的农产品系统的价值。"

毫无疑问，我们应该警惕农业方面类似过度技术化的想法，任何技术的成功都取决于它的应用方式。我们可以通过成簇规律间隔的短回文重复序列（CRISPR）这种全新的基因组编辑方法，来设计出营养含量更高、更有韧性的农作物，当然也可能让工业化农业存在的问题更严重。我们也可以通过设计人工智能机器人，让它们辅助多样化的农作物系统，来改善农业生态，当然结果也可能适得其反。苹果公司首席执行官蒂姆·库克（Tim Cook）说过："技术应该服务人类，而不是起到反作用。"[1] 可是，通常情况下所得到的结果并非如此。

科技与农业的结合既能带来巨大的回报，又存在风险，这一点在世界上最大的食品生产国——中国得到了体现。中国以无与伦比的速度发展成为超级大国，也是全球 GDP 最高的国家之一。[2] 尽管如此，或者正因为如此，中国要实现养活 14 亿国民这一目标所面临的困难超乎想象。城市里的中产阶级对食物的需求与日俱增，这与中国耕地有限、淡水严重短缺，以及雾霾等问题存在的矛盾日趋尖锐。一位住在北京的企业家同时也是一位劝我来北京的朋友钟梦露对我说："如果你想知道在人口众多、环境压力巨大的后工业化国家种植农作物的情况？那就来中国的农场看看吧。"布莱恩·海姆伯格是一名为了加入一家清洁技术风险投资公司而移居上海的美国人。他告诉我："中国的农产品体系能养活这么多人，真是太不可思议了。你得亲自过去看看。"

在我读完（中国的）《财新周刊》刊登的一篇关于张同贵的文章[3]后，更坚定了到中国看看的决心。张同贵是一位企业家，他尝试在北京和上海这两座城市及其周边地区种植数千英亩的有机农田。在我来中国之前，他就向我提起过打造"中国的全食超市"（The Whole Foods of China）的一系列计划，并向我保证，会带我参观"目前为止精简程度、智能水平以及自动化水平最高的有机农业系统"。正是这个令人好奇，但或许过于热情的缘由，将我带入了一个关于中国食品生产的复杂而发人深省的故事里。

虽然中国的国土面积和美国差不多，但这里的农场维系着 4 倍于美国人口的温饱。从整体上看，中国的西部地区有一半被群山覆盖；东北地区寒冷干燥；东南地区气候较为温和，纵观历史，这里的土地较为肥沃，可是，这片地区城市化发展过快。在过去 20 年里，中国不断拓展城市，因此失去了不少重要耕地。[4]总体来说，中国人均耕地面积只有 0.2 英亩（约为 809.37 平方米，而美国则是中国的 5 倍）。

美国的农作物生产依赖农村地区，而中国的农场有相当一部分位于城市周边。新兴的国道系统和有限的仓储设施使食品的长途运输存在困难且费用高昂。北京和上海有一半以上的农作物来自当地农场。[5]从这一点来看，虽然降低了农作物输送的成本，同时当地的农作物系统也缓解了碳排放造成的影响，似乎具有一定的环境优势，但城市污染仍然较为严重。2015 年，北京曾受雾霾影响。[6]虽然此后空气质量有所改善，但城市污染物浓度仍高于世界卫生组织规定的安全临界水平*。[7]下雨时，这些污染物会随着雨水流到地上，并渗入含水层。几十年来，监管不善的行业将化学品倒入河道，也造成水源污染。

2014 年，中国政府发布的《全国土壤污染状况调查公报》显示，全国农田有 20%**受到化学品和重金属污染。[8]受污染的土壤会对生长的农作物造成影响，同时也导致农作物产量低于正常土壤，这表示种植者要想在受污染的土地上耕作，必须添加更多的化学品才能增加产量。面临需求增长的肉类生产商，越来越多地进行集中化畜牧养殖，还有一些选择生产假肉。

同时，中国也深受食物变质问题的困扰。国家食品安全风险评估中心总顾问陈君石表示："中国每年有两亿人因食物受到细菌污染而患病。"[9]

我们正努力控制此类问题，并采取应对措施。威斯康星州奶制品有机谷合作社销售总监埃里克·纽曼表示："中国消费者对食品安全问题提高警惕，这也是让中国成为进口有机食品巨大的潜在市场的众多因素之一。"中国投资者向海外食品公司投入了数十亿美元，其中包括世界上最大的猪肉生产商弗吉尼亚州的 Smithfield 食品公司和澳大利亚最大的乳制品公司。

同时，许多人一直努力从内部改善中国的食品体系。据估计，

---

*　2021 年 1 月北京市人民政府新闻办公室公布的数据显示，2013 年至 2021 年 PM$_{2.5}$ 年均浓度呈逐年下降趋势，2021 年首次达标。——编者注

**　根据 2014 年环境保护部和国土资源部发布的《全国土壤污染状况调查公报》，全国土壤污染总超标率为 16.1%。——编者注

中国有两亿个农场[*]，有相当一部分面积小且技术落后。[10] 这时，中国出现了第一批新型农作物种植者，他们开始重新审视大规模可持续食品生产，其中一部分人在高科技灌溉系统、土壤传感器、现代种子、机器人应用以及数据科学方面投入了大量资金。张同贵就是其中一员。

2014年，我第一次来到他创建的多利农场（Tony's Farm），公司涵盖了8个省份1万多英亩的土地。他的订购客户多达20万人，种植的有机水果和有机蔬菜涵盖120个品种。他力图把情怀融入未来的发展之中，将农业新方式和新技术融入传统的农业价值观中，以此帮助解决食品系统问题。

我们第一次见面，是在上海市区分公司外的露天平台上。他身着笔挺的橄榄色外套，搭配一件白色T恤和定制版牛仔裤，看上去十分清爽，当时他正喝着一杯嫩绿色的蜜瓜汁。我们的对话从谈论哈密瓜的质量开始。他通过翻译向我介绍道："我敢保证这种哈密瓜恐怕是您吃到的最好吃的。"他51岁，祖籍四川，表示目前已经通过国内外的投资者筹集到了4000万美元，同时还获得了数百万的政府补贴。他所开创的农产品生产经营模式提出对国内快速增长的都市精英有着特别的吸引力，正是这些人推动着有机产品的需求。

---

* 　作者所指的农场应为以家庭为单位的农业用地。——编者注

他在中国美食界也享有一定地位。他在创办多利农场前，建立了多利川菜馆（Tony's Spicy Kitchen），这是一个在中国享有盛名的连锁餐厅。经过 6 年时间，他将餐厅扩展到 33 家。从外表上看，他的脸上没有皱纹，镇定自若得超乎寻常，不过有些同事称他为"火辣托尼"（Spicy Tony）。在行驶途中，助手给他端上一盘天津辣椒粉，这种辣椒粉的原料红辣椒辣味十足，常在川菜和湖南菜里使用。随后他会把辣椒粉撒在食物上，甚至搅拌到常喝的黑咖啡里。

张同贵打算像连锁餐厅那样扩大农场规模。他表示："我很欣赏 Earthbound Farm 的发展模式。"Earthbound Farm 是一家1986 年成立的有机农产品公司，位于加州，目前在三大洲种植了约5 万英亩的水果和蔬菜。"他们用了 28 年时间（发展成这种规模）。我相信，我的公司只需要 10 年就能和 Earthbound Farm 齐头并进了。"

发展过快往往是每个行业（尤其是农业）初创企业衰落的前奏。北京有机农业合作社分享收获的年轻创始人石嫣对此表示："中国的有机农业非常耗时，需要投入很多时间处理土壤，同时需要逐步发展。所以，大投资商对此等不及。"对于张同贵而言，还有一点更为复杂：他的发展模式还没经过考验，而且这种模式与 Earthbound Farm 并不相同，准确来讲，并不是全食超市的模式，而是一种混合型模式。他把自己定位成既是农民，也是零售商。这种跨越二者的定位既可以算作优势，也可以说是成本。作为农民来讲，比如说，他必须接受令人眼花缭乱的土壤和水源清理费用。从零售商的角度

多利农场的包装层

出发，存储和运输农产品需要涉及物流系统，因此，他还必须承担
建立和维护这种系统所需的巨额费用。

　　他把多利农场设计成一个庞大的类似于线上社区支持农业（CSA）
的系统，可是并不设立实体店。公司在繁荣时期，拥有上海和北京
成千上万的客户，包括家庭、公司、学校、饭店和市场。公司收到
客户在线提交的订单后，会在 24 小时内按照指定需求将农产品交到
客户手上。大多数客户每周都会收到胡萝卜、西红柿、辣椒、草莓
等主要食材，以及红苋菜、丝瓜、木耳、蘑菇和豇豆等中国特色作
物。同时，他们还会订购有机肉、鸡蛋、食用油、谷物以及罐装食
品，而这些多利农场会从其他供应商那里采购。

张同贵维护着从农场到客户厨房的物流系统，通过这种系统可以储存农场出产的农产品，并将这些产品送到客户家中，同时该系统还负责管理数十辆价格昂贵的冷藏车。他将部分成本转嫁给消费者，这样一来，售卖的农作物价格是按传统方式种植的同类产品均价的3倍左右（相当于售价38元/公斤，市场均价11.5元/公斤）。相比之下，Earthbound Farm 和 Whole Foods 的美国客户需要多支出的费用相对较低，采用传统方式种植的农作物也不便宜。对此，张同贵称，消费者为了买到放心食材，愿意花更多的钱。"信誉和质量是公司品牌的核心。"

多利农场发展至今最重要的是情怀，"就是单纯地品尝到儿时的味道"。张同贵常常怀念他母亲给他做的千层面，成年后，他也经常向往奶奶给他做的干煸四季豆，这道菜采用四季豆、大蒜、辣椒和家里养的猪的肉做成。他在四川宜宾一个以农业为主的小村落里长大。那里的风景与平时在明信片上看到的景色差不多：青山、竹林、瀑布和熊猫。他是家里的独生子，小时候都是通过干农活或者是在大自然里玩耍来打发时间。他说，长大后他"对农业有一种特殊的感觉，这算是一种殊荣"。

张同贵高中成绩优异，16岁就进入四川农业大学就读，19岁毕业。他曾在宜宾市农业部门工作，28岁移居上海，在一家外贸公司工作，公司产品涵盖了从药品到金属产品的多个领域。6年后，他获得晋升，随后收购了这家公司，这也为他以后开办公司提供了资金。他非常怀念川菜，所以1997年开办了多利川菜馆。

随着餐馆生意发展壮大，他对食材质量表示担忧。他回忆道："买来的食材味道不对，太淡了，而且质量不太好。"在找到蔬菜的源头后，他还亲自去调查。他发现，那里的农民把耕种的土地分成两部分：一部分是有机自留地；另一部分专门用于供菜，通过施加化学品加速农作物生长。看到这一幕，他发火了，这些菜农根本就没考虑过供应的蔬菜是否安全，能否放在餐桌上食用。

随后他加大调查力度。与此同时，有媒体曝光了菜农们往生菜和卷心菜里添加甲醛，他们这么做是为了避免蔬菜在存储和运输途中腐烂。可是人体会因摄入过多甲醛而受损甚至有死亡的风险。科学家们调研过湖南等地的土壤质量，有些农田位于矿山和冶炼厂附近，这些厂矿释放出的镉是一种会损坏人体神经系统并诱发癌症的重金属毒素。[11]张同贵意识到，土壤污染可能是全国最严重也是最容易被忽视的一个问题。

因此，2005年他卖掉了自己的连锁餐厅，在上海南汇区租了290英亩土地，并成立了上海多利农业发展有限公司（后来更名为"多利农场"）。随后，张先生开始艰苦地清理污染的土壤，4年后，到了2009年，他开始为第一批客户提供有机蔬菜。几个月内，他的客户就增长到了数千个。

创业初期，他与四川农业大学教授江洪重新取得联系，后来江洪被任命为多利农场首席科学家。作为农业技术专家，江教授向他提议，将智能传感器和软件相结合可以大幅度提高运营效率。江教授表示："有机农业的成本非常高，必须采取一切必要措施，用最少的投入获取最高亩产量。"他促成了多利农场与包括上海交通大学在内的多所中国大学的合作研究。他们采用了新软件和数据网络工具，着手打造智能农业系统，通过该系统可以控制农作物的生长以及农场的包装、储藏、在线销售、交付和质量控制。

我来到南汇农场后，江教授向我展示了一片苋菜地，每隔几垄就会设置几个传感器，这数十个传感器像微型旗杆一样穿插在田地里。这些传感器包括一个个细长的金属棒，顶部装有发射器，用来无线传输收集到的数据。江洪教授和他的团队正通过土壤传感器对整个农场进行试验，来监测每种作物的微气候，收集水分和温度、湿度、酸度和光吸收等数据，他们就像查看股票行情记录的交易员一样。团队的 5 名技术人员在上海市中心用了几天时间，实时分析各个农场通过传感器传来的数据。江洪教授表示，如果传感器检测到某些作物，例如某个马铃薯所在的土壤含水量较低，系统将自动开启灌溉作物的喷头，将土壤含水量恢复到所需水平。张同贵称，这些含水量传感器有助于减少大约一半的用水需求，从而降低农田抽水所需的能源成本。

考虑到中国的干旱问题和淡水成本较高，这种精准灌溉可以说是一项重要进步。同时，污染会让全国淡水短缺加剧。在这种情况下，在气候较为干燥的北京，当地居民每年的人均淡水占有量仅为 143 立方米 [12]，而美国居民为 2840 立方米。[13] 对许多农民而言，用水也需要配额，配额以外的用水价格非常高。

为此，江洪教授正在设计一种精准农业系统，用来监视和满足数十种农作物的具体需求。他的上海团队通过 iPad 发出指令后，系统就可以自动设定在几英里外灌溉：这里可以输送养分，那里可以喷洒有机农药。张同贵所设想的是一种遥控农业。然而，一般来说，农作物出现的问题需要人工解决。针对这种情况，上海办事处可以派人到现场去解决。如果温度传感器发现土壤热量突然上升或微生物活动骤然加剧，则表明植物根部出现有害细菌或疾病。如果湿度传感器弹起，表示该区域的农作物可能容易遭受真菌感染。

张同贵认为这项技术不仅节水，可以减少使用化学制品，同时还可以节省人工费用。他表示："多利农场之前最忙碌的时候，全部农业人员约有 200 人，如果没有这项系统，可能得需要 5 倍的人手。与传统农业相比，有机农业的劳动强度更大，这也让我们更有优势。"

他还希望顾客能够作为观察员远程参与到农作物耕种当中。他要求江洪教授开发一款可以跟踪产品情况的手机软件，这样客户就可以通过手机扫描采购物品上的标签，来了解它们的生长方式、种植田地的土壤和水质，甚至可以观看种植的水果或蔬菜的生长视频（江洪教授在一些田地和温室中设置了摄像头，可以全天候跟踪农作物的生长过程）。他对此解释道，通过让客户参与其中，可以让那些担心安全问题的客户更加信任他们。

可是，精准农业和监视手段在提高效率和建立客户信任方面还有很长的路要走，同时还需要加大投资量。出于这方面的考虑，分享收获的创始人石嫣认为要尽可能减少在有机农业中使用各种技术手段："现代技术确实可以解决一些问题，不过也会带来其他问题。

你必须找经验丰富的人员来管理工具和软件。大多数有机农业种植者都是在中小型农场工作，他们无法胜任。而且，相关费用也让人瞠目结舌。"

还有一项费用同样高得吓人，那就是土壤清理。张同贵表示："当我开始进军有机农业时，人们都以为我疯了。土壤和水资源清理需要投入巨额资金。"公司成立的头 10 年，投入总额就高达数千万美元。农业部和科技部投入了数万亿元人民币作为补贴，帮助农民加快清理进程。张同贵也因此受益匪浅，不过他还是需要向土壤清理投入大量资金。

这时候，中国科学院生态环境研究中心的吕永龙研究员带领的研究小组在《国际环境》（Environment International）上发表了一份报告。报告指出农场的工业污染物与附近居民疾病的发病率之间具有很强的联系，这些疾病包括甲型肝炎、伤寒和某些癌症。[14] 截止到 2016 年底，中国政府发布了一项计划，2020 年之前要清理 90% 受污染的农田。[15]

吕永龙表示，尽管中国政府"投入大量精力来清理土壤"，可是清理过程费力、费时而且费钱。土壤修复法包括挖出受污染的土壤，然后用未受污染的土壤回填，更常见的是使用化学物质和细菌制剂来降解污染物。吕永龙说："可是这些清理过程也并不总是有效。"

即使采用植物修复也会出现问题。这种修复是通过传统的种植花草（例如向日葵和豚草）和树木（例如柳树和杨树）来吸收土壤中的重金属。虽然后期会将这些植物铲除，可是根茎在折断后，污染物通常还是会返回到土壤中。他认为，"植物修复难以大规模奏效"。[16] 这也许解释了为什么许多中国植物学家尝试通过对种子进行设计，让它们的根系不会吸收毒素。[17] 虽然这种方案有望实现，可是却违背了有机农业的原则。

中国环境保护部土壤环境管理司司长邱启文表示，每英亩土壤的污染清除费为 18000 美元（约 2877.7 元 / 亩）[18]，而中国受污染严重的农田约有 2 万英亩[19]，清理费用不容小觑。同时，大量使用肥料和农药会让土壤情况更加恶化。《经济学人》（*The Economist*）在 2017 年发表的一篇报告称，从 1991 年起，"中国农药的使用量增加了一倍以上[20]，目前全国每英亩的农药使用量约为全球平均水平的两倍。肥料的使用也是如此"。尽管政府试图遏制使用农业化学品，可是要想在农产品系统上强制推行相关标准，似乎完全不可能，毕竟这关乎全国数亿名农民。中国个体农场的数量是美国的 50 倍以上。

1 名曾在有机认证部门工作的人员表示："在中国，存在把产品虚假地宣传为经过有机认证的现象。有些农民只是对小部分农田进行有机耕作，剩余土地仍然使用化学药品。"张总对此表示，要想在如此分散的农产品系统中实施安全标准非常困难，这也让中国消费者更为疑惑，导致他们对有机农业的信任度有所下降。

后来，我随张同贵一起前往上海市区以西 40 英里处的南汇区农场旗舰店包装车间。那里看上去就像是电影《太空英雄芭芭丽娜》

里的场景，到处都是有机玻璃、油毡和不锈钢。工人们穿着工作服，戴着手套和发套，通过悬挂在天花板的盘绕钢丝软管，向一堆堆刚采摘的农产品喷水。随后，这些水果和蔬菜通过人工进行干燥处理后，装入标有"有机产品源于多利农场"的袋中。车间里有一个巨大的玻璃实验室，许多科学家戴着防护眼镜，对每一份刚采摘的农作物样品进行检测，检测内容包括细菌和化学残留物。

接着，张同贵朝着包装和分销总监 Abby Ding 的方向大步走去，并向她致意。两人聊天期间，张同贵从传送带上拿过一袋胡萝卜。玻璃纸包装袋内装着 11 根锥形胡萝卜，还有 1 根略显粗糙。看到这根胡萝卜，他皱了皱眉，就像是父母无法忍受自家孩子那样，把那根胡萝卜从袋子中取出，然后丢进废品堆里。

Ding 对此反驳道："胡萝卜天生就长这样啊！"

张同贵告诉她，如果你想让有机食品在中国主流市场获得成功，必须把胡萝卜种成直的。说到这，他不禁回忆起之前的场景，当时他收到一位顾客的投诉，顾客称在生菜里发现了一只蜗牛。张总表示："这很自然啊，有蜗牛说明土质好，不过，这名客户并不买账。"

张同贵在农庄创办早期，本打算缓慢发展公司。可是他发现，"菜农并不想花时间让养殖的动物和种植的农作物自然生长"，这一点让他感到困惑。"通常，养一头猪需要两年时间，而现在只需要几个月。"他告诉我，他不仅要让农作物恢复到儿时的味道，还要恢复传统的养殖观："我当时只想顺应自然规律。"可是没想到就是这种"顺其自然"的想法，导致了高额成本，例如数据网络和土壤清理的支出，还有类似丢弃这种外形不完美的胡萝卜等情况的发生。

就是这些代价，最终可能让张同贵放弃有机农业。从那次访问到现在已经有几年时间了，我目前不确定多利农场是否还在种植胡萝卜或者其他农作物。2018 年，我从多利农场的一位投资者那里得知，张同贵已经悄悄离开了公司，并将公司的一大部分股份卖给了一家房地产公司和一家保险公司。那位投资者解释道："有机农业的生产成本实在太高了，物流也特别复杂。"至少从公司网站上看，多利农场目前还活跃在市场上，不过访问到的每个有机食品从业者都会告诉我，这只是个表象。上海的一些朋友称，之前多利农场的运输车随处可见，可是现在他们再也没有见过它们在附近出现。那位投资者表示："这家可持续食品公司最后还是没能持续下去。"

几个月以来，我一直在联系张同贵，试图从他那里得知事情的真相，但一直没有联系上。公司总部也没有回应，当初在公司遇到的每个人好像都辞职了。我这才意识到，多利农场即便不生产大量可持续食品，也会是一个警告，甚至有可能开创先河。无数初创企业都试图快速发展，把战线拉得过长，同时还承担着尚未成熟的技术所带来的巨额费用，多利农场只不过是其中一个案例。

亚洲有机谷销售部经理 Findle Zhao 认为多利农场的想法太过超前。"这个案例非常重要。这种'敢为天下先'的人还会有的。即便他们不能继续走下去，也会为将来采用这种方式的人铺好道路，那时成本就会降下来。"

张同贵将公司卖掉后，过了很长一段时间，他才向我展示他的公司，至少是一部分，他认为自己的公司是倡导公众健康和改善环境的外在表现。他也了解到，公司出售的农产品价格是传统市场价的 3 倍 [21]，所以他试图对标特斯拉，将产品作为可持续农作物出售。不过，他仍然坚持认为公司出产的农产品是新兴中产阶级的必需品，而不能算作奢侈品。他认为通往成功的最大障碍并不是技术手段和土壤清理带来的高额费用，而是对消费者的理念灌输。他坚持认为，公司要取得成功并引领可持续农业的发展，需要改变的不是价格，而是中国消费者的购物心态："问题在于，在中国，采用传统方式种植的农作物价格实在是太便宜了，比美国同类产品的价格低太多。"而公司制定的价格，无法反映出食用受污染食品付出的潜在代价，所以看起来非常高。他认为，对中国的中产阶级来说，花高价购买放心食品，比买那些便宜却可能致病的廉价农产品要好很多。"消费者应该具有的心态是：与其把钱花在医院，不如付给种植有机蔬菜的菜农。"

国家食品安全风险评估中心的陈君石提醒消费者，这些高价蔬菜，即便采用规模化生产，对公众健康来讲，也远远不是灵丹妙药。他表示："我们不能依靠有机农业来解决 13 亿人的食品安全问题。"张同贵对此表示反驳，以技术为核心的有机农业最终将渗透到主流农业中，而且"这会让公众受益"。

就最后一点而言，"火辣托尼"或许是对的。自从他在 2005 年创立多利农场以来，土壤传感器、智能数据网络和其他精准农业方式在全球范围内普及开来，包括中国的大型传统农场，而这远远超出了有机农业的使用范围。同时，尽管大多数农村小型菜农并不具备这方面的技术知识，可是借助互联网，或利用手头资金往这些设备上投资，也会让农业在未来几十年内出现变化。张晓鸣作为一名

在多利农场温室里抚育幼苗

有机种植者，在北京及其周边地区耕种了 500 英亩土地。他表示，自己的农场"完全配备了数字仪器、摄像头和现场技术人员"。张晓鸣补充道，他将公司命名为诺亚有机农场，这是源于诺亚方舟，"在对公众健康关注之际，传达一种安全信息"。

不管是什么原因让张同贵放弃了他的有机农业公司，但更多的有机农业公司在这时候崛起了。2018 年，中国有机食品的销售额超过 70 亿美元。[22] 在中国，尽管有机认证的费用更为高昂，审查也更为严格，但是根据政府统计的数据，2013—2018 年，有机认证的数量增长了一倍以上。[23]

在线有机零售商甫田网目前向 200 个国内城市输送农产品；有机农产品的种植商同时也是运送商的"可食可觅"，在千禧一代中备受欢迎。沃尔玛面向中国市场一直在增加有机农产品的供应量，而且在食品安全方面的支出增加了两倍。[24] 美国连锁超市 Kroger 最近宣布，将开始向中国出售有机食品系列"简单真相"（Simple Truth），销售渠道不再是实体店，而是与张同贵相同的方式——线上销售。[25]

对于张同贵而言，他面临的最大困难也许是投资人施加的压力，他们偏离了自己的核心价值观和愿景。多利农场在繁盛时期，有投资人表示："我们希望公司能更快发展，不过有机农业是一项资本密集而且很耗时的行业。"投资者们纷纷催促他开始向外出售从外部供应商那里采购的其他有机食品，包括肉、蛋、食用油以及其他产品。最初张同贵对这项举措非常抵触。后来，投资者们试图说服他将淡季产品、标有"天然"标签以及非有机认证的农产品也囊括在产品范围中。张同贵满足了部分要求。与此同时，他开始搬离市区，在中国更偏远的地区租用土地，包括在四川老家附近新建了一座 450 英亩的农场。将这些农村生产的农产品空运到城市，确实比清理受污染的城市土壤更快，而且价格更便宜，不过运费和仓储物流费用已然高得惊人。

张同贵的部分投资者也被另一种农业形式吸引。这种方式不需要土壤，所以根本不用清理土壤。它就是美国人口中的"垂直农场"或者中国和日本所说的"植物工厂"，这种新型的室内生长室无须土壤、太阳光照或四季变换，就可以种植农作物。这些位于大型仓库的农作物在高强度生长灯下可以全天候生长。与传统农业相比，这种方式可以大幅度地减少用水量，无须使用农药或常规农业化学品，而且农作物的生长速度要比在室外农场快 30%。

2018年，亚马逊创始人杰夫·贝佐斯（Jeff Bezos）和其他几个投资者一起向美国旧金山的垂直农场初创企业 Plenty 注资两亿美元[26]，正是这家公司打算将公司技术引入中国。公司年轻的首席执行官马特·巴纳德（Matt Barnard）表示，到2020年，他将在中国主要城市及周边建300个室内农场。[27]

一开始，我就感觉室内农业不妙，这种方式碳含量高到爆表，成本更是高得吓人，种植蔬菜的方式简直天方夜谭。首先，由于这种方式依靠人造光，所以种植农作物所需的能源要比室外高太多。单就美国而言，农田就超过9亿英亩[28]，而且大多数绝不可能挪入室内耕种。但是，在城市人口激增、供水越发紧缺，而且耕地非常有限的地区，这种人造农业开始焕发出强劲的生命力，可以带来更多经济效益，同时对环境也很友好。因此，巨额投资向这种农业方式涌入，而且这种趋势不仅局限于中国和日本。在全球规模最大的垂直农业公司里，有一家坐落在美国新泽西州纽瓦克市，距离曼哈顿几英里外的一个激光射击场中。[29]这栋建筑外表看上去毫不起眼。公司内部，感觉就像充满农作物和拥有加工能力的工业大教堂，经过设计，这里成为改变农作物种植方式的未来栖息地。

虽然听上去很玄幻，而且外观也确实如此，不过这些垂直农场就是要让当地生产的瓜果蔬菜普及千家万户，同时减少食物浪费，即便是运输到千里之外，也能保证新鲜可口。这些农场还努力让人们摆脱对农作物的固有思维，同时又可以让人们近距离观察这些作物的情况。

06
调节高度
Altitude Adjustment

我们在思考问题时，不仅要学会从逻辑角度出发，还要学会从生物学角度进行考量。

——爱德华·艾比（Edward Abbey）

在外界看来，美国面料零售商场 Jo-Ann Fabrics 和位于纽约伊萨卡市中心的其他购物中心相比，大同小异。走进 Jo-Ann Fabrics，我们会发现这里色彩斑斓，采光很好，感觉像是一座通风不错的阁楼。视野所及，过道里尽是各种布匹，从印花布到开司米，应有尽有。在过道里徘徊的埃德·哈伍德（Ed Harwood）是这里的熟客。2003 年的大部分时间，他都在这里度过，不过他可不像那些热衷 DIY 的熟客妈妈。哈伍德总是一副漫不经心的表情，看上去就像一名教授，戴着眼镜，头发灰白稀疏，还有一点点小肚腩。他经常来这，那时候，他已经获得博士学位，还在离家不远的一座工厂建造了一个临时实验室研究布料。"好像是我第四次来这家店的时候，店员们直勾勾地盯着我，感觉我好像不正常似的。我当时一直在过道里闲逛，他们就过来问我打算买什么。我说，我自己也不确定，先看看再说。"

最初，哈伍德对毛毡很感兴趣。他买了至少十几样作为样本进行检测，结果发现这些布料难以清洗，还很容易变形。后来他转向室内装饰织物区，买了些相对结实的涤纶和较沉的亚麻布做样本，但是这些布料编织得过于细密。就这样来来回回几个月后，他终于发现一匹燕麦色布料，有些类似用来做夹克和婴儿毯的羊毛，他记得当时有种中奖的感觉，正是这种面料，可以让种子在所谓的土壤中生长。

说起这事，就要追溯到几年前了。当时正是 20 世纪 90 年代末，哈伍德在一本农贸杂志上发现一个名为"气雾栽培"的室内种植实验[1]，这种种植系统，需要将植物放在培养皿里种植，它们的根系悬浮在富含营养的薄雾中。与传统农业相比，这种方法可以减少 95% 的用水量。"我得赶紧去试试，天啊！我从没想过植物生长可以用这么点水。"他回想道。当时，纽约州北部正遭受严重旱灾，所以那时他就想着节水，这一点与乔治·赫劳德和张同贵有所不同，他们是以拯救地球或地球居民这一宏伟目标为己任。"我可不是拯救人类的超人，这个试验项目对我而言有一定的实际意义，即便我不确定它的宏观重要性。"

哈伍德认为，气雾栽培法是古罗马时代以来，比温室养殖的水培法更为行之有效的一种种植方法。这种理念在当时只应用在实验室，一次只能种植几株作物。他打算种几千株作物，不过手头没有可用的信息，不知道如何开展，比如培养种子的材料，如何喷雾以及模拟阳光。另外，哈伍德对植物也知之甚少。虽说曾在美国康奈尔大学农业与生命科学学院任教授兼行政主管，可是他的专长是研究动物。哈伍德在波士顿南部长大，他的父亲负责给建筑物安装电梯，母亲则是给别人家的孩子当保姆。从很小的时候开始，他就前往美国佛蒙特州，和叔叔婶婶一起在他们的奶牛场度过了一个又一个夏天。他非常喜欢在农场工作，到了中学时代，会在每个星期五下午，乘坐前往佛蒙特州的公交车，到那里享受农场生活，然后一直待到周日，乘晚上最后一班车回家。虽然当时还是个普通学生，但他很喜欢养母牛，还记录下了奶牛们的各种行为。到了九年级，他搬到佛蒙特州，和叔叔婶婶一起居住，在当地的一所学校上高中。

10 年后，他获得了科罗拉多州立大学微生物学和动物科学的硕士学位，并为他的第一项发明申请了专利。毕业前，哈伍德就开始在一家初创公司工作，研发一种确定母牛繁殖时间的系统。他深知母牛在排卵时会变得烦躁不安，从而协助设计了一款可以监测母牛步数的数字式踝链。20 世纪 70 年代计算机在主流农业中得到应用，"那时候计算机系统用着十键键盘"。而现在，数字式踝链已经应用到全球奶制品厂。

哈伍德在康奈尔大学执教前，取得了牛奶科学博士学位，并辅修了人工智能专业。他还开设了一档关于农业创新的热门卫星广播节目。正是在准备节目的过程中，他开始涉猎气雾栽培法。哈伍德开始制订植物实验计划。主要出于经济方面的考量，他选择种植芝麻菜。他表示："我在逛 Wegmans 超市时，突然有了这种想法。""当时绿色蔬菜的售价为 1 磅（约 0.45kg）成熟莴苣需要 1 美元（约 6.47 元），而盒装的芝麻菜售价 8 美元（约 51.76 元），而且生长周期只是莴苣的一半。我感觉种芝麻菜靠谱。"后来我把这个想法告诉同事，"他们每个人都认为我这主意太疯狂，成本太高。他们的这种看法反而促使我开展计划。越是有人认为某些事情行不通，我就越是坚持自己的计划"。

室内种植作物可以追溯到罗马皇帝提比略时期[2]，他在卡普里岛度过了生命的最后阶段。提比略特别喜欢一种名为菜瓜、通体灰白、口感温和的黄瓜，所以下令让菜农整个夏天每天给他进献这种美食。正是这道旨意，让名为"specularia"、载有培养土的轮式手推车诞生出来。据了解，这种发明催生出世界上第一种反季产品。由于当时建筑玻璃还没出现，这种室内培养空间的顶部和侧面只能由透明的光滑石头制成。

1000 年后，到了 13 世纪，罗马的梵蒂冈建造出第一个以玻璃为材料的温室[3]，专门种植探险家从海外带回来的热带花卉和草药。直到 19 世纪初，温室设计才开始普遍推广。此时，荷兰人建造的温室，不仅可以控制采暖，还能调节光照和湿度，从而得以种植药用热带植物。

到了现代，温室在规模、体积和复杂程度上都有了很大发展，同时对环境的影响也不断扩大。西班牙阿尔梅里亚是世界上温室密

西班牙阿尔梅里亚纵横交错的温室

集度最大的地区，这里有大量温室，仅占地就达 6.4 万英亩，甚至从太空都可以看到这些塑料屋顶。[4] 可是，这种温室结构也让人诟病：随之而来的数千吨塑料废弃物和农业废料，破坏了该地区的地下水位，低薪雇用外来务工人员，无视室内农业给当地带来的收益。[5] 室内农业年产值达 25 亿美元，其中大约 70% 出口到欧洲其他地区。[6]

　　有一个国家不需要这些出口的农业品，那就是荷兰，荷兰政府为室内农业提供了更为良好的可持续发展模式。荷兰地势低洼，容易发生洪水，那里的土壤不适合耕种，荷兰政府采购当地温室种植出的瓜果蔬菜。这些温室根据严格的环境标准进行设计[7]，节水、最大限度地减少废弃物，同时低碳环保。部分温室在汛期时甚至可以漂浮在水面上，而其他温室则通过安装地热系统来调节温度。与此同时，日本在福岛核事件发生后，出于对放射性土壤的担忧，也一直在研发温室技术。除美国以外，日本和岛国新加坡也建立了大型垂直农场——室内生长室。与温室有所不同，这些室内生长室无法采集到自然光照。如今，室内农业涵盖了从技术含量低、与提比略设计的温室并无不同的被动式太阳能温室，到高度成熟的垂直农场，也就是哈伍德所说的"完全可控农业"。而美国在过去的 10 年里，室内蔬菜产量增长了 60%以上，增长的背后部分原因是客户对当地食品不断增长的需求，此外照明和传感器技术也让成本不断降低。

斯坦福大学食品安全与环境研究中心主任大卫·洛贝尔（David Lobell）表示，在全球范围内，室内农业增长的部分原因是可耕种土地的减少。洛贝尔表示，在过去 40 年里，干旱、污染和水土流失导致全世界丧失了 1/3 的肥沃耕地。[8]其中，水土流失是罪魁祸首，这是由于人们过度耕种、滥用化肥和农药，表土退化速度超过自然再生速度。同时，由于各种制约因素不断加剧，良田占有率低的国家纷纷抢占地理条件优越、气候适宜的区域。中国已经购买了包括巴西、埃塞俄比亚和阿根廷在内 33 个国家的一些耕地[9]，以保障粮食安全。英国购买了 30 个国家和地区的土地，确保其粮食供应。同时，德国、印度、沙特阿拉伯和新加坡，对海外农田投资尤为巨大。即便是拥有广阔耕地的美国，种植者们也在 25 个以上的国家拥有土地。

这种趋势也就是评论家们口中的"全球土地争夺"[10]，从逻辑层面和外交角度来讲，这种做法耗资巨大且较为复杂。就室内农业的倡导者而言，在当地可控环境下种植的新鲜食品要比在其他国家购买的耕地上种出的食品，更便宜、安全，同时也更有发展前景。特别是随着人口和气候方面的压力不断加剧，土地抢占会变得更困难，也更加危险。

哈伍德从不幻想他的计划会一举成功，但他坚信会比刚开始做得更好。哈伍德在 Jo-Ann Fabrics 找到富有延展性的合适布料后不久，在美国纽约伊萨卡城附近的一家独木舟工厂租用了一个工作间，其实这是个面积宽敞、拥有泥土地面的地下室。这里遍布蟑螂、甲虫和千足虫，他将这些生物视作他的"同事"。哈伍德打造出几个几百英尺长的矩形钢盒，将买的布料展开穿过这些盒子，接着将软管插入水和美乐棵营养液中，然后在布料下面制作了一个由水泵和喷嘴构成的设备，可以向盒内喷雾，滋润人造土壤。接着将他钟爱的芝麻菜种子撒到布料上，打开生长灯，然后等待。

两周后，他收获了第一批芝麻菜，和做沙拉的绿叶菜一起足足装了 13 个密保诺袋子，然后把这一袋袋的蔬菜送给邻居们。随后，他继续在临时实验室里进行试验，更换各种生长灯，调节加热布料的温度，并尝试使用不同类型的喷嘴和营养液。短短几个月内，每周就能产出几百袋芝麻菜，每袋 0.25 磅（0.113 千克）。他将自己的初创公司命名为"Great Veggies"，并利用台式计算机设计了一个标识，然后将制作出的标识贴到芝麻菜包装塑料袋上。创业两年后，虽然他定期向当地的餐馆和杂货店运送生菜，可是无法筹集到充足的资金来扩大规模。2007年，他将业务暂停了。

第二年，哈伍德正在努力获取高中执教资格时，亚拉巴马州一位名叫大卫·安东尼的私募股权投资人突然打电话给他。"他通过谷歌搜索找到了之前的Great Veggies网站，当时我甚至不知道这个网站是否还生效，那名投资人表示，'我认为您是农业的未来。我想收购贵公司一半的股份'。那天是我职业生涯中最重要的一天。"

安东尼投资了50万美元，哈伍德得以重出江湖。他聘请了两名工程师，将公司更名为AeroFarms Systems，并开始生产室内种植设备，销售给美国和中东地区的农民。2011年，他接到了哥伦比亚商学院两名年轻毕业生大卫·罗森伯格（David Rosenberg）和马克·奥什玛（Marc Oshima）的电话，他们打算收购公司。过去10年来，罗森伯格一直在打造自己的初创企业Hycrete，公司负责生产环保型防水混凝土，最近他刚把公司卖掉。奥什玛曾在欧莱雅、玩具反斗城和美食连锁店Citarella等公司担任营销主管。他与罗森伯格一样，对商业了如指掌，却对农业一无所知。他们收购了AeroFarms Systems，任命哈伍德为公司首席技术官，并开始在新泽西州寻找工业厂房，以践行垂直农业。

截至2018年，AeroFarms Systems已经从包括宜家集团、Momofuku餐厅的首席厨师David Chang和迪拜大型企业Meraas等在内的投资者那里筹集到了超过1.3亿美元的资金[11]，并在纽约大都会市区内种植生菜，覆盖面积高达7万平方英尺（6503平方米）。目前，哈伍德通过生产的设备种植出数十种

大卫·罗森伯格、马克·奥什玛和埃德·哈伍德

生菜产品，包括芝麻菜、羽衣甘蓝、水芹、白菜和豆瓣菜。这些产品位于可以控制种植环境的洞穴仓库内高出地面 36 英尺的铝制塔架上。AeroFarms Systems 每月为方圆 50 英里范围内的市内超市、饭店和自助餐厅生产约 75 吨绿叶蔬菜。哈伍德表示："发展速度超乎想象，但我并不认为我们正在改变世界。"就目前而言，AeroFarms Systems 只不过是高档生菜的生产商，因此"离解决全球饥饿还有很长一段路要走"。

这家美国最大的垂直农场位于纽瓦克 Ironbound 区罗马街 212 号。3 月里一个阳光明媚的下午，奥什玛和哈伍德将我领进一间没有窗户的建筑物，这里之前是一座炼钢厂。在前往的途中，奥什玛认为："农业的未来是粉红色的。"离这个总部几个街区的距离有一座仓库，这里曾是一家名为 Inferno Limits 的激光和彩弹射击场，仓库的墙壁和天花板上仍然覆盖着涂鸦风格的壁画和喷溅的油漆。以前的钢铁厂现在也呈现色彩斑斓的景象：紫红色的光从贯穿于洞穴式生长室的铝式塔架上散发出来，这些塔架耸立于地面和天花板之间。这里充满了植物的芳香，并伴随着水泵、喷雾器和风扇的嗡鸣声，看上去不像农场，更像是亚马逊的包装中心。

塔内几乎看不见任何生菜，每个塔架支撑着数英尺深的生长床，它们呈 80 英尺长、12 层楼高排列。工作人员身着类似危险品防护服的连身裤和头套，安静地在水泥地上穿梭，凝视着平板电脑和托盘散发出的光芒。为了到达较高的托盘，他们乘坐移动车载式吊车向上攀升。

哈伍德表示："历史上，农业一直是让植物适应环境。而垂直农业则是让环境适应植物。或许对你而言，这看起来不自然，但是从植物的角度出发，却非常自然，它们得到的正是它们所需要的。"

奥什玛所描述的运作方式，与乔治·赫劳德和托尼张如出一辙，都是带有生态意识的技术，这种创新是对可持续性目标的支持而非彼此竞争。而从事垂直农业的其他人却将室内耕种描述成"后有机农业"，这种作物生长方式不涉及任何农药，和室外种植相比，只需要少量水和肥料。同时，完全不受气候变化的影响。

AeroFarms Systems 采用的照明技术类似于国际空间站上种植作物所使用的系统。在这种方式下，太阳光被发出一束窄带高强度红蓝光光谱的 LED 灯所取代，色调类似于 Pepto-Bismol 悬浮液。一块类似哈伍德在 Jo-Ann Fabrics 买到的布料贯穿于托盘顶部。植物的根部就像一根根羽毛形状的冰柱垂在布料下方，吸食着托盘内营养丰富的高压薄雾。照相机和传感器会事无巨细地跟踪和监控着生菜的生长进度和需求，对成千上万反映生菜生长需要的数据点进行采集和分析。

蔬菜的生长从自动播种机开始。种子在引导机械臂的作用下散播出去，然后利用成像软件和算法分析得出在布料上完美的生长安排，对于这些布料，我们可以在蔬菜的每个生长周期后将其移除、刮擦、清洗，然后重复使用。撒种后，种子会快速发芽，和在田地里相比，会缩短一多半时间。装有发芽生菜的托盘被堆叠到铝塔架中，其中喜热的生菜放到顶部，耐寒的放到底部，以此来应对不断增加的热量。

这些位于成千上万托盘里的幼苗会在日光浴床里，享受着粉红色生长灯带来的能量。哈伍德告诉我，这些 LED 灯有很多优点：它们不会产生辐射热，因此可以直接放在正上方。在这种光照下，这些植物不会将能量消耗在向上生长上，也不会用在茎生长上，相反，它们会向外滋生出众多叶片。整体而言，虽然气雾栽培比水培法成本更高，工艺更为复杂，生长出的蔬菜还有毛刺，但它有一个巨大优势：蔬菜的根不会浸泡在水中或扎进土壤里，因此可以接触浓度更高的氧气，这样一来，它们的生长速度也就更快。

AeroFarms Systems 会在作物进行光合作用的基础上，通过提高二氧化碳浓度，进一步使作物的生长速度加快。库房周围的空气在接触作物前会经过过滤、通风、加热和冷却等处理。同时灌装的二氧化碳会将室内的浓度增加到 1‰，是平均二氧化碳浓度的两倍多。奥什玛表示："这是作物成长塔的大脑。"说话的同时，他打开了一个装满了一团团电线的大型金属盒。"这里遍布摄像头和传感器，通过数以万计的传感设备，可以在任意规定时间内传输数百万个数据点。"这些数据点涉及植物生长过程以及对其产生影响的所有变量，包括温度、湿度、光照的光谱和强度、养分吸收以及氧气和二氧化碳的浓度等。

这个"大脑"由人工智能系统控制，该系统和赫劳德所采用的系统相比，只能算是初级版本。即便如此，这个大脑也可以对成千上万株作物在每个阶段正常生长的图像进行编程。在这些标准的基础上，摄像头可以根据叶子的颜色、形状和纹理自动检测出异常情况。如果摄像头检测到蔬菜生长出现异常，系统就会向科学家们的手机应用程序发送警告，然后这些科学家就可以远程解决问题，对生长状况进行相应调整。奥什玛表示，"这样我们的目标会更加统一"，农作物的相关数据会存储在云端系统中，该系统经过公司的运营团队、食品安全团队、财务和研发部门不断改进，从而加强公司人员对运行中各方面情况的了解和掌控。

环保主义者保罗·霍肯（Paul Hawken）支持垂直农场，但并不认为它可以超越利基应用："虽说城市粮食生产和垂直农业具有很大价值，可是垂直农业不会减少温室气体的排放，也不能完全依靠它来养活人口。无论是室内农业、室外农业还是垂直农业，机械化农业都需要付出代价。在最大化提高出产速度、生产率和统一性的同时，我们终将失去植物与成长环境、栽种者之间的宝贵联系。"

高度可控的农业同样存在高风险。由于缺少土壤或其他屏障来保护农作物根部，如果根部存在少量细菌、霉菌或其他污染物，就会对农作物造成损害。通过系统，这些农作物可以精确获取生长所需要的水分和养料，可是如果系统出现任何失误（例如泵、洒水装置或定时器发生故障），那么农作物将会受损。如果发生停电，无法向托盘注入薄雾，那么这些蔬菜可能会在一小时内死亡。麻省理工学院媒体实验室开放农业计划负责人迦勒·哈珀（Caleb Harper）表示："气雾栽培法下的植物就像泡沫中的男孩。""只要气泡不破，孩子就没事。"

AeroFarms Systems 在罗马街 212 号设立农场后一个月，全世界为数不多的垂直农业公司之一，位于亚特兰大的生菜生产商 PodPonics 开始陷入困境。不久之前，该公司从 Kroger 超市收到一份订单，要求每年向其供应 2500 万美元的生菜，前提是公司能够建造种植场来满足订单需求。PodPonics 公司前任首席执行官马特·利奥塔（Matt Liotta）在宣布公司倒闭后不久的一次行业会议上表示，"这在当时可以算是我们最伟大的梦想了，我们已经准备着手开干了，这就是我们想要的"，"后来我们才意识到，这么做得需要多少资金，需要雇用多少员工。我们根本无法满足他们的需求"。利奥塔在发言结尾处补充道："这确实是一场制造游戏，而不是一门艺术。如果你想做艺术品，还是去花园吧。"

2014 年 PodPonics 倒闭后不久，另一个规模较小但备受瞩目的水培生菜种植公司 FarmedHere 关停了位于芝加哥占地 9 万平方英尺（约 8361 平方米）的工厂，并提出一系列计划，打算在肯塔基州路易斯维尔投资数百万美元，新建一家农场。高昂的人力成本和能源费用意味着需要大量出售农产品才能保障收支平衡，因此迅速扩大规模带来的风险确实太大了。就在此时，城市农业企业的投资者谷歌风投（Google Ventures）、东芝（Toshiba）和三菱（Mitsubishi）均以技术不够成熟为由，纷纷撤资。哈伍德对此表示："城市农业才刚刚诞生就出现这种情况，早期成立的企业，能存活下来的恐怕只占到 1%。"

这时却涌现出越来越多的玩家参与到这场豪赌之中。例如由埃隆的兄弟金巴尔·马斯克（Kimball Musk）创立的布鲁克林 Square Roots 等公司正在采用集装箱生产绿叶蔬菜。他们在集装箱内布置的一排排农作物之间垂直悬挂着 LED 灯，看上去类似窗帘。在这种风潮的影响下，谷歌风投在退出垂直农业几年后，在 2018 年，率先向美国新泽西州卡尼县一家名为 Bowery Farming 的高度数字化水培生菜生产商投资 9000 万美元。此外，杰夫·贝索斯（Jeff Bezos）和其他投资者向美国 Plenty 公司投资 2 亿美元，这在当时是室内农业最大的一笔注资。然而，该公司所使用的水耕系统，和气雾栽培相比，用水量更多，从长远来看，这是一个潜在劣势。

大卫·罗森伯格坚信 AeroFarms（Systems）会逐步壮大，他表示公司拒绝了多笔 8 位数的投资。可是，在经过 3 年的运营后，公司仍然没有赢利。对此，罗森伯格表示："我们正在打持久战，公

罗马街 212 号内

司利润势必会随着规模的扩大而有所增长的。"与此同时，另一个值得关注的大规模气雾栽培研究是美国国家航空航天局在"外太空农业"（off-world agriculture）实验室开展的项目。

对于任意一家垂直农业公司而言，面临的首要经济困难还是能源需求。哈伍德在康奈尔大学执教时的一个同事经过研究发现："水培法虽然在产量方面高出田间种植 11 倍[12]，可是所需能量却高出 82 倍。"哈伍德对此数据表示怀疑，这些数据并未将冷藏、运输成本以及产生的农药影响考虑在内。他补充道，气雾栽培法在提高照明效率、降低成本方面已经走出很远。

奥什玛称，AeroFarms Systems 设计出的照明系统散发的光"远比红蓝混合光要细腻得多"，随后始终不肯透露任何细节信息。未来，节约成本势在必行，他解释道：仅在 2012—2014 年，LED

灯的照明效率就提高了50%[13]，到2020年，随着成本的下降，照明效率预计还会再提高50%。AeroFarms Systems也在尝试调节整个生长周期的光照强度，只要满足植物的需求即可。奥什玛表示："我们不仅要拨动开关，还要考虑蔬菜每天不断变化的光照需求，甚至在从发芽到成熟的过程中，每个小时的光照都不尽相同，光照时长也是如此。我们可以通过使用传感器、摄像头和机器学习对光照进行精细化管理。"

在我追问无阳光农业的碳排放量时，罗森伯格称，AeroFarms Systems通常会将一些厂房，例如位于纽约州布法罗的厂房，安排到一些碳排放量为零的水力发电厂旁边。其中，公司在新泽西州纽瓦克的农场采用地热和现场天然气汽轮机自动供电。罗森伯格在进行二氧化碳收集实验时，会将该气体通过管道输送到生长室，来加速植物生长。随着太阳能利用率的不断提高，他还将采用现场太阳能技术，"这样一来，蔬菜即使不直接接触阳光，也能生长"。

罗森伯格还给出了一个令人信服的理由，被城市农场替代的农田可以让自然碳汇发展壮大。他认为："与传统田间农业相比，我们的农场年亩产率可提高390倍。我们可以设想下，将我们补偿的土地恢复为农耕之前的那种自然状态，我们可以在那里实现退耕还林，从而吸收二氧化碳。对于这颗星球而言，还有什么比这种做法更好的呢？"

室内农业对于类似小麦、玉米和大米等对阳光的需求量和存储量较大的农作物始终不是什么好选择。高度可控的生长条件只是对极易腐烂、营养丰富，同时对气候变化较为敏感的绿叶蔬菜才有意义。绿叶蔬菜的生长和成熟速度比其他作物都要快，从而可以即时产生现金流，只是前期需要投入大量资金。哈伍德通过公司设备可以让蔬菜每年收获25—30次，根据蔬菜品种的不同，从一颗休眠的种子生长到成熟的蔬菜，仅需12—16天。同样的种子在室外田间种植，则大概需要30—45天才能成熟，产量还不及公司室内种植的1/4。

同时，AeroFarms Systems种植的绿叶蔬菜几乎每个部分都可以拿来出售，也就是说，这些蔬菜生长出来的部位，不会有任何浪费。哈伍德称："光照需要投入，蔬菜生长同样如此。在LED灯下生长出来的牛油果树包含树干、树皮、树枝、树叶和果实。如果只有产出的牛油果才能拿来卖钱，这还有什么意义呢？"

生菜同样是室内农业的理想选择，如果把它放到室外种植，各种问题会层出不穷。位于旧金山南部绵延90英里的萨利纳斯山谷凉爽、干燥，这里出产的绿叶蔬菜占美国总产量的2/3。剩下1/3主要产自亚利桑那州的尤马市，那里的生菜在冬季生长。奥什玛表示："这些菜容易腐烂，而且非常珍贵，如果在全国范围内配送，成本会相当高，而且蔬菜的营养价值也会在配送途中损失不少。而这就是我们的套利机会，通过质量更好、更新鲜的蔬菜进入市场，同时无须高额的冷藏运输费用和很长的供应链。"

这些蔬菜生长所需的能量、水和人工不成比例，只要确保其中大部分不会腐烂就可以[14]，所以我采访过的一名行业分析师将这种绿叶蔬菜称为"瓶装水式生菜"[15]（bottled water of produce）。培育一颗长叶生菜需要大约 3.5 加仑（约 13.25 升）水[16]，这项统计数字非常重要，尤其现在许多地区水资源匮乏日益严重。同时，生菜本身还会携带多种疾病，所以饱受诟病。在刚刚过去的 10 年里，包括美国有机食品巨头 Earthbound Farm 在内的袋装菠菜生产商出售的产品，遭受了牛粪肥中大肠杆菌的污染，导致 5 名美国人死亡、数百人生病。[17]20 年有 15 州 52 人因食用携带大肠杆菌的长叶生菜而患病。

要确保此类蔬菜健康的方式是经过化学品清洗或选择室内种植的生菜。奥什玛表示："我们可以看看绿叶蔬菜的弱势——容易受污染、对气候变化非常敏感、养分流失以及产生浪费。生菜需要改变，而我们具有技术优势。"

我发现位于罗马街 212 号的农场出产的长叶生菜非常厚实，很光滑，还有波纹，看上去就像一颗颗发光的绿色大脑。在我看来，这些没有经过阳光或泥土滋润的生菜肯定会缺乏韧性、失去味道（水培生菜通常如此），可是没想到它们吃起来非常鲜嫩，里面的纤维很有韧性。

公司成立之初，哈伍德就认为室内气雾栽培法的最大优势将是节水、农作物产量的潜能以及与当地市场的距离。"我们发现，更大的价值在于我们收集的关于作物行为方式以及生长要求方面的数据。"通过这些信息，AeroFarms Systems 能够让种植的作物生长时附带特定属性。

品酒师经常用法语 *terroir*（风土条件）[18] 来表示特殊的环境和气候条件——湿度、热应力、空气质量、氧气水平、土壤质量，甚至是灌溉葡萄园所用水的矿物质成分。综合这些条件，生产出特定年份的葡萄。打个比方，在法国波尔多地区，农作物的外表受环境因素影响，例如颜色、味道、酸度、质地、气味等。这些因素不仅仅适用于酒，我们还可以用 *terroir* 来研究其他作物，包括咖啡、烟草、巧克力、辣椒、啤酒花、龙舌兰、西红柿和大麻，即那些具有复杂味道和感官影响的高价值农作物。随着对做沙拉用的绿叶蔬菜的种植环境不断进行数字化，AeroFarms Systems 希望通过控制数字化 *terroir*，进而影响所种植生菜的口感和质地。

然而，保罗·霍肯对此表示怀疑。在他看来，人类要想完全理解 *terroir*，希望渺茫。"请谨记，世界上最复杂的生态系统位于方寸之间。正是因为微生物内的相互作用，土壤与植物根系、植物与天气以及土地的地质历史之间发生的相互作用，才会孕育出农作物不可思议的味道，这是食物的灵魂，超越了算法，也超越了人类理解的范畴。"

对此，哈伍德指出，他的团队理解影响作物口感的因素的能力越来越强了。"我们可以把某个具体变量单独摘出来。可以这么说，我们目前的研究程度，能单独降低湿度或调高温度，同时保持其他变量不变。"它们可能是生菜叶的颜色、草莓的甜度，或者番茄中番茄红素的含量。随着时间的推移，他们通过大量数据在研究农作物特征方面不断加强，因此在掌握农作物成长能力方面也不断提升。

奥什玛表示，AeroFarms Systems 的未来在于农作物的增值特性。"例如，我们可以与某个特定厨师合作，研发出符合他或她指定规格的作物，例如让生菜变得更辣，颜色变得更红，外表长有的锯齿更多，或者口味更甜。"在这种情况下，调整作物的具体特征，可能简单地就像用 Instagram 中的滤镜修照片一样，不过目前这种操作还处于早期阶段。他表示："我们在探索特征改变方面，只是刚起步，不过随着数据库的建立，没错，我们可以通过实时监控生菜根系对营养物质的吸收率，将改变的特征细化到所含的大量营养素和微量营养素水平。相比之下，田间地头的控制程度可没这么高。"

AeroFarms Systems 正在开发一系列可以种植草莓、西红柿、葡萄、黄瓜、甜菜和其他块根作物等高价值农产品的设备。其中，部分农作物会和生菜一样种植，然后零售出去，而其余则作为副产品种植。在罗马街 212 号附近的研发农场中，AeroFarms Systems 正在与跨国食品公司合作进行农作物研究，例如让农产品像微型有机机器一样生产出天然香料、染料，并为加工食品加强营养。

这种可控的农作物试验在食品行业里比较新奇，但是此类试验对于化妆品行业和制药业来说已经见怪不怪了，麻省理工学院的哈珀注意到计算机辅助精度在专业食品生产中所具有的潜力。他在学院的媒体实验室里正在开发"个人食品计算机"（personal food computers），实质上这是一个家用级别的小型室内生长室。这些

生长在 AeroFarms Systems 托盘里的绿叶蔬菜

PFC（个人食品计算机）可以进入某个数据库，哈珀将此命名为"气候配方"（climate recipes），这是某种特定种类的水果、蔬菜或植物提取物中不可缺少的一部分。哈珀称："我们需要一个开放型图书馆，每个人无论身在何处都可以为种植的任意一种农作物调取对应的气候食谱，无论这种作物是 Momofuku 餐厅使用的罗勒，意大利南部出产的富含番茄红素的西红柿，还是墨西哥种出的塞拉诺辣椒。目前有件事情非常棘手，现有的基础编程语言不能用于可控环境农业，Linux 也不适用。我们该如何创建出一套常用语法，让世界各地的种植者都可以共享作物种植状况方面的数据呢？这将成为食品互联网的基础。"

哈珀表示，我们之前没有着手，是考虑到美国农民一直把重心放在独家生产上。"长期以来我们一直从两方面优化农业：第一，降低食品价格，尽量再降一点；第二，减少对农作物质量的投入。我这么说，并不是贬低早于我们的同行。我认为之前的绿色革命很不错。它让许多生命体走进现实成为可能。而目前，我们可以为此做得更多，同时也做得更好。"

1972 年上映的电影《宇宙静悄悄》(*Silent Running*)，剧情出现的前提是植物走向末日。电影围绕漂浮在太空中的温室展开叙事。由布鲁斯·邓恩(Bruce Dern)扮演的生态学家弗里曼·洛厄尔想方设法为子孙后代保留植物，该电影讲述的就是这期间发生的一系列悲喜交加的故事，现在让我们来跟着他的脚步一探究竟。洛厄尔的上级决定摧毁温室，以便腾出地方来存放货物。洛厄尔在 3 个奇特机器人的帮助下，违背了上司的命令。他们在危险至极的情况下，竭尽全力确保这些植物存活下来。

看这部电影时，我才 23 岁，当时感觉既有趣又荒诞。电影嘲讽了 20 世纪 70 年代初出现的生态乌托邦理念。洛厄尔就像是后现代的哈米吉多顿·圣·弗朗西斯(Armageddon Saint Francis)，在人造溪流边漫步，抚摸着人造生物圈里的植物，鸟儿落在他肩膀上，琼·贝兹(Joan Baez)则以她标志性的颤音吟唱着"阳光下的欢乐"（rejoicing in the sun），大自然是"你珍爱的宝贝"（your precious child）。自然消亡，终将是尘归尘、土归土。

20年后，在我漫步到 AeroFarms Systems 库房时，这里本身就是一座植物方舟，穿过数英亩徜徉在粉红色日光浴里的绿叶蔬菜，我不禁意识到此时此刻和电影《宇宙静悄悄》里的场景相去不远。事实上，1972年的科幻反讽电影并没那么荒诞不经。离开了位于罗马街212号的 AeroFarms Systems 后，我不禁想要给我破旧的小花园除草，挖开部分泥土，把种植出的出现斑点和变形的植物吃掉。其实，我对经过算法优化而统一培育出的生菜或草莓，不是特别感兴趣。我也不喜欢那种让植物失去和土地、和人之间紧密联系的想法。不过，能将更多农作物放在室内种植，从而缩短长途供应链，减少食物腐烂和浪费，让耕地免除耕作，避免向土地投入化学品，对这种做法，我确实表示赞赏。同时，只要能让土地还原成可以吸收二氧化碳的森林，不管做法多么奇幻，我都表示支持。这样一来，就可以扭转过去数万年农业对环境造成的影响。

从电影《宇宙静悄悄》上映到现在，过去了近半个世纪，许多事情早已改变。我们不仅失去了世界耕地面积的1/3，同时也让这种损失速度不断加快。其中有许多发生在政治动荡地区。比如，沙特阿拉伯的粮食供应有75%来源于进口。[19] 包括伊拉克、卡塔尔和阿拉伯联合酋长国在内的中东地区和其他沙漠化国家也严重依赖进口。[20] 正像刚刚从阿布扎比回来的迦勒·哈珀所说："那里的土壤仅包含大约0.001%的生物材料。他们那儿没有河流，离断水也不远了。就此而言，室内种植所需的用水量不到传统农业的10%，从这一点来看，室内农业可以说是 21 世纪后院菜园的典范。"

据联合国预测，到 2050 年，世界人口将达到 98 亿[21]，比目前人口增加了 33%。届时，全球 2/3 的人口居住于城市，向城市迁移的脚步还将持续。如今，全球城市人口刚刚过半。到 2050 年，全球 20 个规模最大的都市中，将有 14 个位于亚洲和非洲[22]，雅加达、马尼拉、卡拉奇、金沙萨和拉各斯也将步入东京、上海和孟买等如此规模的城市行列。随着人口增长和饮食结构的变化，联合国预计全球粮食产量需要比 2009 年增长 70%。[23] 显然，我们最终需要向上和向外扩大作物种植规模。

不过，哈伍德、哈珀和其他垂直农业的拥护者并没有提议让垂直农业取代传统农业。他们只是提议将小麦、玉米、大米和大豆等可以妥善存储的经济作物与无法保鲜的农作物分开生产。哈珀解释道："从现在看来，也许就在 50 年内，至少有 70% 的农作物将继续沿用常规方式进行大规模集中式种植。"其余一部分，也就是在运输途中容易丧失口感、营养流失的新鲜蔬菜和水果，可以在当地的室外农场、小区菜园和室内垂直农业设施中种植，从而发展城市市场。

哈伍德表示，为实现这一愿景，我们需要更多的种植者——而且不同于威斯康星州欧克莱尔市的安迪·弗格森。他还强调，种植可持续作物将需要更多充满活力、技术娴熟的团队，其中，城市里的年轻人很可能会比经验丰富、位于种植区的农民更符合资格。与乔治·赫劳德成立的蓝河科技相同，AeroFarms Systems 里软件精英的数量要比园艺师多。哈伍德表示："公司要实现这种增长，需要园艺、生物化学、机械工程、电气工程、程序设计、食品安全方面的专家以及具备档案知识背景的人才。"

面对未来发展，这种多元化的人才对于农作物的生产是非常必要的。就鱼类养殖或水产养殖而言，随着环境压力的增大以及过度捕捞对野生鱼类种群造成威胁，水产养殖正成为全球蛋白质生产的关键，尽管这一点颇有争议。接下来，我将前往挪威和一位三文鱼养殖者碰面，尝试通过新旧手段和技术以及借鉴其他领域的方式，来探寻大型水产养殖的第三种方法。

07
倾斜的天平
Tipping the Scales

这里有很多

小鱼……

一些年龄很大，一些还很年轻。

一些很悲伤，一些很快乐，

还有一些很坏，很坏……

它们从哪里来呢？我也不知道。

但我打赌他们是从

很远，很远的地方来的。

——苏斯博士（Dr. Seuss）

阿尔夫·黑尔格·奥斯科格（Alf Helge Aarskog）正在踱步。他在横跨挪威西南海岸峡湾的驳船上来回走动，鞋子在抛光硬木地板上发出咚咚的响声。现在是 11 月，天空万里无云，群山光洁，白雪覆盖，海水泛着清澈的宝蓝色。驳船停泊的一侧坐落着世界最大的三文鱼养殖场之一，水下有 11 个圆形网箱，一共饲养着 4000 吨三文鱼，相当于价值 6000 万美元的海鲜。驳船的主室里亚麻色的木板和休闲的北欧设计风格使其有种 W 酒店大堂的即视感。房间摆放着皮质沙发、一张会议桌和一些运动器材。一面墙上挂着一个巨大的监视器，显示着网箱里的实时监控视频。奥斯科格从头到脚穿了一身黑色，浓密的眉毛皱在一起，留着棕色的平头，下巴又长又尖。他一边看着视频里成群的三文鱼飞速地在网箱里游来游去，一边用我听不懂的挪威语嘀咕着。

奥斯科格是世界上最大的三文鱼渔业公司 Marine Harvest 的总裁，该公司的 220 家养殖场遍布挪威、智利、苏格兰、法罗群岛和加拿大。奥斯科格养殖的三文鱼有 1/3 是经水产养殖管理委员会认证的"可持续养殖"产品，他将三文鱼供应给 Whole Foods 和 Walmart 等连锁超市以及全球酒店和餐馆。奥斯科格来到弗尔岛附近的一个养殖场见他的运营经理。经理前不久给他报告了一些坏消息。根据水下传感器的数据，一些网箱本应越来越多的饲料消耗在逐渐减少。他们从网箱里随机捞出一些三文鱼，事实证明，最坏的情况出现了：这个养殖场的每条鱼都危在旦夕。

海洋水产养殖存在许多威胁。一只携带瘟疫的水母会殃及一整个网箱的鱼，过多的海藻可能会导致鱼类缺氧，网箱裂开一条小缝会导致鱼类大量逃逸。而奥斯科格面临的问题可能更为糟糕，因为几乎感觉不到危险的来临。潜伏在三文鱼身边的是一只个头很小的敌人：鲑鱼虱，也就是俗称的海虱。成年海虱是灰色的、扁豆大小的甲壳动物，是一种体外寄生虫，看起来就像是带有尖牙的小蝌蚪。

Marine Harvest 的三文鱼养殖场

海虱会消耗鱼类的血液和肉，大约十几只海虱就可以杀死一条鱼。海虱与三文鱼在野外共存了几千年，但是近几年它们严重威胁到了三文鱼的生存。

奥斯科格今年 55 岁，他与海虱斗争了 30 多年。他对钓鱼的热爱源自他的祖父。他的祖父酷爱打猎和垂钓，他小时候经常在周末跟着祖父去钓鱼，然后拿到市场上卖。奥斯科格的第一份工作是在一个三文鱼养殖场，他那年 14 岁，当时三文鱼行业才刚刚兴起。他用厚木板建造网箱，每个网箱能容纳几千条鱼；把大桶大桶的沙丁鱼和凤尾鱼倒入网箱作为三文鱼的食物；清理"号角箱"，这种网箱主要用来隔离生病或死亡的三文鱼。老板还让他将成千上万个洋葱和蒜瓣切丝，放入网箱，希望这些气味能熏走海虱。

因为当时三文鱼产业规模较小，所以海虱对三文鱼的影响是有限的。因为相比于现在网箱中养殖的 20 万条三文鱼而言，当时的养殖规模相当之小。养殖三文鱼的规模和密度越大，瘟疫暴发的可能性越大。就像大型农田的超级杂草对除草剂产生了抗药性，而越来越多对化学物质产生了强大抗药性的海虱也公然挑衅着我们为铲除它们所做的每一分努力。从某种意义上来说，三文鱼养殖产业自身创造了这个怪物。

弗尔岛海虱的爆发尚处于初期。从笼子里随机捞出的几十条鱼中，我们只看到了其中几条身上有少量海虱[1]，很多身上还是干净的。尽管这些三文鱼在我看来非常健康，但现在别无选择，只能在海虱大量爆发之前收获三文鱼。每只雌虱可以生产两串卵，每串中有多达 1000 个卵，这意味着海虱会在集中养殖的高密度鱼群中迅速蔓延，并威胁通过附近水域迁徙的野生鱼类。目前，奥斯科格网箱中的三文鱼平均重量仅为 3 公斤，只有成熟三文鱼重量的 60%。总而言之，他告诉我，亏损约为 2400 万美元。

整个海洋的渔获很容易抵销单个养殖场的亏损，但目前海虱已经扩散到奥斯科格的大部分养殖场。在 2015—2017 年，该公司 220 个农场的收获量下降了 12%。[2]奥斯科格的一些竞争对手损失更加惨重。他说，对于一个准备大规模增产的行业，这种问题简直"像是噩梦"。奥斯科格和其他同行联合行动，准备借助科技的力量对抗他们用显微镜才能看到的小敌人。他们为提出的解决方案投资了亿万美元，哪怕有些方案似乎并不可行。

三文鱼是溯河洄游性鱼类，意思就是它们在淡水水域出生，漂洋过海到咸水水域生长，再洄游到淡水水域繁殖。几千年来，挪威的野生三文鱼物种一直把峡湾当作它们的原生海域和挪威海之间的安全通道。现在的峡湾养殖着大量的三文鱼，每年大约有 15 亿条大西洋鲑在这里生长。[3] 挪威的三文鱼产业就像美国的牛肉产业，挪威是目前最大的三文鱼生产国。[4] 奥斯科格称，全球三文鱼养殖业价值 140 亿美元，在过去 10 年中翻了一番。[5] 挪威的三文鱼产量很高，很大程度上依赖这里凉爽平静的峡湾，可以保护水产养殖的鱼类免受风浪的威胁。这个区域目前还未受到海水变暖的影响，世界其他水域海水变暖已经威胁到了三文鱼的栖息地。[6]

奥斯科格的养殖场占据了全球三文鱼养殖业的 1/4。有人嘲笑奥斯科格，也有人很敬重他，将他比作当今的尼奥尔德。尼奥尔德是挪威的海神，掌管着这里的荣华富贵。当我向他提及有人把他比作海神时，他很反感。"不要叫我先知，"他恳切地说，"我不是什么上帝——没人能成为上帝。"

奥斯科格在奥勒松的一个牧羊场长大，奥勒松是位于挪威西海岸、弗尔岛南部的一个渔村，他从很小就开始工作了。6 岁时，他就会放牧，把羊赶到高山牧场。8 岁时，父亲就教会了他如何自己宰羊。"在没有达到合法年龄之前我已经工作了很长时间。这在美国你们叫什么？儿童保护服务？他们可能会找我的父母谈话。"他面无表情地说。我就当他在开玩笑，但从奥斯科格的表情很难看出来。在我与他相处这么久的时间里，我去拜访他也好，后面与他通电话也好，他只笑过一次。就是当我说作为一个市值 32 亿美元的公司老板，他还很年轻（我们初次见面是 2016 年，那时他 49 岁）。"年轻！"奥斯科格大笑，"我感觉自己已经很老啦"。

奥斯科格是一名健身爱好者。他每天训练，每 4 个月参加一次比赛，主要测试自己障碍跑、山地自行车以及越野滑雪这 3 项运动的能力。他告诉我，"我的目标是 80 岁的自己能打败 65 岁的自己——而且我不会像美国人那样服用兴奋剂"。奥斯科格用严苛的职业道德要求自己，且不允许自己陷入奢侈品的陷阱。我问他是否喜欢在挪威的河流上玩飞蝇钓，他说，"那种项目是给有钱人设计的。我只是个农民"。奥斯科格妻子的车是特斯拉的，他自己是奥迪的忠实粉丝，而对电动汽车非常不屑。他认为导致气候变化的元凶是肉类，而电动汽车的出现只是为了分散大家的注意力。他说，"政府出台了很多税收政策刺激消费者购买电动汽车，却对人们以肉食为基础的饮食习惯无动于衷，简直太不可思议了"。

奥斯科格的性格既谦逊又务实，就像挪威的空气——令人心旷神怡，虽然不够柔和，但非常有益身心健康。毋庸置疑，他的生活方式比我的更加亲近自然，未来我可能也做不到像他一样；除了日常训练，他还会在周末或者夏天待在一个沿海小岛的小木屋里，远离任何形式的商业往来。他不会像我或像那些只关注自己的一亩三分地却对气候变化备感焦虑的人一样，对环境问题如此多愁善感。通过和他的对话，我意识到也许这样做是件好事：他在自己与大自然之间建立了恰如其分的联系，他亲近大自然，也尊重大自然，也许这正是在水产养殖推进的过程中正确处理重大系统性风险所需要的态度。

奥斯科格很谦卑，也很乐观。Marine Harvest 的鱼产量在过去 10 年间翻了不止一番，他带领着整个水产行业不断向前。这样的快速增长对于我这样一个喜爱吃鱼、收入中等的消费者来说是件好事：烟熏的、冷冻的、新鲜的三文鱼产品的价格自 2005年起下降了 20%。[7] 奥斯科格的三文鱼销往世界各地的超市，包括我们当地的 Kroger。他的公司也生产预先做好的盒装寿司，在

阿尔夫·黑尔格·奥斯科格

机场和商场都有卖的。说到竞争对手，奥斯科格认为在养鱼这个行业他不存在竞争对手，他已经是老大了。他的竞争对手反而是像 Tyson Foods 和 Smithfield 这样的大型肉类生产商——"这才是我想竞争的市场份额"。他说，并再次重申了气候变化的潜在益处。

奥斯科格计划到 21 世纪中叶将公司规模扩大 10 倍，并助推一场"蓝色革命"，正如他所描述的那样，"在这个过程中，水产养殖将最终取代野生捕捞的海鲜，并为数十亿人提供可持续的蛋白质"。奥斯科格不止一次跟我强调，海洋占地球表面的 70%，却仅能提供 2% 的粮食。[8]"这必须改变。"

一些评论家不以为然。目前，海鲜是 30 亿人的主要蛋白质来源，且大部分集中在亚洲国家，水产养殖能否在全球范围内实现可持续供应是人们争论的焦点。"工业水产养殖，尤其是三文鱼养殖[9]，本身就是不可持续的，"全球反水产养殖联盟（GAAIA）的理事唐·斯塔尼福德（Don Staniford）说道，"我们应该停止养殖三文鱼。到此！结束！"三文鱼养殖的环境挑战远远不止海虱。渔民需要管理鱼的粪便，防止它们从网箱逃逸，并需要捕获大量的野生鱼，这都是很大的挑战。目前，三文鱼养殖仅占全球水产养殖业的 5%。[10]罗非鱼、鲤鱼和鲶鱼等价格较低的鱼类产量更大，主要面向亚洲市场。相比之下，三文鱼养殖是其中增长速度最快的领域，三文鱼市场也是迄今为止利润最丰厚的市场。Australis Aquaculture 是一家总部位于曼哈顿的初创公司，老板乔希·戈德曼（Josh Goldman）表示，"这里正是大型研发投资和创新应该努力的方向"，戈德曼虽然也饲养澳大利亚肺鱼，这是一种只有三文鱼一半大小的热带白鲑，但他从三文鱼养殖业的发展中获利颇丰。"使用高能量的鱼饲料、放置水下摄像头——这些技术大大提高了生产效率，这也是三文鱼养殖产业带来的技术进步。从技术的角度来看，三文鱼养殖产业的很多技术在很多其他种类的水产养殖中也都适用。"

奥斯科格与环保组织签署了协议，会实现其设定的目标，即实现公司水产养殖零海虱、零浪费、零逃亡。他也打算完全剔除公司鱼饲料中的野生鱼类。世界野生动物基金会挪威办事处的英格丽·洛梅尔德（Ingrid Lomelde）说，"Marine Harvest 已经取得了很大的成就，如果要求它在实现上述目标的前提下还保持快速发展，那将十分不易"。

我抱着调查大型水产公司所面临的挑战的目的来到挪威，但我其实更希望听到好消息，原因很简单，我们需要一个定心丸。过度捕捞、气候变化以及其他环境问题会导致包括三文鱼在内的世界野生鱼类的种群不断减少。根据联合国的数据，鉴于目前的人口增速和经济发展趋势，未来 20 年全球海鲜需求将至少增长 35%。[11] 我来到挪威的目的是消除我心中关于三文鱼养殖的忧虑，并了解一些我尚未关注到的问题。我来到这里才认识到，和基因工程、垂直农业一样，水产养殖是另一个快速发展、潜力无穷的产业，但风险也很大。

✵

2016 年，数百万奇努克鲑鱼的幼苗在加利福尼亚被吃掉，不是人们用烤箱或炉灶烹饪后吃掉的，而是在萨克拉门托河里被其他生物吃掉的。这条 450 英尺长的河流主要由内华达山脉的融雪补给。前几年，由于干旱，河水变得越来越浅，越来越热，已经不适宜三文鱼幼苗的生长。在迁徙到太平洋的途中奇努克鲑鱼幼苗的存活数量从 2009 年的 400 万条下降到了 2015 年的 30 万条。[12] 加州大学戴维斯分校渔业生物学家彼得·莫伊尔（Peter Moyle）发起了一项名为"鲑科鱼类现状：温水煮鱼"的研究，根据当前气候变化趋势，预言加利福尼亚州的 14 种鲑鱼将在 50 年内灭绝。

野生三文鱼在长达数百甚至数千公里的迁徙途中需要克服九九八十一难。它们要一路对抗急流、瀑布，穿过水电站，躲过渔网；还要逃过老鹰、水獭、狗熊和人类的猎食。"三文鱼有不同寻常的强健体格，它们能克服所有的障碍，"莫伊尔说，"唯一对水温变暖束手无策，尤其是幼苗，它们的适应能力非常有限。"

气候变暖对世界各地许多其他鱼类和贝类都产生了影响。艾瑞卡·古德（Erica Goode）在《纽约时报》上称"美国东北部 2/3 的海洋物种[13] 都转变或延长了它们的迁徙路径，游向更北部或更深处的凉爽水域"。再举个例子，龙虾种群也从新英格兰南部迁徙到了缅因州[14]，新英格兰的鳕鱼业接近破产。[15] 因为缅因州海湾的海水正在加速变暖，并且海水过浅，满是沙石，幼鳕鱼的食物来源逐渐变少，它们会游去更深的水域，当然也会面对更强劲的天敌。黑海鲈鱼、门齿鲷、黄尾比目鱼 [16]、鲭鱼、鲱鱼、安康鱼等是在过去几个世纪在美国东海岸非常活跃的鱼类，如今也在向北迁徙。古德写道，"现在黑鲈鱼种群的活动中心集中在新泽西州，比 20 世纪 90 年代的活动中心向北移动了几百英里"。[17]

变暖的海水正逐渐酸化，这种现象有时被称为"全球变暖的邪恶双胞胎"。[18] 海洋酸化是海水吸收了大气中的二氧化碳，酸碱度持续不平衡引起的。海洋酸化使得贝类难以生存，尤其是牡蛎和蟹类。举例来说，据科学家预测，由于海洋酸化，珍宝蟹种群的数量未来几十年将减少 30%[19]，并危及美国一个价值 1.8 亿美元的产业。

澳大利亚的戈德曼说，"现在是野生渔业的危急时刻"。水产养殖的一个好处就是能够加以管控，而野生渔业只能任由情况继续变得更糟。戈德曼继续说，"在这样的气候条件下，如果不大力发展人工养殖，扩大其规模，根本无法满足人类需求"。

但如今，水产养殖，尤其是三文鱼养殖，给野生渔业带来了最严重的威胁。唐·斯塔尼福德说："这些不合适的解决方案，反而制造了许多问题。"三文鱼养殖业确实消耗了野生渔业。三文鱼是食肉动物，可以吃掉比它们自身体型大很多倍的食物 [20]，如凤尾鱼、鲱鱼、乌贼、鳗鱼、小虾、磷虾以及其他野生海洋生物。英格丽·洛梅尔德说："我们不能把一个产业建立在自身不断消亡的野生饲料上。"养殖三文鱼不仅消耗野生鱼类种群，还污染它们的栖息地。三文鱼饲料的 70% 都是以尿液、粪便或未使用饲料的形式再次流入大海。[21] "过去几十年，三文鱼养殖业一直把大海当成开放的下水道，"

斯塔尼福德说，"排泄物沉淀在海底，会破坏该地区的海洋生态。"

养殖三文鱼也会从基因上污染自然生态系统。当养殖的三文鱼逃脱网箱，与野生三文鱼交配，它们的后代在基因上有很大概率无法适应野生环境。养殖的三文鱼的基因构成和野生三文鱼不尽相同。养殖三文鱼缺乏自动返回原生水域的本能，因为它们出生在商业化的孵化场里。同样，它们在网箱里不需要面对捕食者，也对危险缺乏本能的警觉能力。[22]"养殖三文鱼很会抢食，这是网箱生存的必备技能，但在野生环境中这种技能用处不大。"斯塔尼福德说。

就算没有逃跑，养殖三文鱼也会带来威胁。网箱里的饲料会吸引游过渔场的野生三文鱼。野生幼苗会滑进渔网，被同类吃掉。没被吃掉的幼苗如果携带病毒或寄生虫，将会传染给养殖三文鱼，它们逃窜后会再次把病毒带回野外。21 世纪初，养殖的大西洋鲑传播了鲑鱼贫血症（ISA）[23]，危害了野生太平洋鲑群。20 世纪 90 年代，三文鱼养殖场传播出鲑鱼甲病毒（SAV）[24]，造成野生种群胰腺疾病在欧洲蔓延。最终，Marine Harvest 和其他行业领导者共同研发了疫苗。

海虱远比这些疾病更难控制。"截至目前，海虱对水产养殖和野生三文鱼来说都是最严峻的挑战。"洛梅尔德说。她估计海虱每年可致死约 5 万条野生三文鱼。[25]尽管如此，她和斯塔尼福德一样，对水产养殖业持积极态度，"20 年前，这是一个新兴的行业，渔民几乎不考虑环境问题。现在他们的思维方式改变了。他们意识到如果人工养殖不具备可持续性，他们就无法成长"。总的来说，奥斯科格依然相信，他的渔场背靠海洋，对野生鱼种和海洋环境有害的因素，也一定不利于他养殖的鱼。"我也不希望我的鱼生活在不利生长的垃圾堆里，不希望它们逃跑，更不希望它们感染寄生虫，"他解释说，"我们迫切地想要解决这些问题。"

奥斯科格铆足力气清除海虱，就像《疯狂高尔夫》（*Caddyshack*）里卡尔·斯巴克大战田鼠那样。奥斯科格告诉我，"我们一定会全力以赴"。"整个产业现在试行着几十种新的解决方案，总有一天我们能找到最有效的组合。"

在 11 月的一个晴天，我们晃动着奥斯科格渔场里的一个网箱。几千条鱼在网箱顶部盘旋，跳跃着争抢食物，鱼饲料不断从网箱上悬挂着的塑料软管里落下。鱼群似乎完全感受不到外面只有零下 5 度的低温，哪怕在它们中间放上一个像 R2D2 机器人这样新奇的小玩意儿，甚至四处发射绿色的激光束，它们也不会注意。

这种被称为 Sting Ray 的装置由深海石油工业的工程师专门为消灭海虱而造，是奥斯科格在对抗海虱的斗争中测试的古怪武器之一。Sting Ray 通过实时视频来"观察"养殖的三文鱼，并使用类似于乔治·海洛德的 See&Spray 机器人里内置的人工智能软件，通过识别鱼鳞颜色和纹理的异常来辨别海虱。就像 See&Spray 学习辨别作物和杂草，Sting Ray 要学习辨别海虱和三文鱼鳞片上的斑点。当检测到有海虱存在时，机器人会用一个手术用二极管向海虱发射激光束，这种激光束常常用于眼科手术和脱毛。由于三文鱼镜子般的鳞片会反射光束，所以鱼不会受到伤害；但是海虱是胶状的，大概和蛋清一样的质地，所以激光束会把它们炸脆，让其漂走。

奥斯科格与挪威三文鱼养殖业的另外两家巨头 Lerøy Seafood Group 和 SalMar 合作，为该项目筹集了 150 万美元的种子基金。早在 2014 年，这些公司就开始测试机器人，现在大约有 200 台焚烧海虱的设备分布在挪威和苏格兰的养殖场。尽管如此，奥斯科格对这项技术只是基本满意。"这种机器人是传统去除海虱方法的现代版本。"他说。Sting Ray 模仿了所谓的清洁鱼，就像野生隆头鱼和圆鳍鱼那样，将虱子一个一个地从鱼鳞上咬下来。多年来，奥斯科格一直在网箱中投放这些清洁鱼类，以此作为控制海虱种群的一种方法，但它们无法抵挡海虱的大规模爆发。这些鱼还需要定制的食物，并且要在笼子里精心建造海藻栖息地。

Sting Ray 的总负责人约翰·布雷维克（John Breivik）表示，机器人相较于圆鳍鱼还是有所改进的。"每 10 万条三文鱼可能需要 1 万条清洁鱼才能控制住海虱，但只需要一到两个激光器机器人便可达到同样的效果。"他强调，清洁鱼和机器人可以协同工作。清洁鱼更善于捕捉藏在三文鱼鳃下的海虱，而机器人的优势在于可以清除清洁鱼看不到的无色幼虱。"这是新旧方法合作的结果。"他说。Sting Ray 使得养殖场的海虱数量减少了大约 50%，而机器背后的人工智能系统随着时间的推移更加智能，能够更有效地识别海虱。"这种效果就像'滚雪球'。"布雷维克说。奥斯科格没那么乐观。"我们会看到结果的。"他凝视着网箱中闪闪发光的冰冷海水，平静地说。

潜入网箱的 Sting Ray 机器人

奥斯科格的谨慎可以理解，他曾经花费数年时间测试新方法，但没有成功。大约 10 年前，他和其他行业领导者在推广含有甲氨基阿维菌素苯甲酸盐的鱼饲料时，海虱问题首次失去控制。这种片状的化学物质能够穿过三文鱼肠道的内壁[26]，并进入其组织，从而让海虱吸收并致其死亡，这种化学物质在一定时间内起到了效果，但海虱随即产生了抗性；他们又尝试使用过氧化氢，在三文鱼成熟后，每隔几周用这种化学物质对它们进行一次清洗，海虱再次产生抗性。他们还用一种高压喷水清理的方法对被海虱寄生的鱼群进行深度清洗。但这对于三文鱼来说过于昂贵并且有害，还会妨碍鱼类生长。

除 Sting Ray 之外，现在奥斯科格正在测试其他机械的方法。包括制造一个足够容纳 15 万条鱼，又可移动的网箱。如果海虱爆发，可以把网箱移动到更冷的水域中，这样海虱就无法生存。奥斯科格还在研究一种能够包裹水下网箱的围挡，孔洞小得让海虱无法穿透。此外还有性能更好的水下摄像头和数字传感器，可以更快探测到海虱的爆发。

如果这些措施都不奏效，奥斯科格也会做好准备将他的鱼隔离起来。他投资数千万美元开发一种用固态聚合物作为外壁制成的球形网箱。这种名为"鸡蛋"的网箱有 150 英尺深、100 英尺宽[27]，每个网箱能够容纳 20 万条鱼。这些球形网箱部分没入水中，看起来就像白色塑料材质的不明飞行物，与峡湾虽然格格不入，但它们却能完全隔绝寄生虫。并且，由于他们承诺完全禁止废物排放、杜绝鱼类疾病、防止鱼类逃逸，这些都有利于改善环境，"鸡蛋"和其他封闭的网箱系统得到了环保组织和沿海社区的支持。[28]

但是，这项技术成本高昂，技术复杂。"鸡蛋"中的水必须自深海抽取，不断换新，并过滤掉微小的污染物；容器内的风扇须能产生合适的水流供鱼来回游动（三文鱼是远距离游泳选手，在静止的水中无法长出健壮的肌肉），需要通过浮标系统来抵抗球形网箱外部水域的冲击（因为反向水流会使鱼发生眩晕）；必须要收集和处理网箱中大量的垃圾，因为想要鱼类不被病害侵袭；必须对网箱做深度清洁，并保持良好的卫生。奥斯科格还在投资研究类似于甜甜圈一样外形的封闭网箱（很明显，这种网箱的名字应该叫"甜甜圈"），其功能与球形网箱非常相似，其是为产生更强大、更受控制的水流设计的，让鱼类也因此得到更充分的锻炼。

从某种意义上来说，这种封闭系统类似于垂直农场中可控的超工程环境系统。封闭可控的水产养殖至少在理论上可以抵抗海洋变暖所带来的压力，因为更深层的海水会被抽到浅层水域，助其冷却，且海水酸化理论上是可以得到治理的。但这些措施意味着成本的增加。"花这么多钱修正水产养殖中所犯的错误听起来似乎有点可笑，"英格丽·洛梅尔德说，"若不是世界需求的陡然飙升，野生鱼类不会减少得如此之快。"

中国在大约公元前 1000 年的周代开始养殖鲤鱼。[29] 在此之前还没有任何生态系统科学所言，他们本能地采取了我们现在所熟知的混合养殖，也就是将水产养殖与蔬菜种植和牲畜养殖相结合的综合系统。将动物和鱼类的粪便作为整个系统的肥料；鸭子和猪的粪便用于池塘里的藻类的肥料；而富含氮气的小型藻类又可以作为鲤鱼幼苗的饲料。鲤鱼成熟后，就把它们转移到水分充足的稻田，它们会帮助吃掉那些可能影响水稻生长的杂草、昆虫和幼虫，它们富含氮气的粪便也可以为水稻施肥；而高大的水稻植株也反过来保护鲤鱼不受鸟类掠食者的威胁。"这种典型的鱼稻共生系统蕴含着丰富的生态智慧，"Australis Aquacuture 的乔希·戈德曼对我说，"比起分开养殖，这种混合养殖可以在较少的土地上生产更多的水稻和养殖更多鱼类，也节省了肥料、杀虫剂和劳动力开支。"混合养殖系统是经得起时间考验的，直到今天中国依然在数百万亩稻田中采用着这种养殖方式。

但中国大部分的现代水产养殖，以及许多其他像奥斯科格的Marine Harvest的单一农业企业，仍在大规模地生产单个产品。在这种单一养殖模式的孵化场里，近亲繁殖的问题十分严重。[30]评论家认为这种模式损害了鱼类种群的健康，且从长远来看，会妨碍水产养殖的成功。越来越多像戈德曼这样新晋的小规模水产养殖者想要尝试恢复混合养殖这个古老的模式，并将这种模式应用到大规模的渔场。"我的想法就是，将网箱里鱼类的粪便扩散到网箱周围的水域，给其他的养殖产品施肥，"戈德曼说，"比起污染治理，这种方式更像在扩大生产力。"

早在 20 世纪 80 年代，戈德曼还在汉普郡学院读大学，他就开办了自己的第一家水产养殖场。他亲手设计了一个养殖系统，用鱼类粪便给羽衣甘蓝、生菜、西红柿和浆果施肥。如今，他的公司总部就设在马萨诸塞州的特纳斯福尔斯，距离汉普郡只有 20 分钟的路程。在那里，戈德曼在一个废弃的机库里养殖了 30 万条澳大利亚鲱鱼。他标榜自己的鱼是"本地捕捞"的，并且成功吸引了一位新英格兰的厨师，尽管这种鱼的原产地是澳大利亚和东南亚。他的公司知名度迅速提高，公司开始成为 Whole Foods、Blue Apron、Sizzler 以及莱昂纳多·迪卡普里奥出资创立的"珍爱野生动物"（Love the Wild）公司的供应商，为全国各大超市售卖预加工的冷冻养殖鱼肉。但戈德曼的要求也越来越高，他开始重新思考公司成功的养殖模式。

自戈德曼创业到现在的 14 年间，世界发生了翻天覆地的变化。他说："气候变化成了我们这个时代的主要环境问题，这些应对气候问题精准有效的措施已经彻底改变了我的思维方式。"最近几年，戈德曼逐渐将大部分的生产力转移到越南。虽然他的产品失去了"本地捕捞"这个标签，但他说，"越南产的鱼味道更好，二氧化碳的排放量也更低。虽然这看起来违背常理，但在自然栖息地养殖澳大利亚鲱鱼，再冷冻后运送至各地市场，其实比本地养殖更节省资源"。

见到他在特纳斯福尔斯的团队后，我明白了。在我看来，这个渔场的网箱就像裴顿农场的鸡笼，每个小小的网箱都满满当当地塞着几千条鱼。特纳斯福尔斯的渔场需要打造一个大型水处理系统，确保每天能过滤 5000 万加仑的水。因为系统工作量巨大，泵抽、净化、充氧等，所以注定其能耗巨大。"我就像开了一个重症监护室。"戈德曼说着，从网箱中捞出了一条死掉的鲱鱼。"这些鱼生存所需的方方面面都要照顾到位，它们非常脆弱。一个水泵或者阀门坏了，它们可能就活不了了。"虽然像"鸡蛋"这样建立在海洋上的封闭可控的网箱系统会比陆基水产养殖场在很多方面都更费心力，但它们却有一个得天独厚的优势，那就是"取之不尽，用之不竭"的水资源。

在越南沿海建立水产养殖场，意味着戈德曼可以采用中国传统的养殖模式，在养殖鲱鱼的同时，生产其他的海产品。他在网箱四周种植了一排排芦笋和其他可食用的海藻。这些水生植物可以储存二氧化碳，并将鱼粪中的硝酸盐和磷转化成植物组织。戈德曼说，可持续发展的关键就是食用食物链最底层未经加工的食物，而海藻就是最原始的食材。他计划把新鲜的海藻销往亚洲和波利尼西亚，作为沙拉和汤羹的食材；而那些风干了的海藻则可以磨碎运到美国，作为谷物饲料的替代品喂牲畜。布伦·史密斯（Bren Smith）是另一位来自马萨诸塞州的水产养殖企业家，他为自己的初创公司Greenwave 研发了一种类似混合养殖的模式。在科德角（Cape Cod）沿岸，他在一个 3D 网格上种植了大量的海带，还有鸟蛤、贻贝和扇贝，主要以鱼粪为肥料。网箱下方还有牡蛎和蛤蜊，用来吸收那些落向海底的较重的有机粪便。

奥斯科格的公司虽然没有实行混合养殖，但他的"鸡蛋"网箱系统能吸收所有鱼粪，收获鱼类之后还能产生两种生财之道：生物燃料和高质量肥料。他还在为三文鱼测试一种新的饲料，从食物链中比海藻更底层的生物中提取原料。他说，最终决定水产养殖是否可持续的既不是养殖的地点，也不是养殖的方式，而是饲料的来源。

蒙斯塔德是另一个坐落在挪威峡湾沿岸的小村庄，在弗尔岛南部几百公里处，但这里不像一个古老的渔村，更像新泽西州的纽瓦克市。蒙斯塔德是挪威的炼油业中心，但和该国的石油供应一样，情况越来越不好。巧合的是，Marine Harvest 的实验室也在这里，虽然这不是重点。

Marine Harvest 在蒙斯塔德的海藻实验室

    实验室所在的大楼是一幢完全透明的玻璃大楼，毗邻一个噪声巨大的钢管厂，办公室灯火通明，整栋大楼就像一个明亮的温室。大楼内部未种植任何花草果蔬，而是水平堆放着许多像巨型试管一样的玻璃圆筒，每个圆筒大约 8 英寸宽、4 英尺长，都装满了液体。里面的液体是不同的绿色，有的是翠绿色，有的是鲜绿色，有的是深绿色，还有的是浑浊的黑绿色，一些液体较稀且流动性强，一些液体较浓稠，几乎不透明。实验室的科学家们凝视着这些圆筒，不时地记录着圆筒架子上的刻度盘。

    6 种不同的光养海藻在试管里生长，标签上标记着不同的名字，如微绿球藻、扁藻和三角褐指藻等。实验室旁边就是一个炼油厂，因为要从炼油厂虹吸海藻生长的关键物质：二氧化碳。炼油厂在炼油过程中提取二氧化碳，通过管道输送到实验室，再注入玻璃试管。二氧化碳和日光共同促进海藻生长。你可能会说，藻类是水生食物链中的最底层。奥斯科格相信，在数百万年前，这些微小的植物是地球最早出现的有机体之一 [31]，而现在它们是水产养殖可持续发展的关键一环。

厄于温·厄兰（Øyvind Oaland）是奥斯科格公司研发部门的全球总监，他负责这个实验室。他很瘦，有点秃顶，留着整洁的灰色山羊胡，戴着一副厚框眼镜。他说，在众多研发实验中，他最感兴趣的是想办法把肉食动物改造成素食动物。"三文鱼可以吃鱼肉，但没有鱼肉它们也能生存，"他说，"它们所需要的是鱼肉里的营养物质和脂肪。如果我们能从植物中提取同样的营养物质和脂肪，那就能完全改变它们的饮食习惯。"

纯素食养殖三文鱼可以使水产养殖摆脱对濒于灭绝的野生生物的依赖。渔民已经大大减少了三文鱼饲料中鱼肉的数量。奥斯科格小时候负责往木质网箱中投放沙丁鱼和鲱鱼，那时候三文鱼能吃掉是它们重量 6 倍之多的野生鱼肉。20 世纪 80 年代，渔民开始给三文鱼投喂人造的饲料颗粒，这是水生原料与植物原料的混合饲料。这种饲料大大降低了养殖场的运营成本，加快了水产养殖业规模的扩大。人工饲料不易腐坏，可长期储存，也更便于向大型网箱投放。

Marine Harvest 的鱼饲料部门创造了公司 1/3 以上的利润。这些人工饲料人类也可以食用（我吃过一颗，味道像发霉的球鞋，但没什么副作用），饲料的 75% 是陆生谷物（玉米、小麦、大豆），

20% 是鱼肉（大部分是由包装鱼块上剔下来的鱼头、鱼尾、鱼骨等磨碎后制成），还有 5% 的鱼油。抛开消费者对谷物喂养的疑虑（什么？尊贵的三文鱼居然吃玉米？），水生动物医学家称，从生物学角度看，三文鱼的蛋白质来自植物或是鱼肉，对它来说其实区别不大。[32] 环保人士大力支持这一转变，认为此举遏制了对野生鱼类的残杀。像我这样的消费者也认为这个转变甚好，因为素食鱼饲料将降低养殖三文鱼的价格。

20 年前，养殖 1 磅三文鱼需消耗 5 磅野生鱼类。[33] 奥斯科格说，现在每磅三文鱼仅需 0.7 磅野生鱼类。[34] 这是个进步，但这个飞速发展的产业依然消耗着大量的野生生物。现在的问题不是寻找鱼肉的替代品，因为我们可以用植物蛋白，甚至用磨碎的昆虫生产三文鱼所需的蛋白质。最大的挑战是找到可以替代鱼油的产品。严格来说，不加鱼油、纯素食养殖三文鱼的话，它们也能健康生长，但鱼肉里将不再含有 Ω-3 脂肪酸。"那就会和粉色的鸡肉没什么区别，"奥斯科格公司的公关总监奥拉·赫特兰（Ola Hjetland）说，"这种昂贵的产品就失去了它的营养价值。"

这时藻类就派上用场了。藻类能生产 Ω-3 脂肪酸，磷虾和其他甲壳动物吃掉藻类后可以吸收这种成分，小型鱼类吃掉小虾，再被三文鱼吃掉，这样，这种营养成分最终可以被三文鱼吸收。"我们直接从微藻中提炼 Ω-3 脂肪酸，这样就可以从源头获取这一营养物质。"厄兰说。经证实，人们已经在一小部分牛奶、鸡蛋和果汁中添加了从藻类中提炼的 Ω-3 脂肪酸。现在的问题是怎样迅速扩大提炼的规模。

一些批评家不以为然，他们不赞同素食养殖三文鱼（"总不能让狮子吃扁豆吧！"唐·斯塔尼福德告诉了我其中一条评论），但厄兰坚持认为我们应该改变传统的可持续发展观念。"未来，需求一定会大大增加，鱼肉加工的环境限制也肯定会越来越多。我们必须问自己'无米如何成炊？我们如何从根本上提高自身创造力？'"他认为藻类潜力巨大，比如海草，将会成为现代鱼饲料的重要原料。就算不会在饲料中直接加入海草，它也会作为肥料，帮助我们生产更好的食物。

他承认，养殖三文鱼并不比其他鱼类节省饲料。比如，它们比罗非鱼、鲶鱼、鳕鱼等消耗的食物多得多。但相比陆栖动物，它们的消耗不值一提。鱼类不需要那么多卡路里。因为鱼是冷血动物，它们不需要消耗自身能量来暖身，也不需要产生脂肪和生长皮毛来保暖。他们生活在自带浮力的环境，不需要对抗地心引力，也不需要四肢来直立行走。"生产 1 磅三文鱼肉需要消耗 1 磅饲料；1 磅鸡肉需要将近 2 磅饲料；1 磅猪肉需要 3 磅饲料；而 1 磅牛肉需要约 7 磅饲料，"《国家地理》（*National Geographi*）杂志的乔·伯恩（Joel Bourne）报道称，"水产养殖业能满足全球 90 亿人的蛋白质所需，同时消耗着最少的地球资源，看起来这个产业值得我们放手一搏。"

在和奥斯科格的对话中，他不止一次地强调了比水产养殖业的可持续发展更大的挑战是如何说服人们多吃鱼肉，少吃其他肉类。海鲜是接近半数的人类蛋白质的主要来源[35]，西方工业国家食用鱼肉相对较少，尤其是美国，他们非常沉迷于牛肉。养牛所带来的环境问题远远超过了海虱问题和潟湖中的鱼粪问题。想要应对这一挑战，要么大幅提升牛肉价格，要么继续开发比海虱激光器机器人和藻类光养养殖场更加奇怪但又令人沉迷的产品。也许还需要我们彻底改变对牛肉的看法。

肉食上瘾
Meat Hooked

人类的大脑喜欢它可以识别的东西，不喜欢它不认识的东西……然而，一台小型显微镜却可揭示出比爱丽丝在奇境中看到的任何事物都要令人激动 1000 倍的奇观。

——戴维·弗莱查尔德（David Fairchild）

肉食一直是我欲罢不能的心头好。虽然之前已经下定决心要戒掉它，但是结果大家可能从前几章的内容已经猜到了。即便知道吃太多肉坏处不少，但在这件事上，我既纠结也戒不掉。之前做了好几次尝试，想方设法让肉类从我的餐桌上消失。但至今为止，我只成功地完成了戒糖、戒酒、戒咖啡。虽然已经很久没吃糖、没喝咖啡、没喝酒了，但我基本上没有想念过这些东西。唯有肉食例外，面对肉这样一种食物，我意志薄弱。要知道，我生活在纳什维尔，这里是 BBQ 的故乡，这里的烤鸡特别香。我就像是被困在浑水中的鲨鱼，脱身不得。我一直在苦苦寻觅一个答案，为什么我难以割舍对肉的喜爱。我也在苦苦寻找一个正当理由，可以让我正大光明地把肉留在我的餐桌上。我试图去找到一种方法，在我的饮食中保留一些肉类蛋白质，而不会加速自身（和地球）的毁灭进程。

一位医生朋友告诉我，我对肉食的渴望可能根植于我的血液："你就是一个 O 型食肉动物。"一位瑜伽老师告诉我，喜食肉是因为我的生命能量的影响。在阿育吠陀医学当中，生命能量被视为控制生理活动的能量。她说："你是 Vata 体质，所以你需要高密度、高蛋白质的食物。"不管这些理论是否正确，我很确定一件事，那就是怀旧一定对喜爱肉食起作用。我是在 20 世纪 80 年代长大的，当时的饮食习惯是以红肉为中心，鸡肉和鱼肉在当时被视为蔬菜。虽然海洋食品现在仍然是全人类的主要蛋白质来源，但似乎还有数百万人像我一样喜欢以肉食为主：30 年来，全世界牛肉、猪肉和鸡肉的加工和消费量几乎翻了一番[1]，预计到 2050 年将再翻一番。[2]

牛肉是真正的杀手。多年以来，我逐渐了解到，我的红肉喜好正在耗尽美国的湖泊和河流，增加了我患心脏病的风险。而畜牧业的发展又使原始雨林遭到破坏，加速了全球变暖。畜牧业中产生的温室气体约占全球所有温室气体排放量的 15%[3]，超过所有运输形式的总和。而且，大多数为宰杀而饲养的动物都没有体面的生活条件，这让我良心难安。

我带的本科生至少有 1/3 是素食主义者，他们已经用影像证明，即便是我提出的偶尔吃一下肉制品，也是在助长虐待动物的行为。他们向我展示了隐藏摄影机拍摄的内容，屠宰场内的残酷画面，笼中挤在一起的猪，遭受虐待的鸡，等等。他们坚定地指出，我们大多数人都在过度消耗蛋白质（美国成年人平均每天摄入约 100 克蛋白质[4]，而一个健康的成年人仅需摄入约 50 克蛋白质），而且最重要的是，肉其实很脏。"你知道碎牛肉里有多少牛屎吗？"一位年轻的素食主义者向我质疑道。她向我展示了一份名为《消费者报告》（Consumer Reports）的调查数据，其中对 300 多包汉堡包肉进行了粪便污染检测，不幸的是，每一个汉堡都被污染了[5]——感觉就像我的肉圣代上点缀着黑樱桃（便便）。

因此，当我的哥哥，一位气候科学家，跟我同样生长在以肉食为主的家庭中，发誓 47 岁的自己要努力戒掉牛肉时，我也答应要戒掉牛肉。我开始吃坚果、黄油和豆腐，将肉酱换成了蔬菜杂烩，放弃了鲜嫩的牛肉，转向蔬菜汉堡，所有这些都"有两种不讨喜的味道"[6]，正如一名不情愿的素食主义者在《户外》（Outside）杂志中写道的那样，"棕色稻米，高卡路里，吃了让人想睡觉的糊糊食物，让人肠子都绞起来的面筋坨坨"。我成功坚持了 64 天——直到有人给了我一盘包着腌洋葱、豆薯色拉和特制奶油茴香酱的墨西哥烤肉卷时，我像饿了的鬣狗一样狼吞虎咽地吃完了整个墨西哥烤肉卷。

因此，我发现自己再次面临着自我困境，这也同样是世界的困境。像我这样即便知道这样做不好，也依然无力抵抗根植于血液的欲望时，应如何解决肉制品生产带来的巨大问题呢？这个问题让我展开了多方面的思考和探索。首先，我去到了山姆·肯尼迪（Sam Kennedy）的农场。肯尼迪是一名 35 岁的前海军陆战队军人，现在他在田纳西州中部 3000 英亩的土地上养牛和放羊，用的是再生农民倡导的"管理式放牧"方式。肯尼迪是乔尔·萨拉廷（Joel Salatin）的忠实信徒，萨拉廷是迈克尔·波伦的《杂食者的两难》中提到的一名从事畜牧养殖的农民。肯尼迪也是盖布·布朗的信徒，布朗是在北达科他州一个5000英亩的农场中进行管理式放牧的人。肯尼迪将曾经种植动物饲料——玉米的大片土地改为种植肥沃的原生草地，这些草地具有碳汇功能。肯尼迪的牛羊在咀嚼野草的同时，用它们的蹄子开凿土地，用它们的粪便肥沃土壤，新一轮的草地也随之生长。

这种做法模仿了几千年来野生草食动物的活动，只是肯尼迪使用现代工具（如无人机和可移动的电子围栏）让他的畜群在牧场上不同的区域旋转式移动进食，从而形成了连续的再生周期。这是第三种方案，即通过现代技术来升级传统模式。但是，尽管肯尼迪农场的故事听起来很美，农场里的动物也得到了良好的照料，生产的肉制品也很美味，但是这些产品的价格很贵，甚至超过了Whole Foods的价格。当然，这种模式是值得倡导的，也是值得为此付费的。但是肯尼迪担心，管理式放牧还是不太可能取代大规模的牛肉生产。

他说："这种方式不仅使农场运营规模减小，而且在加工方面的规模也减小了。Tyson Foods宰杀一头牛以及加工成牛肉的成本是125美元。像我这样的当地农民，成本是550美元。"肯尼迪的方法是用一种可持续的环境友好的方式来生产高品质的肉制品，但是，我还是不得不思考一个问题：这种可持续的肉制品生产是否是预算紧张的大众所能负担得起的食物？我又一次四处寻找更多的答案，一开始是在错误的方向上。

我找到了泰·劳伦斯（Ty Lawrence），他是一名学术研究人员。他于 2016 年在美国本土克隆了第一头牛。[7] 到 2018 年，他已经克隆了 3 头小母牛，并用克隆的公牛和母牛育出了数十头牛犊，以进行有关牛肉高效高产的研究。劳伦斯的头衔包括"西得州农工大学牛肉胴体研究中心（The Beef Carcass Research Center）负责人"，根据他的在线个人资料，他与妻子、孩子和小狗 Fuzz 居住在阿马里洛郊区。

我跳上一架飞机，来到了得克萨斯州北部。在那儿，我遇到了劳伦斯和兽医克隆动物研究者格雷格·维内克拉森（Gregg Veneklasen）。维内克拉森拥有丰富多彩的经历，其中包括为著名大亨克隆珍贵的赛马，以及为私人狩猎场克隆鹿角和有异国情调的猎物。维内克拉森说，现在他的工作重点从"为娱乐而克隆转到为世界提供克隆"。

克隆牛具有巨大的潜在成本优势，因为可以使屠宰牛肉完全自动化（其中一些目前是手工一个一个操作完成的，因为牛的个体积聚肌肉的方式差异很大）。劳伦斯说，环境优势归结为减少了脂肪。他只克隆了脂肪层薄的肉牛，这意味着它们能将最小的能量转化为脂肪，并能将生产优质牛肉所需的总饲料和水减少约 5%。[8]

撇开动物克隆的道德层面，牛肉生产中提高 5% 的效率是件好事，但对于在不久的将来需求将要翻倍的行业来说，5% 还远远不够。平均每头牛重约 1000 磅，产肉量仅为体重的一半左右。[9] 而其中的 500 磅（包括了骨头、皮、内脏）虽然无法食用，但仍需大

美国第一头克隆牛 Alpha

量的饲料和水来饲养。简言之，这意味着，与牛肉生产相关的所有玉米、水和温室气体排放中，约有一半用于制造不会被吃掉的动物器官，这是食品系统中的一个主要低效环节。这就是肉类行业的一些新老参与者正在探索完全不涉及动物的鸡肉、猪肉和牛肉生产方法的原因之一。因此，我改变了调研方向，向西北行驶1400英里，到达了湾区，这是一次从科技荒芜之地的得克萨斯州向高尖端科技地区探索的一次巨大的文化跨越。

Memphis Meats 实验室位于加利福尼亚州的伯克利，毗邻果汁吧和小批量咖啡烘烤器，距离爱丽丝·沃特斯的 Chez Panisse 餐厅不远，这是从农场到餐桌的香格里拉式餐厅。在这条绿树成荫的道路上，有一栋刚翻新的砖房，里面有一群科学家正在分子水平上重新思考肉制品生产工艺，也就是说，这是一个全新的领域。他们新颖的方法既秉承又颠覆了伯克利可持续食品运动的守护神所珍视的一切。

Memphis Meats 公司由在印度出生的心脏病专家乌玛·瓦莱蒂（Uma Valeti）和干细胞生物学家尼古拉斯·吉诺维斯（Nicholas Genovese）于 2015 年共同创立，是世界上第一家在实验室中使用纯肉、肌肉和脂肪以及结缔组织的少量样本开发人造肉的公司。瓦莱蒂在我访问前的电话交流中告诉我，"我们是一家肉类、家禽和海鲜公司，其最终产品与传统肉类没有什么不同，同时消除了对动物屠宰的需求"，他补充说，在实验室中生长或"培养"的细胞即使没有附着在动物身上，也是"活着的"。实际上，它们是如此活跃，以至于它产生的成熟肌肉组织在受到刺激时会做出实际的反应（例如弯曲或痉挛）。

我告诉瓦莱蒂，那种在培养皿中有过肌肉反应的实验室人造肉会让我奔向豆腐区采购食物。但是他接着又给我概述了人造肉的好处："从细胞层面来看的话，人造肉与动物肉是一样的，既营养又美味。"此外，生产过程可以将肉类生产中的温室气体排放量减少 3/4 以上[10]，同时还将减少相关用水多达 90%。人造肉还可以消除细菌污染的风险[11]（不再遭受大肠杆菌的威胁和粪便污染），并降低患心脏病和肥胖的风险[12]（可以控制这些肉中的脂肪和胆固醇水平）。瓦莱蒂告诉我:"我们现在谈论的是改变数十亿人类和数万亿动物的生活。"

2018年初,Tyson Foods 宣布计划投资瓦莱蒂的初创公司时[13],是我第一次听说 Memphis Meats 公司。这笔投资在我当初看来是很荒谬的,因为 Tyson Foods 生产了美国 1/5 的肉制品。[14] 每年,Tyson Foods 旗下的 Hillshire Farm、Jimmy Dean 和 Ball Park Franks 等,会出售价值 150 亿美元的牛肉[15]、110 亿美元的鸡肉、50 亿美元的猪肉以及 80 亿美元的预制食品。[16] Tyson Foods 的新鲜肉类和冷冻肉类约有一半在快餐店出售,如麦当劳、汉堡王、温迪和肯德基等。为什么一家传统肉类公司会投资这种不起眼到甚至有点科学怪人意味的公司?

当时,Tyson Foods 的首席执行官汤姆·海斯(Tom Hayes)宣誓要将已有 83 年历史的公司转变为"一家现代化的食品公司"。他践行了"可持续蛋白质"和"零碳食品"的承诺。海斯发表了《我担任这项工作以改变全球食品体系》(I Took This Job to Rewlutionize the Global Food System)等声明,并承诺"提高世界对我们可以通过食品实现美好生活的期望"。这些承诺听起来有些可疑,因为承诺者的公司每年处理大约 18 亿只动物[17],制造比整个爱尔兰[18] 所产出的温室气体还要多的温室气体。[19] 但海斯坚持认为,正是由于 Tyson Foods 的经营范围之广,才有可能在全球范围内发挥作用。海斯对我说:"我们公司如此之大,如果我们不领先创造,行业就不会改变。"

海斯不仅投资人造肉,还投资制造基于植物蛋白质的初创企业,最著名的是 Beyond Meat 公司，该公司生产由大豆和豌豆蛋白制成的汉堡、香肠和肉块食品，这些产品现已在两万多家杂货店中出售。在美国，近几年来，"替代肉类"产品的种类越来越多。硅谷新兴企业 Impossible Foods 已筹集了 3.5 亿多美元的资金[20]，以将其产品（用合成动物血液调味的植物性汉堡肉）推向主流市场。尼尔森（Nielsen）的最新数据显示，在一年的时间里，肉类替代品的零售额增长了 30%[21]，是传统肉制品销售额和零售食品总销售额增幅的很多倍。[22] 另一项研究发现，70% 的肉食者每周至少一次用非动物性蛋白质替代肉食。[23]

"如果您无法击败它们，那就加入它们，对吧？"海斯说。他指出，电动汽车技术正在不断破坏汽车业，电子烟技术也正在不断破坏烟草业。海斯表示欢迎这种变化趋势，"我们想主动地打破自己的常规，而不想被打破。我们不想成为柯达"。

Tyson Foods 并非传统肉类行业中唯一一家进行非常规投资的公司。Cargill Meats 是世界上最大的牛肉和家禽生产商之一，在 Tyson Foods 加入前几个月就投资了 Memphis Meats。瓦莱蒂的公司还从更多未来投资玩家那里吸引了数千万美元的投资：比尔·盖茨（Bill Gates）、理查德·布兰森（Richard Branson）以及专注于破坏性技术的风险投资公司 Atomico（原子风投）和 DFJ。Cargill Meats 的索尼娅·罗伯茨（Sonya Roberts）将 Memphis Meats 形容为仅是"另一种收割肉的方法。对于那些希望从动物福利角度看待产品的人们，我们希望这家公司的产品能为他们服务"。[24]

实验室人造肉的支持者认为，以植物为基础的产品将永远无法达到真正肉类的风味和完全的"口感"，正如瓦莱蒂所说的那样——肉质的弹性、咀嚼的质感和肉质纤维的密度难以以假乱真。他说："人造汉堡包肉饼和肉块是一项重要的技术应用，但其应用范围很窄。""人类进化了数千年，都是食用动物肉。而今，全球 90% 以上的人都在吃动物肉。[25] 他们所想要的是一种拥有传统肉制品口感，可像传统肉制品那样进行处理和烹饪的产品。"

换句话说，乌玛·瓦莱蒂试图生产的不是肉的替代品，而是一种全猪（或全牛）的替代品，没有骨头，没有器官，没有皮毛，既不会哼哼叫，也不会哞哞叫。无论这个想法听起来有多么奇怪，多么令人不安，这都是一个野心勃勃的目标。所以当瓦莱蒂邀请我参观他的实验室，品尝一下他的产品小样时，我接受了。

"请记住，您马上要吃的东西来源于细胞培养，而不是屠宰场，"瓦莱蒂语重心长地说，"我只想确保您将其视为一个伟大的历史时刻。"

因此，开始了戏剧性的一幕，这无疑是我将要吃的最昂贵，也可能是最先锋的餐食——2 盎司就价值几百美元的鸭胸肉。这些鸭胸肉是取自加利福尼亚州帕塔鲁马的一个农场里的鸭子的细胞，这些鸭子现在可能还在农场里闲逛。我只犹豫了一下便签署了法律豁免书，承认知晓人造肉"是实验性的肉制品，其属性尚未完全明晰"，并同意"自愿接受因参加试吃可能对我造成的一切损失、损害、伤害或死亡的风险"。

乌玛有着一头乌黑亮丽的头发和高高的颧骨，笑起来非常灿烂。他领着我和他团队的 6 个成员走进 Memphis Meats 实验室旁闪闪发光的用白色不锈钢打造的实验厨房。他们的总部大楼经过改造，可容纳 4 倍于去年的员工人数，从 9 名员工增加到 36 名员工。我们一起在浅锅里看着一团淡淡的无鸭鸭肉嘶嘶作响。瓦莱蒂解释说，除了鸭肉以外，他还在研究更多的美国大众餐饮中所涉及的肉类。之所以现在做的是鸭肉，是因为这种肉在中国的需求猛增。[26]

瓦莱蒂指出："请注意煎肉时的香味，那是你无法从植物性产品中获得的浓郁的香味。"他指导公司的厨师用盐和胡椒粉调制鸭胸肉，并用中性油进行腌制，这样我才能体验到这块肉的地道风味。

厨师将煎至金褐色的鸭肉放在由菊苣、卷心菜、橙片和新鲜无花果组成的底盘上，旁边摆着柑橘油醋汁。他邀请我坐到一张餐桌旁。乌玛和他的同事站在一边，期待地望着我，这种压力让我感到烦躁。"我应该说感恩……还是应该感谢细胞捐赠者呢？"我开玩笑地说。"在我家，我们只是说，'噜啦啦，感谢食物'。"高级科学家埃里克·舒尔兹（Eric Shulze）回应道。我重复了他说的这句话，抬起刀叉，然后将刀子倾斜成一定角度。"试着先用手拿起它，把玩一会，"瓦莱蒂说道，"把鸭肉撕开，感受这块肉的质感和松脆度，注意看一下撕开时的纹理。"我用力撕开了这块肉，肉质紧绷而富有弹性，撕开的手感很像在撕弹力球。但是，当肉被弄散了之后，我

乌玛·瓦莱蒂

明白了瓦莱蒂想表达的东西——细长的肌肉纤维交织在一起，但在我撕开鸭肉的同时分散开来。我说："与花园汉堡大相径庭。"瓦莱蒂热情地点头回应。

我在嘴里塞了一块，鸭肉的味道很像广告中所说的那样——很像肉。我一生只吃过几次鸭肉，但是我知道鸭肉比鸡肉更肥腻也更耐嚼。这块鸭肉给我的感觉是太有嚼劲了（我得费力用我的下巴去咀嚼它），而且肉质也过于紧绷，隐约带有一点金属质感。但是，这块人造鸭肉的味道却很熟悉，非常像真正的鸭肉，我每吃一口都没有对其鸭肉属性产生怀疑。我很清楚，如果我吃的是用酱油和调料调味后的鸭肉，如北京烤鸭或橘子鸭，我会很难区分人造鸭肉和传统鸭肉。最终，这种令人熟悉的味道，这无限的可能，以及这款产品的普适程度，让我印象深刻。

乌玛·瓦莱蒂踏上 Memphis Meats 的道路始于 12 岁。当时他生活在印度南部城市维杰亚瓦达，有一天，他去参加了邻居的生日聚会。聚会上，音乐家们演奏音乐，客人们随音乐起舞，主人家提供给客人的咖喱羊肉和印度烤鸡摆放在前院。然而，瓦莱蒂鬼使神差地走到了后院，在那里他看到了血腥的场面：厨师们正在杀鸡，挖掉鸡肠子，清洗整鸡。这些鸡将被用来制作下一批印度烤鸡。"那一刻令我震惊。房子的前院在庆祝生日，房子的后院却是生灵的死期。同一时刻却交会着大悲大喜。"

尽管大约 1/4 的印度人奉行素食主义，但瓦莱蒂的家人却没有。他的父亲是一名兽医。在星期天，他父亲会带回家一斤羊肉或一斤鸡肉。这些肉就是他们这个四口之家一周的肉类口粮。瓦莱蒂回忆说："我喜欢星期天，因为屋子里食物的香气会变得非常美味。"在经历了"死亡日"之后，瓦莱蒂继续吃肉多年。他的父亲给牲畜看病，主要是牛和羊。当乌玛和父亲一起到农场拜访，给牲畜贴上标签时，他们经常讨论人与动物的关系。

瓦莱蒂的外祖父对他产生了最大的影响。外祖父与家人住在一起，曾经是名全科医生。他曾在圣雄甘地领导的印度独立运动中任职，并与自由战士并肩前进。"Tatayya（外公）完全相信自力更生。

他只穿自己纺织缝制的衣服，"瓦莱蒂告诉我，"他坚定为他人服务的信念，免费从事医疗工作。"外公的妻子在生下第5个孩子时去世，因此他独自抚养瓦莱蒂的母亲和她的兄弟姐妹。他们以在土地上种植的蔬菜和谷物为生，外公所治疗的患者也会提供一部分食物。

瓦莱蒂跟随他的外祖父进入了医学领域，17岁时就读于本地治里贾瓦哈拉尔学院的医学院，主攻心脏病学。为了获得能在美国学习的签证，瓦莱蒂接受了在牙买加的实习。在那儿，他遇到了他的妻子，一位儿科的眼科医生。他们俩都继续在布法罗的纽约州立大学实习。瓦莱蒂随后前往明尼苏达州的梅奥诊所，在那里他在诊断和治疗心脏病的同时，成为介入心脏病学方面的主要研究人员。

"我来到美国，看到到处都是肯德基、麦当劳和必胜客。"瓦莱蒂回忆说。"我走进超市，然后目光就被装着肉制品的巨大冰柜所吸引。"瓦莱蒂喜欢这些口味，尤其是"黄金炸鸡"，还会被压缩包装的排骨、鸡胸肉、鸡腿、炸肉排、绞肉和剔骨牛排所吸引。"这些对我来说简直太神奇了。"但是，其规模太可怕了。瓦莱蒂投入研究中发现，每年人们饲养数百亿只动物，足以养活全世界70亿人口。联合国预计，到21世纪中期，全球肉类消费量将从今天的2500亿磅增长到近5000亿磅[27]；畜牧业产生的温室气体会超过所有运输工具产生的温室气体的总和；心血管疾病是世界上第一大杀手，它与过量食用肉类高度相关。

瓦莱蒂不吃肉了，这个决定听起来像是对这种涉及范围极广问题的微不足道的反应。在做这个决定期间的某个时刻，他偶然发现了温斯顿·丘吉尔在1931年撰写的一篇文章，该文章预测了未来的趋势。这位英国政治家写道："通过在合适的培养基上分别培养这些我们常吃的诸如鸡胸肉和鸡翅部分，我们就能避免为了吃鸡的某一部分而饲养整只鸡所造成的浪费。"[28]

瓦莱蒂的突破性想法是在 20 世纪初提出的。当时研究人员开始使用干细胞再生从膀胱内膜到脑组织的一系列组织。干细胞可再生并且可以自我复制。当其成熟时，干细胞可以变成不同类型的组织。作为临床研究的一部分，瓦莱蒂给患者的心脏注射干细胞以期受损的组织能够自行再生。这项研究让他不禁联想到，既然人体组织可以因医学目的进行再生，那么为什么不能让动物组织再生并被食用呢？

瓦莱蒂并不是第一个提出这个想法的人——实际上，用于培养肌肉组织的基本技术已经存在了大约 20 年，但是人造肉的应用研究仅限于学术界。瓦莱蒂给此类研究的先锋荷兰科学家写了封信，但没有得到回音。因此他在明尼苏达大学建立了自己的实验室。在这里，他与尼古拉斯·吉诺维斯合作，试图复制鸡胸组织。2015年，他们证明了复制鸡胸肉是可行的。当瓦莱蒂将其结果发送给 Indie Bio 风投公司时，他在一小时内就收到了回音。Indie Bio 公司希望加入，但条件是吉诺维斯和瓦莱蒂将他们的新公司搬到旧金山。

对于瓦莱蒂而言，这意味着要结束他热爱的心脏病学工作，与在明尼阿波利斯市私人诊所就职的妻子和年幼的孩子们分开生活，只能在周末回家。但是他知道，要想成功，他就必须退出学术界，也因此 Memphis Meats 公司的创始人们纷纷前往硅谷郊区。他们给该公司取名为 Memphis Meats 并不是因为田纳西州那个热衷吃肉的城市，而是以古埃及的创新中心孟菲斯（Memphis）命名的。乌玛说，为这家公司筹集更多的研发费用是个"令人痛苦的"过程，"我们被 35 名投资者拒绝过"。但是到了 2016 年，当瓦莱蒂和吉诺维斯首次展示出世界上第一个在实验室培养的牛肉丸时（每磅生产成本仅为 18000 美元），投资者开始蜂拥而至。

　　瓦莱蒂和他的团队现在正在开发的产品被冠以各种名称，如"细胞培养肉""人造肉""清洁肉""试管肉"等。其造价昂贵，且距离批量生产上市还有数年之久。但是生产成本已经从 2015 年每磅 100 万美元降到了现在的每磅几千美元了。[29] 瓦莱蒂告诉我们，"我们还需要做很多工作来降低成本，改善口味和质感。但是，在接下来的 3 年、5 年、10 年中，我们将取得巨大的进步"。

Memphis Meats 公司制作的炸鸡

Memphis Meats 公司的伯克利总部明亮典雅，铺着鸽灰色地毯，有大窗户和开放式座位。休息区内人造皮革坐垫上方悬挂着用唱片封面拼成的马赛克拼贴图片，包括员工们最喜欢的以食物为主题的乐队：Meat Loaf、Red Hot Chili Peppers、Salt-N-Pepa、Counting Cows 等。

Memphis Meats 肉类实验室有 4 个，虽然它们看上去都像是典型的生物学实验室，摆放着显微镜、离心机、洗眼器和烧杯架，但瓦莱蒂坚持称其为"农场"。他解释说："细胞的生长在某种程度上类似于动物的生长，因此我们的操作方式类似于农场养殖。"瓦莱蒂称第一实验室为"细胞系开发团队"。这些人从培育的肉中挑选出生长状态最佳的细胞。吉诺维斯已经与加利福尼亚州及其他地区的农民建立了合作伙伴关系，他们养了各种牲畜，涵盖范围从传统动物到精选品种，以获得更高品质的肌肉或某些特定风味的肉类。合作伙伴从他要复制的动物中选出少量组织寄给吉诺维斯，这些寄送的组织不超过典型活检中所需的量。

从理论上讲，动物的任何部分都可以在实验室中培养，包括骨骼和器官组织。但是目前，瓦莱蒂的团队仅培育我们直接可以吃的部分——如肌肉、结缔组织和脂肪。细胞储存在液氮中，再从冷冻状态中复苏。吉诺维斯及其团队从这些样本中鉴别并选出最健康的细胞，这些细胞具有最佳的自我更新能力，因此也最容易生长。

在我们的参观过程中，瓦莱蒂从培养箱中拿出一个培养皿，将其放在显微镜下，照亮底座，邀请我去看显微镜下的培养皿。他说："看这些细小的蠕虫状的东西，看起来像拉长的三角形吗？这些是形成肌肉的细胞，或者你也可以叫它'起始细胞'。"我放大了显微镜的倍数，专注于在我看来像在暮色中闪闪发光的星星一样的物体。我开始注意到，两个细胞是圆形的，而不是椭圆形的，连在一起。"这是一个细胞分裂过程！"瓦莱蒂叫道。

这是我第一次目睹生命的奇迹——活细胞的自我更新过程。从理论上讲，它们可以无限地自我复制，但它们需要适当的条件和燃料来做到这一点。这将我们带到下一个由"饲料开发团队"占领的实验室——科学家们配制出了适用于细胞生长的营养液。K.C. 卡斯韦尔是一名 Memphis Meats 公司的科学家，他向我解释了饲养细胞的复杂性："细胞不能吃掉一整片草，它只能吃掉草的一部分，而这一部分在牛体内被胃分解了。"卡斯韦尔将她的作品描述为"仿生学"的一种形式，这是对自然界中存在的过程进行模拟的一种尝试。"我们正在努力使细胞获得与牛体内的细胞相同的营养和生长因子。"

卡斯韦尔的团队每天测试数十种饲料的配置，每种饲料都是由蛋白质、脂肪、激素、碳水化合物、维生素和悬浮在水中的矿物质以不同比例混合而成的。这种肉汤可替代血液，将动物消耗的营养物质输送到其细胞中。过去，科学家们用胎牛血清（胎牛血清是细胞生长所需的具有丰富营养物的物质）来培养组织，但其存在一个严重的问题，就是它是从牛胎儿中提取的，从经济、环境、道德等方面来看代价都是极其高昂的。卡斯韦尔和她的团队一直致力于研发不含动物源成分的培养血清。他们取得了成功，但是仍然需要找到以低成本大批量的方式生产的方法。

选好细胞后，就将这些细胞放入生物反应器内，该反应器实质上是超精密的反应罐，在生物反应器中进行特定的冲泡程序。泵在细胞液中不断循环进料和氧气（一立方厘米内有数十亿个细胞）。随着细胞的成熟，进料会根据其不同的生长阶段而增减。幼年期的细胞在复制时需要特制的营养液。随着时间的流逝，细胞逐渐长大，同时又逐渐靠近。成熟的肌肉细胞形成长链，首尾相连，同时还肩并肩地连接到一起，一层又一层地延展形成肉块。这层层叠叠的肌肉组织起初看起来像是日本木刻版画中汹涌的大海，或者，正如瓦莱蒂所描述的那样，是"梵高画作中的旋涡"。一旦细胞成熟，就只需要增大体积即可，因此饲料变成了一种简单的蛋白质和脂肪混合配方。这个过程与饲养牛的过程类似：牛犊需要专门的营养饲料才能生长和成熟，但最终它们会转到增肥区，在那里它们吃富含卡路里的饮食来增加体重。

在收获时，用于喂养细胞的培养液将从生物反应器中排出，然后以瓦莱蒂称作取出"一块完整的肉"的方式，去除多余的细胞附着物。换句话说，最终产物不是一团糊状的细胞团，而是具有多层融合组织的稳固结构，类似于从被屠宰的动物身上收获的东西。即使缺乏那种活生生的感觉，人造肉从技术上来讲，在收获时仍然是"活的"，但是当它被放进冰箱冷藏之时便逐渐"死掉了"。瓦莱蒂说："组织在其细胞不再吸收氧气时被认定为死亡。"

他知道，我渴望看到收割前动物细胞培养物所展现出的生命迹象。他打开笔记本电脑，播放了在实验室的培养皿中培养牛肉组织的视频，吉诺维斯通过安装在显微镜上的相机捕获了该培养皿中的牛肉组织的生命影像。瓦莱蒂告诉我："收缩可以自发地发生，也可以是应对刺激（例如电脉冲）的反应。"他补充说，培养皿中也可以掺入咖啡因，以"激发细胞活力"。

播放的黑白视频中，我看到培养皿底部那些看起来像生牛肉片的组织。牛肉片组织完全静止，然后发生痉挛。肌肉束看起来像是细小的橡皮筋，被拉了一下又放开。我一直期待着，但我只听到喘息的声音。虽然，这种体验并不会吓退我。但是，我觉得自己不像

瓦莱蒂（左）向我（右）展示了成熟的肌肉细胞的放大图像

维克多·弗兰肯斯坦（Victor Frankenstein）目睹了怪物的第一次抽搐，而是像爱丽丝穿过镜子。我对科学的力量感到敬畏，进入了一个我以前从未知晓的科学可能性的领域。

自 2015 年 Memphis Meats 公司成立以来，已有十几家或更多的初创公司开始开发实验室培育的人造牛肉、猪肉、家禽和海鲜。其中，Mosa Meat、Just Meats、New Age Meats 和以色列公司 Future Meat Technologies 已宣布计划在不久的将来（到 2020 年）发布从鸡肉饼到早餐香肠的一系列人造肉产品的消息。Finless Foods 一直在开发人造蓝鳍金枪鱼。[30] 它的创始人是两个 20 多岁的生化学家，他们有望在 2019 年底前推出他们的第一款产品，即一种基于细胞的鱼酱。Super-Meat 公司正在配制一种特殊的无动物配方培养液来代替胎牛血清，希望这项发明能推动这个年轻行业的兴起。瓦莱蒂没有透露他的产品的发布日期，也没透露他计划首发的产品，但是瓦莱蒂说他并不担心其他人会打败他，因为他追求的是质量而不是速度。他说："这真是太棒了——没有什么能比竞争更能证明一个想法的可行性，也没有什么能比竞争更能展现市场的未来前景。"

Perfect Day 的办公室距离 Memphis Meats 公司位于伯克利的总部只有几步之遥，这家初创企业正朝着定义无动物产品的另一个新领域迈进。他们使用受控的发酵工艺，不是使用"基于细胞的"

食物，而是使用"基于植物"的蛋白质制造乳制品。Perfect Day 开发了转基因酵母，把它设计为具有像微型蛋白质工厂一样的功能，可以提取出与乳汁中的氨基酸相同的氨基酸。这些蛋白质是产品味道的核心成分，与牛奶的味道没有区别，并且可以生产出全范围的奶酪、酸奶和冰激凌。在伯克利访问期间，参观 Perfect Day 的实验室并品尝他们的素巧克力冰激凌，这趟拜访实在过得太快。这些东西的外观、味道和融化过程完全像一勺哈根达斯的乳制品所表现的那样。同样，附近的另一家生物技术初创公司 Clara Foods 正在使用转基因酵母生产基于菌群的鸡蛋，这种转基因酵母产生的蛋白与蛋清中的蛋白相同。

谁又能猜到这些产品中的哪些将在何时大获成功，但毫无疑问的是，对无动物产品的研究和投资正在增加。例如，Perfect Day 已与 Archer Daniels Midland 合作，开始使用其发酵设备大规模生产非动物来源乳制品。因此，即使现在人造肉以及人造奶和人造鸡蛋听起来很怪异，但当这些产品开始投放到市场时，这些看法也就不存在了。植物性肉类产品最近的成功也为其被主流接受铺平了道路。人道协会食品政策总监马修·普雷斯科特（Matthew Prescott）说："无论您是否意识到，从动物肉到人造肉的转变已经发生了。"普雷斯科特称植物性肉类为广泛的肉类替代品行业提供了"网关产品"。

例如，公司总部位于雷德伍德城、在 Memphis Meats 公司以南 30 英里处的 Impossible Foods 公司就取得了令人难以置信的成功。2014 年，该公司的首席执行官帕特里克·布朗（Patrick

Brown）推出了他的第一版 Impossible Burger，这是一种以人造动物血制成的植物小馅饼，即便媒体对此表示怀疑，但仍然引起了媒体的兴趣。《华尔街日报》（*Wall Street Journal*）上关于此的文章标题为《看一看这"流血"的假汉堡》（"Meat the Fake Burge That 'Bleeds'"）。这个概念听起来几乎像实验室里的人造肉一样令人毛骨悚然，但是从 Shake Shack 餐厅到 White Castle 餐厅，这款汉堡已经成为快餐连锁店的主要产品。

Impossible 产品中的关键要素是"血红素"（heme），heme 是血红蛋白的缩写。血红蛋白是一种富含铁的物质，使血液具有深红色并沾着泥土的金属味道。（当我在 Impossible Foods 测试实验室将少许血红素倒入嘴中时，它的味道很奇怪，令人毛骨悚然，就像在吮吸剪纸一样。这种不快让我意识到这就是哺乳动物血液的味道，这令我而感到震惊。）布朗发现血红蛋白不仅可以通过动物来制造，也可以通过大豆的根瘤来制造。[31] 布朗使用类似于 Perfect Day 的基于菌群的发酵工艺，摘取了一段大豆基因组用于制造血红蛋白的基因片段，将其注射到酵母细胞中，以在酵母细胞中形成一座小型的血红蛋白工厂。它们产生泡沫状的粉红色液体，浓缩成浓稠的颜色较深的血液似的血清。汉堡的其余部分由蔬菜制成，包括带纹理的小麦蛋白、无味椰子油、盐、马铃薯蛋白和食品加工中常见的其他添加剂。这款产品并非完全是有益健康的超级食品，但它是一种可行的肉类代替品的尝试。布朗说，一比一对比，他的产品产生的温室气体不到传统牛肉生产所产生的温室气体的 1/8。他制订了颠覆行业的宏伟计划："我们的使命是到 2035 年完全取代食品系统中的动物，我们一定会做到的。"

2016 年，David Chang 在 他 的 Momofuku 餐 厅 率 先 将 Impossible Burger 汉堡列入菜单。到 2018 年，该汉堡已进入 White Castle 餐厅的菜单，当时的售价为 1.99 美元，并被评论家称为美国最佳和最差汉堡。我吃过 3 次 Impossible Burger 汉堡，第一次是在巴黎气候会议上，汉堡样品是作为零食传递给大家的，第二次是在纽约市的 Momofuku Nishi 餐厅，第三次是在布朗的实验室里。每次吃的汉堡都是最新的配方，比上一次的口味尝起来更好，并且在糊度和松软度上都取得了巨大的进步。直到现在，这种类型的汉堡主导了以植物为原料的汉堡市场。Impossible Burger 很难称得上完美，对我而言，这款汉堡有点太软了，还带着点金属味道的咸味，但由于它包裹在番茄酱、蛋黄酱和美国奶酪中，很诱人，我把它都吃了。

可以肯定的是，布朗最终将会把 Impossible Burger 的配方调整为与巨无霸肉饼不相上下的味道（即便无法超过巨无霸的口感）。无论布朗是否成功，也许都会产生更大的价值：研究人类渴望肉类的种种原因。斯坦福大学校园边缘的大型玻璃墙的 Impossible Foods 实验室拥有一系列机器，包括几台称为气相色谱质谱仪的机器，可以将食物分析到分子水平。Impossible Foods 公司的研究总监塞莱斯特·霍尔茨 - 施莱辛格（Celeste Holz-Schlesinger）说："我们可以摄取激活大脑愉悦中心的食物，烤排骨、烤火鸡或苹果派，并获取其具有生物化学作用背景的数据……它为我们提供了风味、香味、质感、口感等的分子成分。"

这些机器之一专门用于解析食物的香气。它的附件看起来像一个大的塑料鸟喙，施莱辛格将其绑在鼻子上。她说："您可以分别分析一款美味汉堡香气中成千上万种不同的成分，这些成分因'蜜瓜、焦糖、卷心菜和脏袜子'的味道而异。"解构牛肉的风味和香气仅仅是个开始，施莱辛格也在对家禽、鱼和猪肉进行类似的分析。

相对于 Impossible Foods 公司的研发，Beyond Meat 公司的产品更为传统一点，其产品都是从豌豆、菜豆和大豆中萃取而成的，目前正进入美国大多数家庭的餐桌。[32] 它的首席执行官伊桑·布朗（Ethan Brown）（与 Impossible Foods 公司的首席执行官帕特里克·布朗无关）在过去 3 年中，使 Beyond Meat 公司的年销售额翻了一番。现在，他的产品在两万家杂货店中销售，包括 Kroger、Walmart 和 Target。布朗说，他没有试图使它看起来完全像肉，而是试图使其"本身味道很好，并具有许多附加的好处"。他称自己的野兽汉堡（Beast Burger，由豌豆粉末和甜菜汁以及葵花籽油作为主要原料混合而成）是"终极汉堡，蛋白质比牛肉更多，Ω-3 脂肪酸比三文鱼更多，钙比牛奶更多，抗氧化剂比蓝莓更多，还有肌肉恢复辅助功能"。White Castle 的汉堡却没有这些功能。

就我个人而言，我是野兽汉堡的粉丝——虽然它的味道不像牛肉，但是它很好烹饪，煎烤起来带点令人愉悦的坚果味道，嚼起来也很香。即便如此，当我把它包上所有配菜再加上小面包，拿给我 9 岁的女儿吃时，她咬了几口还是识破了。"妈妈，这是你那堆豆腐食材之一，请递给我番茄酱。"

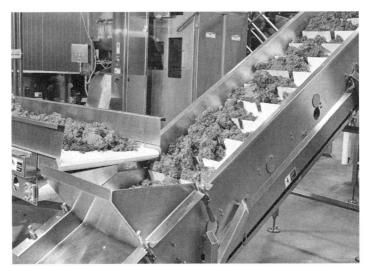

Impossible Foods 公司每月可生产成千上万磅的人造牛肉

　　在 2018 年秋季，就在我采访了 Tyson Food 的汤姆·海斯几周后，他突然辞去了首席执行官一职。[33] 官方提供的信息是他出于"个人原因"而辞职，但我很难相信这一点。由于供应过剩和与中国的贸易摩擦，整个肉类行业都处于动荡之中，Tyson Foods 的股价正在下降，我不得不怀疑该公司的股东将海斯视为投资过早或时机不佳的人。然而，在我采访过的关于肉类的未来的几十个人中，正是海斯提出了最及时、最有说服力的肉类替代品，尤其是细胞培育肉类的案例。他强调说，用于培养和收获实验室人造肉的整个过程只需要 2—6 周的时间，与从受孕到将牛养大到可以宰杀通常需要两年半的时间相比，这笔时间花费可以说转眼间就可实现。这代表能节约巨大的成本和能源消耗。

海斯还指出，培养的人造肉消除了对大肠杆菌和其他可能在加工过程中污染动物肉的病原体的担忧。他说，他的常规业务中最大的单一风险是污染。Cargill Meats 投资 Memphis Meats 公司几个月后，该公司收回了 13 万磅被大肠杆菌污染的碎牛肉[34]——对于实验室培养的人造肉来说，这是不会发生的事件。乌玛·瓦莱蒂描述了一项试验，科学家在其中观察了常规肉、有机肉和实验室人造肉的腐烂率，在室温下，常规肉在 48 小时的时间内就完全变质了。而 4 天后，实验室的人造肉几乎没有分解，因为那儿没有细菌的踪影。

海斯提出培养人造肉可以在任何地方进行生产（很可能在市中心附近的设施中生产），因此不必使用冷藏卡车长途运输。因为其不易损坏，人造肉只需要较少的冷藏。海斯还强调了人造肉对人类健康的潜在好处。实验室研发的肉类可以具有肉类有益的营养成分（铁、维生素 B_{12}、硒、烟酸等），同时还可以通过仅添加增加口感所需的成分来减少有害物质，即胆固醇和脂肪含量。瓦莱蒂说，可以想象，对于有心脏病风险的患者，他可以制造出一种含有健康脂肪的牛肉，比如说该牛肉中的脂肪含量较高，例如用有益的 Ω-3 油脂来代替饱和脂肪。

海斯让我打消了关于父母不想给孩子喂人造肉的担忧。他的看法是：这是可以生产出来的最安全的肉，父母们会对孩子们不再抱怨人造肉替代品的口感问题而开心的，父母也会喜欢这些肉类带来的健康益处和环保优势，并且，最终这些肉类产品的价格会下降，而生产规模会扩大，其成本优势也值得期待。海斯归纳说："如果我们能不用动物来做肉制品，那为什么不这样呢？"

尽管海斯说了很多替代肉类产品的观点和支持性言论，但他仍然说，"无论如何，在我的一生中，我无法想象一个没有牲畜养殖，没有动物肉供人饮食的世界"。即使是瓦莱蒂也是这样，他强调动物和土地，以及生态系统之间有着重要的关联，比如在管理式放牧中看到的那样。瓦莱蒂将实验室人造肉作为传统非人道制造污染的大规模肉类生产模式的替代选项——而不是像山姆·肯尼迪那样将其作为取代高品质原汁原味肉类的方式。

瓦莱蒂还认识到，无论是从文化层面还是营养层面，家畜对小农尤其是发展中经济体的小农都至关重要。在我访问过的印度和东非的农场中，山羊、绵羊、猪和牛在农业生态系统中起着至关重要的作用。这些牲畜将草和农业废料转化为燃料、肥料和优质营养素，为易受饥饿影响的人们提供帮助。它们还可以在粮食短缺时充当财富储备、信贷担保和营养安全保障。

由于这些以及其他条件，我们在西方环境界听到"肉是不好的"的说法往往过于简单化了。海斯和瓦莱蒂都认为，无动物蛋白最终将成为价值 2 亿美元的肉类市场的"重要组成部分"。[35] 但是在可预见的将来，它们既不会占领全部市场，也不会占领大部分市场。海斯还断言，多种替代肉类生产的方法（基于植物和细胞的方法）对于该产业的长期成功至关重要。他告诉我："就像您现在在市场上看到许多不同型号的电动汽车一样，没有什么灵丹妙药，客户喜欢多一点选择。"

向可持续的肉类生产过渡将需要数年甚至数十年的时间，这就是在短期内改善像 Tyson Foods 这样的公司的动物福利做法与开发替代品一样重要的原因。就我自己而言，我决心认真对待温和节制肉类这个问题。我计划更加依赖植物蛋白，并将牛胸肉和烧烤排骨储存起来以备不时之需。我将继续支持山姆·肯尼迪和其他肉类生产商，并准备在价格合理的情况下欢迎人造肉进入我的厨房。当然，我仍然对生物反应器中的活细胞抽搐感到有些不适，但我会克服它，就像我已经克服了对转基因生物的不适感一样，以及克服了对可持续培育的鱼类和无土栽培的蔬菜的各种担忧一样。当我真正思考这个问题时，我发现，人造肉比屠宰场或数百万克隆牛所造的杀孽要少得多。

到目前为止，我的探索旅程（进入蔬菜、水果、谷物、鱼类和肉类生产的新奇前沿）使我深信，在未来几十年中可持续地养活人类不仅需要技术的重大进步，而且还需要明智和公平地应用这些技术。除农业耕作和畜牧养殖以外，我们需要看到除了直接的农业活动之外，还有更多同样紧迫的抽象挑战和相关挑战，例如开发抗干旱的水源和智能配电网络，可以帮助灌溉最干旱和人口稠密的地区。这将需要针对不可控的饥荒制订应急计划。这需要我们改变态度和行为方式，特别是浪费问题。

细胞培养的人造肉是预防浪费的一种方法，它们可以节省畜牧养殖中未食用的那一半猪、牛、羊资源，还可以减少与肉类污染相关的浪费，以及降低远距离肉类运输导致的腐烂和相关成本。但是，食物浪费的问题远不止于此。美国人浪费的食物比地球上其他国家所浪费的食物都要多。[36] 垃圾填埋场和农业部的数据表明，我们在美国农场生产的食物中约有 40% 在田间烂掉或在冰箱中腐烂或倾倒在垃圾桶中。解决食物浪费的问题为我们提供了一个巨大的机会，既可以养活更多的人，又可以减少对自然的需求。

09
停止腐烂
Stop the Rot

> 地球设法满足每个人的需要，但不是每个人的贪婪。
>
> ——甘地（Gandhi）

那是纳什维尔3月的一个阴雨的早晨，天空就像没有尽头的灰褐色泥沼，也像是一片垃圾堆。乔治安·帕克（Georgann Parker）戴着护目镜和手术手套，一双橡胶靴高高地套在牛仔裤外，夹克外罩了一件亮橙色的背心，一顶安全帽戴在她的灰色短发上，就像是《疯狂的麦克斯》里的亡命之徒。"很庆幸今天的天气不是很热。"她在呼吸面具后笑着说。帕克——一位对即将进行的检查十分乐观的女性。在我们的学术圈中，将这项工作称为浪费审计，而在Kroger内部，我们又将它打趣地称作"垃圾桶潜水"。帕克是公司里负责易腐物品的主管，她的工作偶尔需要打开数百个垃圾袋，手工检查垃圾袋里腐烂的东西。

帕克与两名Kroger的员工以及两位废弃物管理公司的管理人

员同行而来。废弃物管理公司负责收集以及倾倒 Kroger 的所有垃圾。他们站在那儿，看着一辆压实了垃圾的卡车在面前的地上卸货。这堆垃圾是由距离我家几英里外的一家 Kroger 在 6 天内制造的，它是田纳西州 117 家 Kroger 里的一家，是全国 2800 家中的一家。总的来说，Kroger 每天为 900 万名美国购物者提供服务。[1] 每年服务超过 6000 万户的美国家庭，这一数据甚至超过了美国总人口的 1/3。而这也使每一家商店每周都会产生大量的垃圾，其中大部分是易腐的水果、蔬菜、肉类、乳制品，但是也有过了最佳时期，或是临近销售期限却仍然可以安全食用的熟食产品。

帕克的工作，就是帮助 Kroger 在众多的商店中回收那些数量可观的，虽然卖不掉但依然安全的食物。她管理着公司在全国负责食品救援行动的 120 名部门负责人。她和她的团队每年收集到大约 7500 万磅被丢掉的新鲜的肉类、农产品以及烘焙产品[2]，并将它们捐赠给当地的食物银行和食品储藏室。这个数字非常大，但在 Kroger 的全部新鲜食品垃圾流中仅占了一小部分。作为 2018 年发起的"零饥饿，零浪费"运动的一部分，Kroger 承诺将会捐赠垃圾回收总金额 10 倍以上的数额，这项行动旨在 2025 年之前将商店的食物浪费削减为零，与此同时缓解商店周边社区的饥饿问题。

"超级超级大！"这是帕克对 Kroger 目标范围的描述，"是的，有点让人害怕，但是食品救援的后勤工作就是这般复杂"。对于像 Kroger 这么大的公司来说，这项计划不仅要求在食物变质前对它进行"救援"，还要与全国的食物银行与施粥铺协调捐赠事宜。

帕克在明尼苏达州的一个小镇长大，有着圆圆的脸颊和淡蓝色的眼睛，她的出生地和加里森·凯勒（Garrison Keillor）描述的沃贝贡湖处在相同的地区，像是一个虚构的地方，"那儿总能令人愉悦"。帕克是鲜有的既热情洋溢又轻松友好的人，我们在她那丰富多彩的中西部方言中，是"乡亲"，是"苏打水"，是"流行音乐"。而面对"大量的垃圾"她却用"多酷啊？"这一句反问来表达兴奋。换言之，她对那些我们应当关心却难以关心的事物抱有极大的热忱。

在帕克来到 Kroger 前的 10 年里，她在明尼苏达为一名联邦法官当书记员，而后又当了几年时间的联邦缓刑监督员。在这份工作中，她尽自己最大的努力为已经定罪的重犯撰写积极的量刑建议。"我十分感激这份工作赋予我的责任，我必须确保每个人都能在法律上得到最公正的对待，但是经过长时间的努力后，这份工作还是让我失望了。"在帕克看来，她现在的工作与原先的工作可以说是一样的，"我仍在努力地修补那些损坏了的系统"。因为她的这些经历，同事们给她取了一个绰号：食物浪费警长。

此时脚下的垃圾填埋场深处散发出发酵产生的甲烷的味道，帕克和她的团队踏上这座垃圾山，头顶低旋着十几只像是吃撑了的秃鹫。或许是因为她爽朗的性格，抑或是她在曾经的工作中接触到了必须使自己更加冷静的情况，对垃圾场这样令人厌恶的环境帕克并不感到担忧。在这儿他们发现了几袋看上去十分新鲜的土豆和卷心菜，一些并不太新鲜但还不错的莴苣头，几盒菠菜与沙拉，切好的水果，无数箱碎鸡蛋，几十袋皇家奶油鸡肉和虾的餐包，几袋切片的萨拉米香肠和芝士，开裂的瓶装番茄酱，凹陷的糖霜和冰激凌桶，标示着"回收"的 Gravy Train 狗粮罐头。

乔治安·帕克

　　在最后，帕克的脸还是阴沉下来，"我的上帝啊，这令人反胃——我说的不是垃圾和这些废弃物"。她说的是地上的那几加仑牛奶。帕克检查了它们的保质期——还剩 8 天，"没理由就这么丢了！"她惊叹道。牛奶旁是秃鹫想吃的腐肉，还有一包包的早餐肉、猪排、碎牛肉、牛排、1 节火腿和大约 20 只就像现在地上的泥土一般的烤鸡。帕克和她的团队将这些垃圾分类，称重并拍照。我们在稍后对这些数据的分析中发现，超市的垃圾中超过 52% 是可以捐赠或回收的，再不济还可以堆肥。紧接着他们把这些数据和现场的照片整合成图表报告。帕克在后来与我们讨论结果时，抱怨道："你可以发现哪些商店部门正在做这项食物救援工作，而哪些没有，这儿的好多东西本该有被回收的机会。"

旧金山的环境组织自然资源保护委员会（NRDC）的废弃物研究员达比·胡佛（Darby Hoover）称：美国每年都有超过 520 吨的食物被扔进垃圾堆[3]，又有超过 1000 吨的食物被遗弃，腐烂在农场里。现代美国人每天浪费的食物比在 20 世纪 70 年代高出了 25%[4]，换句话说，这些被浪费的食物可以填满一座可容纳 9 万人的体育场。可以说美国绝大部分的食物垃圾，超过 35% 来自美国家庭，每个家庭平均每天都会扔掉超过 1 磅的食物[5]——每年大约是 400 磅。紧随其后的是像 Kroger 这样的超市、零售商，产生了 1/3 的垃圾。美国每年被浪费的食物的价值估计在 1620 亿美元至 2180 亿美元。[6]

胡佛从环境的角度切入这一问题，在她看来，"浪费食物在另一方面也是浪费我们种植、加工、包装、运输、洗涤以及冷藏过程中所投入的水、能源、农用化学药剂、劳动力以及其他各类资源"。非营利组织 ReFed 估计，在美国，我们在食物垃圾上消耗了 21% 的淡水、19% 的肥料、18% 的农田，同时还需要用超过 21% 的土地填埋垃圾。[7]还有垃圾发酵产生的甲烷的问题，在美国仅有 5% 的垃圾通过一种可控的方式，借由细菌和热量将食物的残渣分解为植物所需的养分，最终变为肥料。而另外 95% 的垃圾将会被填埋，任其腐烂发酵，继而不可控地产生大量的甲烷——一种强力的温室气体，胡佛补充道："如果世界各地的垃圾堆成一个国家的话，那它的温室气体排放量将会位列世界第三。"

乔治安·帕克表示，这个问题，是社会的不公平，他又说："当考虑到在这个国家有超过 4000 万没有可靠的营养食物来源的贫困人口时，浪费食物，尤其是那些健康的易腐食物，就会成为一个道德问题。"而我们甚至用不到我们所浪费的食物的 1/3，就足够养活这些挨饿的人。

Kroger 有 50 万名员工，但他们大多数只能拿到最低的工资，他们也都面临着粮食安全问题，帕克说："我们得有一个更大的目标，来支持这些低收入群体，一方面可以鼓舞士气，另一方面也是对公司传统的尊重。"Kroger 的创始人巴尼·克罗格（Barney Kroger），从一家面包店起家，他在过去的每一个晚上，都会向一些低收入的邻居免费分发一天里剩下的面包和糕点。帕克认为："我们的品牌和核心价值取决于食物的可及性。"

Kroger 的"零饥饿，零浪费"运动对于公司来说是一种来自底线的机遇，一些州政府对公司或是机构大量倾倒的垃圾征收费用，因此它还需要支付越来越高的"小费"，但是 Kroger 因其食物的捐赠而获得联邦政府数百万税收的减免。与此同时，减少浪费的压力也来自 Kroger 的投资者。在食品零售业中，几乎所有的主要品牌，像是Publix、Walmart、Costco、Target 和 Whole Foods，都在过去的 5 年里出台了减少浪费计划。位于亚利桑那州图森市的非营利组织生物多样性中心（Center for Biological Diversity）在近期对这些项目进行了评估，Kroger 在所有表现得不太好的项目中排名第三，总体评分为 C。[8]

零售食品商历来对垃圾的管理较为松懈，但如今，他们也面临越来越大的改革压力。比如 Amazon，他们拒绝在 Whole Foods 以及其他零售商内部解决浪费的问题，而投资人则表示，倘若这些企业拒绝控制浪费，那么我们将会撤资。[9] Kroger 的首席执行官罗德尼·麦克马伦（Rodney McMullen）也像他们一样，受到了来自他们的最大的投资者 Black Pock 集团的压力，Kroger 的可持续发展总监杰西卡·埃德尔曼（Jessica Edelman）透露："当我们最大的股东告诉我的老板，如果你不能提出一项具有社会影响力的提案，那么我们就难以对你们做出具有共鸣性的投资。"

埃德尔曼聘请了世界自然基金会（WWF），该基金会负责一项大型食物垃圾研究计划（农业是世界上对野生动物栖息地最大的威胁），用于协助 Kroger 制订一项控制食物垃圾和食物捐赠的战略计划。世界自然基金会鼓励浪费审计和其他对废物流严苛的分析。"现在有一种误区，那就是食物垃圾最终只能堆肥，"世界自然基金会的食物垃圾研究主任皮特·皮尔森（Peter Pearson）说，"无论是对于公司、家庭，还是城市垃圾的处理，真正的重点应该是预防，而后是垃圾救援和捐赠，最后才是做成堆肥。"

皮尔森指出，之所以食物浪费的问题如此难以解决，是因为"没有任何一项单一的技术，或是通过政策的干预能将浪费这件事情扼杀在萌芽状态"，他又补充道："这一问题发生在种植、储藏、包装、分销、运输、超市销售、家庭使用这条完整的上下游关系中。"我们需要更多像乔治安·帕克这样战斗在公司这个战壕中的"食物浪费警长"这样的少数派，我们更需要来自私营企业和公共部门组成的团队的加入：联邦政策的制定者与学者们，尽全力去使食品保质期规范化，同时也促进食品救援计划的开展；城市和州政府的官员，推行路边堆肥计划，同时提高对于大量垃圾丢弃的收费，从而减少浪费；软件开发者，开发相关的应用程序，联系食物富足的人和那些紧缺的人；材料科学家们研究保存易腐食品的方式，以及延长食物保质期的新方法；工程师们设计机器加速大规模堆肥；积极分子们引导新的运动，去改变公众对于这一问题的意识。

在过去的几周里，我深入 Kroger 的幕后工作，试图去了解"零废物"战略的具体内容，我遵循这一历程——并经历了预防、救援和捐赠这 3 个阶段，最后则是堆肥。最首要的是，我需要了解它的背景知识——从而去更好地理解为什么我们一开始会浪费这么多的食物。

"自然界没有任何的事物应该被废弃，任何事物消亡后，都将被其他事物所汲取。"达比·胡佛告诉我："人们创造了废弃物这一概念，而我们该做的就是将废弃物这一概念从他们的脑海里抹去。"

近期胡佛组织了一场为期两年的研究，通过对丹佛、纽约，以及我的家乡纳什维尔（这很巧合）这 3 座城市的探索与比较，她做出了判断："令人惊讶的是，我们在关于谁在浪费，浪费在哪儿以及为什么会有浪费这几个问题上没有得出什么确切的数据，因而对解决城市和家庭食物浪费这一难题束手无策。"

为了更好地进行数据分析，胡佛与一家总部位于旧金山的专门从事废物物流的 Tetra Tech 公司进行了合作。他们在 3 座城市招募了 1150 名愿意将他们的垃圾交出来以供检查的居民。而其中超过一半的人通过厨房日志的方式记录他们丢弃食物的时间和原因。常见的丢进垃圾桶或是直接倒进下水道的食物有煮好的咖啡和咖啡渣、香蕉、鸡肉、苹果、面包、橘子、土豆和牛奶。然而胡佛注意到，这些清单中并未出现多利多滋、斯帕姆午餐肉以及夹心饼干等垃圾食品。"食物的浪费，充斥着意想不到的矛盾，其中之一就是健康的食物常常是浪费最多的食物。"胡佛说："从健康的角度来评价，我们对于新鲜食物的痴迷是一件好事，但当我们从浪费的角度再去看，就发现这不妙了。"

　　胡佛还发现，丹佛与纽约这两座城市都有堆肥项目，而往往是那些经常将剩菜剩饭送去堆肥的参与者，与其他人相比会倒掉更多的食物。[10] 或许是因为他们对于堆肥这一废物处理的方式感觉更好。"预防浪费是减少浪费的核心。"胡佛表示："对地球来说，我们不产生垃圾要远好过回收废物。"她还发现，有的浪费是在家长努力让孩子接触新口味或是健康食物中产生的，即使父母最初是和善而又充满希望的，但他们的孩子依旧拒绝吃下去。胡佛的观察结果是：在消费层面上，食物浪费的背后往往是一个个最初的善意，这就使得这个问题变得有些棘手。

　　我得承认家里有太多的食物没有吃完。我的丈夫不相信在冰箱里待了超过两天的东西还能吃。我希望我能给我的家人们提供丰富的营养，常常一次性购买大捆的菠菜和香蕉，最后香蕉氧化了、菠菜发霉了。我常常为客人过度烹饪，着迷于新的食谱，我照着食谱购买了大量的食材，但是只用了一点点。而最后那些被遗弃的食物通常都在没有人注意到的时候被我怀着愧疚之心丢掉了。

当然，除了善意还有许多其他的原因，这也为美国垃圾场的建造铺平了道路，首先就是胡佛定义的"我们对于美的墨守成规的标准"。她解释道："美国的消费者对于水果蔬菜的样貌有着僵硬刻板的定义，他们的美不包括那些受损的或是形状不规则的，抑或是从地里送到超市的过程中有擦伤、磕碰、发黄、枯萎或变色的农产品。"普通美国消费者的审美与托尼·张没什么两样：我们反射性地排斥不规则事物。这些问题出现在要求食物长相完美的消费者身上，也出现在那些拒绝不遵循传统水果与蔬菜长相的商贩身上。胡佛断言："在美国，因为其长相不符合审美而无法进入商店的新鲜农作物的数量相当庞大。"最近在明尼苏达州的一项研究发现，该州出产的水果和蔬菜中有 20% 因为不符合我们狭隘的审美标准而遭丢弃。[11]

常见的狭隘审美标准的受害者是没法长成楔形的葡萄，它们被直接烂在地里，从葡萄藤上摘下来直接扔进垃圾堆。还有不规则的灯笼辣椒、粗糙的胡萝卜以及有瑕疵的苹果（这不禁让我想到安迪·弗格森的冻苹果，虽然它十分健康而且美味，但因为霜冻而滞销）。胡佛说，大型的有机蔬菜种植业往往会比传统蔬菜种植业丢弃更多的蔬菜，因为有机蔬菜通常长得更不一致。受到灾损的作物往往比普通的作物更具营养和风味，这何其讽刺。事实上，水果与蔬菜受到昆虫、高温、霜冻或枯萎病的侵害后，会产生独特风味和抗氧化成分。[12]

加利福尼亚州萨利纳斯被丢弃的成堆灯笼椒

在 20 世纪 80 年代，胡佛还在斯坦福大学读书时，曾实施了第一个回收项目。与此同时胡佛还在研究生院写下了一篇关于浪费心理学的论文，她写道：人们对于完美的渴求远比皇帝提比略要求全年都生长完美的蛇甜瓜还要早。胡佛坚持认为在 20 世纪 50 年代，由于家庭主妇们适应了广泛使用的冷藏设备、新型包装产品以及国际运输的水果和蔬菜，美国人对于完美的渴求达到了前所未有的高度。"突然之间，你能在缅因州吃上菠萝，在 1 月吃上草莓，"她说，"完美和机械的食物在人们看来意味着安全和创新。"而如今这种对于完美食物的痴迷因部分社交媒体上对于烹饪照片的分享而达到了鼎盛。胡佛和我讨论了在照片墙软件上展出的新鲜出炉的派以及具有艺术气息的餐厅主菜，在她看来，这是一种使人感觉良好的现象，它的出现强化了人们对于完美食物这一文化的痴迷，也使得人们倾向于拒绝一切不完美的食物。

当美国人通过欣赏食物的美而取得愉悦感时，欧洲人学着用更现实的方式去看待食物的价值。根据丹麦政府的说法，赛琳娜·朱尔（Selina Juul）承担起了在 5 年时间内使国家食物浪费减少 25% 的重任[13]，尽管她并不是一名政治家。朱尔生于俄罗斯，1995 年，在她 13 岁时移民丹麦。"我来自一个粮食紧缺的国家，基础设施崩溃了，我们不能确定自己还能不能吃上饭。"朱尔告诉 BBC："然而当我看到这么多食物在被浪费时，我真的非常震惊。"

朱尔对平面设计感兴趣，并将所学巧妙用进公共宣传里。2008 年，朱尔在 Facebook 上创立了停止浪费食物小组；到现在，她拥有了成千上万的追随者，他们出现在超市的董事会会议室里、TED 的舞台上以及欧盟的会议上，倡导废弃物改革。朱尔表示"浪费食物，是对自然、对我们的社会、对生产食物的劳动者、对动物的不尊重，是对人们的时间和金钱的不尊重"。她将餐厅中打包袋的名字改成了"糖果袋"，并在全国发放了 6 万多个糖果袋。丹麦的超市也开始销售带有折扣的单根香蕉，他们在香蕉的标识上写下：带上我吧，我只有一根。这一举措减少了丹麦 90% 的香蕉浪费。[14]

这种趋势在丹麦蔓延开了，在哥本哈根慈善机构开设了被誉为世界第一家销售过期食物的超市——剩余食物超市，他们出售被遗弃的农产品，以及临近最佳赏味日期的食物。9个月后，他们又开设了第二家分店，丹麦主要的连锁超市不再提供大量折扣来诱导消费者过量地购买；许多公司还实施了"停止浪费食物"的项目，在剩余食物超市，他们将临期的打折食品汇总在一起。

丹麦的这一势头逐渐扩散到了别处。在伦敦，积极分子亚当·史密斯（Adam Smith）创立了"真正的垃圾食品"项目，并且开设了国内第一家销售废弃食物的超市，以及一家名为"Pay as you feel"（按你的感觉付钱）的连锁餐馆，在这里他用没有固定价格的原材料熬汤、做三明治。类似的餐馆也在澳大利亚和以色列兴起。

另一项在伦敦十分有前景的项目是"Olio"，它是一个食物共享App，它不仅将企业与食物银行相连接，也使邻居相连接，去分享他们多余的食物。"晚饭做得太多了吗？买了一包洋葱却仅仅需要用一颗？去度假但是苦于家里的冰箱装满了食物？"Olio上写道。这款应用程序在2016年刚推出时进度缓慢，但到了2019年，它已经拥有超过50万名会员——其中大部分是在邻里间分享自己冰箱里吃不完的东西。一款总部位于哥本哈根的名为"Too Good to Go"的应用软件，也成功地向用户销售了即将丢掉的打折面包和餐厅食品。连锁超市Tesco承诺在2019年之前达成零浪费，并将取消所有产品上的最佳赏味日期，鼓励顾客们相信自己的判断。

法国也不甘落后，法国政府近期通过了一项法律，禁止杂货店扔掉未售出的食品，违者将会面临最高达4500美元的罚款。[15] 在法国的一些城市，一队"食品救护车"会从食物杂货店和商店收集废弃食物，并将其运送到教堂和犹太教堂。公众意识的转变促使欧盟制定了到 2030 年将零售商与消费者的人均食物浪费减半的目标。[16]

要在美国看到这种转变也许还有很长的路要走。首先，这里的一切都很大，我们的购物车、盘子、分量、胃口，包括人的体型。"如果我们愿意听取一点点食物浪费的心理分析的话，"胡佛说道，"美国人不理性地将我们消费食物的大小、数量与我们所产生的浪费和我们的自由与权力相结合。"我们之所以没有受到影响的部分原因是，美国的食物普遍较为便宜（这得益于政府对玉米、大豆这一类作物的补贴）。美国的中高收入家庭在食物方面的支出预算比世界其他国家的家庭要少得多。[17]当我向胡佛询问一些可以帮助我们预防家庭食物浪费的建议时，她告诉我，剩菜至少可以在一周的时间内继续吃（她曾经吃了 10 天或 10 天以上，却没有生病）。"用你的眼睛看，用你的鼻子闻，"胡佛说，"如果它闻起来正常，看起来没什么异样那就吃吧。"如果条件允许的话，用玻璃容器来保存食物，它能比塑料容器更长久地让食物保持新鲜。购买有斑点的或是畸形的农产品：它们和那些长相完美的产品的味道是一样的，而且也许它们对你的身体更有益。选择冷冻的水果蔬菜而不是那些新鲜的，它们既不会变质，营养价值也不会降低（有些营养物质在冷冻前焯水就会流失，但有一些不会，因为它们在收货后就立刻冷冻，这也保证了它们在运往市场的过程中不会变质）。"与你的祖母聊聊，重新构想你今后的剩菜，"胡佛说，"周日的烤鸡能成为周一的鸡肉卷饼和周二的玉米馅饼汤的原料。"

世界自然基金会的皮特·皮尔森则支持用传统与前沿技术相结

总部位于伦敦的团体 Feedback 的活动家特里斯特拉姆·斯图尔特在特拉法加尔广场举办一场 5000 人规模的回收食物宴会

合的方式来防止食物浪费。他以金冠苹果为例，这是一种经过基因编辑而可以防止果肉氧化的非转基因北极苹果。[18] 市场上还有经过成簇规律间隔短回文重复序列编辑的不会氧化的蘑菇，以及经过处理后不会轻易氧化但容易擦伤和产生黑点的土豆，这也意味着更少的土豆会被直接填埋。

乔治安·帕克带领我穿过印第安纳波利斯市外的一家 Kroger 的农产品区，Kroger 是大型连锁超市之一，她说："这里是我们存

放外形丑陋的蔬菜的地方。"在这里我参加了超市物流的速成班，同时也对公司在预防食物浪费所做的努力方面有所了解。那些是我从未在我们那儿的 Kroger 里见到过的特殊产品。这里的环岛用完美的红、橙、绿、黄的圆形水果搭成标志性的金字塔，在环岛的另一侧是贴着降价标志的四层货架。然而，这样的美丽是肤浅的。在这个四层货架上大多是空荡荡的填着草的筐，筐里装着多节的甜椒、看上去像是得了关节炎的胡萝卜、非常小的哈密瓜以及弯得像手枪一样的黄瓜。

虽然出售新鲜农产品的利润占比不到 Kroger 的 15%，但出售每一件畸形农产品，都能给公司带来利益。帕克说："我们希望每一件运来的产品，都能被顾客带走。但显然，这不可能。"大多数丑的农产品往往在送到商店之前就被拒收了，由农户自行处理，但也不可避免地有一些畸形的蔬菜水果混了进来。"以前我们总会立刻给它们做上标记，捐给食物银行，但是现在因为给它们打了很高的折扣，这些畸形的水果蔬菜往往能卖光。"帕克又告诉我。有些废弃的食物就是卖不出去，或是因为商家进货进多了，或是因为冰箱坏了，又或是因为顾客们的消费模式转变了，不符合顾客们的预期。

2017 年初，Kroger 推出了"丑丑的"（uglies）商品区，与此同时，企业家和积极分子们也在欣然接受这些废弃农产品。一家名为"Imperfect Produce"的初创公司在旧金山湾区推出了名为"时髦蔬菜和水果"（funky fruits and vegetables）的订阅配送服务，并且在 Whole Foods 销售他们的非常规产品。Hungry Harvest、Ugly Mugs 和 Food Cowboy 等新兴企业为数以百吨的废弃农产品建立起了市场。"这些企业的努力正在逐步取得成功，但他们也仅仅为一小部分仍可以安全食用的被拒收农产品提供了去处，"皮特·皮尔森说，"而剩下的那一大部分则需要大公司的努力了。"

皮尔森正与克罗格计划着提前在废物流中挑拣出长相异常的农产品，通过克罗格的同名品牌和自有品牌，将它们做成土豆通心粉沙拉、凉拌卷心菜、比萨和冷冻蔬果等包装食物，而不是直接出售。

这项"丑食"生产计划将与 Kroger 的定期打折计划同步推进。如果一块肉不能在最后一天卖出去那它就会被从货架上取下来，打上一个"呜呼！大减价！"的贴纸，放在肉类折扣专区。如果这块肉非常不幸，在打折后仍旧卖不出去，就会在销售日期的最后一天被撤下柜台，作为损失，从系统中除名并送入冰柜冷冻，最后捐出去。烘焙食品和乳制品在 Kroger 内部也会遵循类似的流程，Kroger 的政策是在牛奶过期前 10 天，从奶制品箱子里取出来，直接作为鲜奶捐赠或是送去冷冻、解冻后再捐赠。帕克说道："在 Kroger 出售的奶制品，没有理由被倒掉。"

在家中和超市里，混乱的销售标签是预防浪费的一大障碍。比如，你购买的易腐品上的保质期并不受联邦政府的监管，也不代表任何食品安全的技术或标准化的措施。而有权管理这一日期标签的美国食品和药品管理局没这么做的原因是在美国的历史上还未爆发过因食用过期食品引发的安全事件（相反，食品安全问题的溯源，往往是加工过程中被病原体污染，或是"温度失控"，譬如把生鸡肉留在了闷热的车内，或是直接暴露在会滋生霉菌的空气中）。帕克说："你可能会因为吃了被污染的或是没有冷藏的东西而生病，不是过期食物。"

然而牛奶的标签，在各州之间是最不一致的。通常牛奶采取能够消除食物传播疾病风险的巴氏杀菌法，甚至在超过了它的保质期或是最佳赏味期限后依旧会消除患疾病的风险。通常来说乳制品打印的销售日期是巴氏杀菌后的 21—24 天。然而帕克告诉我："经过冷藏的乳制品即使稍微超过了保质期，也是可以安全食用的。"有些州，比如蒙大拿州，甚至规定了更加严苛的乳制品质保期限，要求在巴氏杀菌的 12 天内出售，并且他们禁止出售或捐赠过期的牛奶。这一规定浪费了无数加仑的优质牛奶。

"超市必须处理好这几十种不同的日期标签规定，理论上来说过期的食品在出售前每年都要造成近 10 亿美元的损失。"哈佛大学法学院食品政策项目负责人艾米莉·布罗德·莱布（Emily Broad Leib）说。"食品标签的混淆，损害了消费者和食品公司的利益，还造成了大量的食品浪费。"莱布帮助政府制定了《食品日期标签法》（Food Date Labeling Act），并建议联邦将标签标准化为"最佳赏味期限"，这句话表明产品可能不是最理想的新鲜状态，但仍然可以安全地食用。该法案还将禁止各州各商店或制造商捐赠过了最佳食用期但仍可以食用且营养丰富的食品。

在日期标签更改上的努力是更广泛的《食品回收法法》（Food Recovery Act）立法 [19] 的一部分，该法案于 2017 年提交给参议院，而这项法案的实施将使 50 个州的日期标签和食品救助法标准化，它还鼓励政府机关和公立学校去使用那些无法在超市售卖的外形丑陋的蔬果。

乔治安·帕克表示，Kroger 正在积极游说政府通过这些法律，同时也在积极地推动更好的食品包装的研发。直到现在，材料学家才真正可以在食品包装和保鲜技术上大显身手。对于易腐食品的保鲜，归根结底是使其密封避免氧气的进入。氧气是一种良性的气体，但当它进入食品包装袋后，会促进霉菌的生长，加速微生物和酶的增殖。尤其是在未经化学防腐处理的食品中，氧化会削弱食品的风味，淡化色彩，使营养物质和油脂流失。

Kroger 与一家由一位年轻的材料科学家詹姆斯·罗杰斯（James Rogers）于 2012 年在硅谷创立的公司——Apeel Sciences 合作。罗杰斯致力于研究果蔬自然产生的外壳——外皮和果皮如何隔绝氧气以抵抗腐烂。罗杰斯表明，最好的想法就是"用食物来保护食物"。他找到了一种回收有机原料的方法，比如使用压榨过葡萄酒后剩下的葡萄皮制成一种天然的密封剂，它可以喷洒在水果和蔬菜的表面，从而使其保质期相较于传统的农产品延长了 3 倍。这种膜，透明无味而且完全来自天然食物，它首次于 2018 年在美国中西部的 Kroger 农产区，作为牛油果的保护壳出现。这是我们第三条道路的一个很好的例子。"我们不再需要在实验室中通过创造新的物质来解决老问题，"罗杰斯说，"我们可以从植物中获得灵感。"

不仅如此，在实验室中的化学家们也取得了重要的进展，帕克告诉我，研究人员正在开发一种吸氧膜，它能用在软包装中，这种膜可以整合到软硬包装材料中，使得包装内氧气浓度降至 0.01%，这能使包装内的食品保质期大大延长，但问题是成本高昂。食品制造商之所以用同样的塑料袋装面包、用同样的纸板装鸡蛋，是因为这些材料很便宜。尽管 Kroger 的投资部门资助这些新兴企业开发新的包装技术，但帕克还是坚持我们需要在这方面协调全行业的研发努力。

世界自然基金会的皮尔森对消费者所看不到的数据管理工具的进步持乐观态度。通过使用产品标识码和区块链等跟踪系统，Kroger 可以监控流经其商店的数十亿种产品中每一件的移动情况，同时还能了解近 6000 万户家庭的购物习惯。监管所有这些数据的目的是使商家的供货与消费者的购物需求相同步，从而减少没人要和过期产品的数量。

皮尔森表示，"除非我们造出《星际迷航》（ Star Trek ）里的复制器"，否则超市里总会有一定数量的物品因供应过剩而产生浪费。与此同时，数字工具将更好地追踪产品从研发到销售的生命周期，这对于超市减少浪费以及处理库存捐赠大有裨益。

我与乔治安·帕克驱车从印第安纳波利斯向东行驶 20 分钟，来到了坐落于印第安纳州格林斯堡的 K.B.Specialty Foods，在那里参观 Kroger 零浪费战略的最终阶段。K.B.Specialty Foods 是 Kroger 旗下并由 Kroger 经营的 37 家食品制造厂之一。它每年都通过巨大的不锈钢桶生产超过 9000 万磅的食品[20]，绝大多数都是在 Kroger 中出售的熟食，比如土豆和意大利面沙拉、凉拌卷心菜、开胃小菜、奶酪通心粉。

K.B.Specialty Foods 与传统的 Kroger 工厂的不同之处在于它除了制造大量的奇怪杂烩产品外，还有原材料比如两亿颗褐色土豆、1600 颗卷心菜，以及 700 万磅的车达芝士粉所产生的惊人恶臭。帕克说："倘若是在炎热的夏天，我们将土豆皮和卷心菜菜心堆放在垃圾箱里，它们的臭味会非常难闻。"而食品厂位于一处居民区，紧挨着一所小学，在 2016 年，周边的邻居就开始抱怨这股臭味。

工厂运营主管提出的解决方案是搭建一个厌氧消化池，它本质上是一个具有工业规模的包裹在密闭容器内的堆肥系统。从外部看，K.B.Specialty Foods 的消化池看起来只是一个 40 英尺高的圆形水箱，而在其内部，它就像一个生化胃，通过微生物与酶在无氧环境下分解有机物、食物残渣和废水。微生物不仅能分解水果蔬菜中的淀粉，还能分解肉、脂肪和油脂。这个消化系统，并不像户外堆肥那样生产土壤的肥料，而是将食物垃圾转化为沼气——一种为工厂提供热量和电能的燃料。

厌氧消化并非一种新概念，恰恰相反，它在自然界已经存在了数百万年。世界上第一台厌氧消化池于 19 世纪在印度建造[21]，但直到最近的 10 年，美国的工程师才开始为工厂更新这套系统。其实像 K.B.Specialty Foods 或是其他的工厂对于这样的系统并没有什么刚性的需求——对他们来说，把垃圾直接倒进填埋场要便宜得多。但现在，随着垃圾的过度填埋，对于甲烷排放担忧的升级，以及食品垃圾处理成本的上涨，这样的选择才逐渐变得有意义。

总部位于西雅图的科技创新公司 WISErg，在近期筹集了 7000

田纳西州纳什维尔堆肥点食物残渣腐蚀为土

万美元，用于为餐馆、杂货店、学校、医院及其他社区中心生产小型厌氧消化池。一个中等大小的厌氧消化池每天可以处理近 4000 磅的食物残渣，并最终把它们变成沼气——一种清洁的可再生能源。一家位于马萨诸塞州的创新公司 Harvest Power，也筹集了千万美元用于这项堆肥技术，并将"可视化回旋豌豆"视为他们的营销口号。

只有在美国第一个禁止食物浪费的城市旧金山以及其他类似城市，这种投资才可能会有经济意义。自 2007 年以来，旧金山的每个家庭、企业和公共组织，都被法律要求参与到"绿源再生"这一旧金山垃圾堆肥和回收服务项目中。[22] 那些拒绝这样做的人会被罚款。从康涅狄格州的布里奇波特到爱达荷州的博伊西，数百个城市在过去的 10 年里，实施了自愿的市政堆肥计划，许多城市的居民都在路边捡拾食物残渣。美国也有近 12 个城市像旧金山这样宣布完全禁止食物浪费，并对不参与堆肥计划的公司和家庭进行处罚。

户外堆肥则是一种有氧（意味着氧气参与其中）消解的自然形式。在堆肥堆中数以亿万计的微生物，将食物以及院子里的废弃物通过氧气分解为富含氮的肥料，肥沃土壤。在旧金山和其他一些城市，这样的市政堆肥会被重新分配给当地的农民，当地的农民将其覆盖在土地上，既能滋养，又能保护土地；既能防潮，又能避免土壤干旱。

因为需要最大限度地控制臭味，所以堆肥与厌氧消化系统是互为补充的而不是相互竞争的，前者在城市及周边地域大规模运作，而后者则将在城市的居民区及特定地点良好运行。美国环境保护署估计，目前美国人每年能生产约 2300 万吨的食物与院落垃圾。[23] "我们计划达到美国的每个城市和乡镇都有一个强制性的堆肥计划，每个超市、餐馆和食品厂都将垃圾转化为能源或动物饲料，这样一个最终效果。"皮特·皮尔森畅想："希望未来我们的子女会认为浪费食物就像是蜗牛般的慢速邮递和有线电话一样是过时的老古董。"

毫无疑问，在城市、企业、家庭和公共组织中实施"零废物"战略对用第三种方法生产食物来说至关重要。以纳什维尔为例，纳什维尔制定了到 2030 年成为"零废物城市"的目标[24]，在美国还有数百个城市做出了类似的承诺。但这些目标并没有什么约束力，而纳什维尔的计划也毫无疑问是模糊不清的，皮尔森却认为这是一个基层朝正确方向做出的转变。

自然资源保护委员会的达比·胡佛说，解决食物浪费问题将把一个线性的食物系统转变成一个循环的系统："线性经济是基于消费、消耗和丢弃的。循环经济的目标是发展、再利用和再生资源。这种循环的概念由来已久，它仍然存在于世界各地的自给农业系统中，但它却是从工业食品系统中被提出的概念。"胡佛说，"现在是我们该重新定义它的时候了"。

要做到这一点，我们需要的不仅是堆肥项目、智能应用程序和联邦雄心勃勃的政策，还需要看到公共意识与个人意愿的转变。而你我还需要在未来对另一个威胁粮食安全的淡水问题上发挥作用。

农业消耗了世界上70%的淡水资源[25]，这是一种我们不顾后果、在不知不觉中浪费掉的资源，就像我们浪费种植的食物一样。甘地的"需求与贪婪"原则也适用于此。如果我们希望能够在未来建立起安全可靠的粮食系统，就需要共同参与创造也许是22世纪唯一最有价值的资源：抗旱与供水。

10
管道之梦
Pipe Dreams

他看了眼纸杯，又抬起头，似乎对在那里发现的东西感到惊讶异。也许，是未来。

——华莱士·斯泰格勒《穿越到安全地带》(Wallace Stegner, *Grossing to Safety*)

　　阿米尔·法勒（Amiy Releg）弓着他那 6.3 英尺（约 1.92 米）的魁梧身躯，艰难走进一条水泥隧道，这条隧道是通向耶路撒冷水库供水管道中的一条。水滴在几英寸高的隧道顶上的天花板聚集、滴落，就像是一颗颗小巧的钟乳石。法勒接住了一滴水滴。他嘀咕道："Haval al kol tipa。"这句话在希伯来语里的意思是滴水不漏。这座水库位于城市边缘的一个地下储藏室中，由重兵把守防止敌人下毒。泛光灯照亮的一池水被凿成的厚厚的岩壁包围，明亮又阴森，它比两个足球场还要宽，还要长，足有 40 英尺深。"这就是现代的基训河。"法勒说道。

　　基训是那眼在公元前 700 年使人类在耶路撒冷定居且创造可能

性的古老的泉。而现如今，以色列及周边地区的淡水资源远比铁器时代更为珍贵。在以色列，这是为数不多的淡水来源，被与加利利海连接的 90 英里长的条条管道塞满。大约有 100 万的居民从这个水库取水。和大多数的邻国一样，以色列是一个沙漠国家，但在过去 10 年内的降水量却比以往 900 多年内的任一时期都要少。[1]

加利利海和以色列其他的淡水资源都已临近枯竭，只能维持 10% 的微薄需求。以色列人民用独到的智慧和节俭，使农业产量比在非干旱年份更高，与此同时实现了淡水资源的盈余。这个拥有 800 万人口的国家实现了 95% 的农产品自给[2]（只进口咖啡和其他的特殊食物，不进口主食），是大枣、牛油果、橄榄油、石榴、柑橘和杏仁的主要出口国。

农业是一项需要大量水的事业，如果你种植水果和坚果则更甚。1 颗杏仁需要 1 加仑水，1 颗橄榄则需要 3 加仑水，1 个石榴需要 5 加仑水，1 个葡萄柚需要 7 加仑水，1 个牛油果需要 9 加仑水。[3]"在农业中，水就像血液之于人的躯体，震动之于音韵，或是巫师之于绿野仙踪。"法勒告诉我："没有水就没有食物，这就是事情的本质。"

农业消耗了全世界 3/4 的水，作为集约型农业的以色列，这一比例则更甚——以色列 80% 的水资源用于粮食生产。[4] 由于和邻国长期存在政治冲突，以色列花了几十年时间试图在食物和水的供应上完全自给自足。"我并不认为以色列的企业家，重塑世界和管理淡水的方法过分。"法勒在我们参观耶路撒冷水库时告诉我。法勒是 20 世纪 50 年代一场淡水科技运动的领导者之一，自此以色列诞生了一系列旨在节约和创造更多淡水资源的革新。

"我们不能依靠邻居来获得食物和水。"法勒说。以色列的邻国也不能全指望我们，以色列每年都会将盈余的淡水（每年约 210 亿加仑[5]）分给约旦和巴勒斯坦，但约旦河西岸的居民人均供水仍不到以色列的一半[6]，他们的耕地极其有限。大约有 1/4 的巴勒斯坦人民没法得到粮食保障[7]，加沙地带近一半的人口仰赖粮食援助。

这里遗留的土地分配的伦理问题饱受争议，以色列的淡水技术却被其盟友和敌人称奇。世界上有很多缺水的国家，但是没有任何一个干旱国家有着如此之高的农业产量。以色列正在开发的技术种类繁多——从微型污水洗涤器到高效灌溉系统，甚至是超大型海水淡化工厂。而所有这些的基础则是所谓的智能水网络——一种内嵌传感器的管道系统，在全国范围内分配着淡水。而法勒则是设计这一系统细节的企业家之一，他自封"首席管道官"。

监测管道泄漏看起来是一个小问题，但在水资源珍贵且稀缺的环境里，它是重中之重。法勒的公司 TakaDu 所设计的软件通过数学算法来发现和阻止水管泄漏甚至爆裂。"在以色列人的眼里，水就是香槟，"法勒说，"没有人会把凯歌香槟倒进破杯子里。"

法勒 52 岁，一头银黄色的头发，有着弓形的黑色眉毛以及铁砧一般的下巴。他是乔治·克鲁尼饰演的傲慢的丹尼·奥森与 One Day at a Time 中的和蔼可亲的施奈德的混合体——一半是傲慢的首席执行官，一半是好斗的主管。

阿米尔·法勒

　　法勒和他的妻子以及 3 个年幼的孩子住在离特拉维夫约 30 英里
的一个农庄里。他在休息时间，还需要照管 8 英亩的农田，法勒称
之为伊甸园。他种了橄榄树、石榴树、牛油果树、柠檬树、无花果
树、杧果树和山核桃树，同时又照料着蔬菜园和草药园，还有一个
小小的葡萄园，种着梅洛和霞多丽葡萄。他说："在后院里种地，是
我最奢侈的爱好。"法勒每年都需要花费数千美元用于灌溉农场。在
周末他会泡橄榄，腌黄瓜，酿他的葡萄酒。

　　法勒在成长过程中几乎没有接触过农业，他的祖父建造了特拉
维夫第一家豪华酒店，后来由父亲负责经营。法勒 13 岁时，他骇进
了第一台进入特拉维夫市场的苹果电脑，并改造出了带有希伯来文
字的版本，将其出售给当地企业。17 岁时，他被以色列国防军最精
英的技术部队特比昂录取。在特比昂 8 年的时间里，他掌握了军用

无人机操作系统和软件的开发，以及在卫星图像中识别关键的视觉信息，比如坦克和导弹。

随后法勒将他的编程技能运用到了大规模的纺织品生产中，他开发了一款软件，通过对视觉数据的分析来识别面料的缺陷。他又创建了另一家算法公司 YaData，法勒的软件帮助网络广告商们更精准地定位他们的客户。两年后，微软又以 3000 万美元的价格收购了它。TakaDu 是他早期企业的合理延展。"这一切归根结底不过是为了找到理解数据偏差的新方法。"法勒说。

2008 年 9 月，在维也纳的一次技术交流会议上，法勒与一位工程师聊天时，萌生了创立 TakaDu 的想法。"那次谈话使我震惊到了极点。"他回忆道。据工程师了解，就平均而言，世界各地的公用事业公司在输水管道的泄漏和破裂中，损失了大约 1/3 的水。[8]以伦敦为例，在最古老、最脆弱的供水网络中，水管的渗漏率约为 60%。[9]这位工程师的说辞是"通过这套系统泵送往伦敦的水有一半以上都被浪费了"。法勒回忆："解决这一问题不能只通过简单的搜查街道。"美国的供水网络，特别是在为美国农场供水的农村地区，浪费了大约 30% 的水资源。[10]

"我就站在那儿，突然间意识到了，这是一种多么巨大的浪费。你能想象管理着一家在到客户手中之前库存得流失 1/3 的工厂吗？这你受得了吗？"法勒犹豫了："世界上有很多地方的水都干涸了，而我们却浪费在这种地方。"

法勒所遇到的工程师在以色列的管道中，专门建立了从嵌入式智能传感器收集数据的所谓数据采集与监视控制系统（SCADA 系统），也被称为遥测技术。这些传感器使用机械设备，像是转轮和超声波等，来采集网络流量、压力和质量信息，它们每 15 分钟可以传输几百个数据点。法勒对硬件不感兴趣，但他对硬件产生的数据兴趣浓厚。我问他们怎么处理这些采集到的数据。他说"我们把它们储存起来"。我想"就是这样！"法勒想要在这些数据里淘金。

过了没几个月，法勒将创建 TakaDu 提上了议程。早期他招募的大多数人员都来自特比昂计划，他说："现在我们的敌人不再是人，而是那些地下渗漏的管道。"

TakaDu 的总部位于特拉维夫市静谧郊区的一座由玻璃花岗岩建成的混合办公楼里，楼下是必胜客和一家糕点店。它的办公室看起来更像是一间精心装修的学生宿舍，极简主义的沙发和毫不相配的座椅。墙壁涂成了原色，还有一个开放式厨房，摆着一张超大号的野餐桌，既能用来吃饭又能开会。墙上有一组脱线家族风格的拼贴画，还有公司最初 50 名员工的画像，这些海报绘着各种形式的水，从田间的露水到瀑布水。

在带领我参观公司前，法勒把我领进了他简朴的工作室里上了一堂历史课。他说以色列在水技术方面的领先地位可以追溯到 20 世纪 50 年代初，当年以色列总理戴维·本-古里安（David Ben-Gurion）向新成立的以色列国的公民发表了一次讲话，其中的 4 个字

（以色列语为 4 个字）"让沙漠绽放"，使以色列至今不朽。以色列在 1948 年从巴勒斯坦分裂时，沙漠化超过 70%。[11] 本 – 古里安希望以色列在水和粮食供应方面实现自给自足，从而在地区竞争中位于领先地位。

为了更好地领导这项工作，本 – 古里安聘请了工程师辛查·布拉斯（Simcha Blass），他为以色列节水技术带来了第一个重大突破。法勒讲述了这一发现的故事。"20 世纪 30 年代，布拉斯拜访了海法附近的一位朋友，两人在外吃午饭时，他注意到了一些奇怪的事情。在他面前的田野里，有一颗像篱笆一样又大又茂盛的树，但除了这棵树外，其他树木都瘦骨嶙峋。这是一个很大的谜，他分析道，因为附近没有河流或水。"经过简短调查，布拉斯发现了一个水龙头在滴水，随着时间的推移，它浸透了大树下的根系。

在 20 世纪 50 年代末农田采用的人工灌溉和洒水系统，依旧在美国农业中占据主导地位。而与此同时，布拉斯开始了对不同灌溉系统原型的研究，在这些灌溉系统里，水从有小孔的塑料软管里滴出。他又将螺旋形的微管固定在塑料软管里以减缓水的流速。1965 年 8 月，他在生产以色列粮食的数百个农业公社之一的哈泽里姆集体农场测试了这项技术。滴灌的效率是传统灌溉的两倍多[12]，且作物产量更高。1966 年 1 月，基布兹（即以色列的农业工社）开始以 Netafim 为名生产滴水器，它在希伯来文中的意思是水滴。现在，Netafim 拥有 4400 名员工和全球的市场，年收入近 10 亿美元。

在 Netafim 成立两年前的 1964 年，另一位以色列工程师亚历山大·札钦（Alexander Zarchin），发明了一种从海水中去除盐分的商业化工艺。[13]首先他将海水在真空中冷冻，形成纯净的无盐晶体，再将晶体融化，形成饮用水。一年后，札钦成立了IDE公司，立志"将世界的海水变为价格合理的净水"。自那时起，IDE公司开发了其他的海水淡化方法，并成为世界上最大的海水淡化厂制造商。这些设备能够实现法勒半开玩笑的"上帝的行为"，不免让人想起《创世记》（*Genesis*）里的上帝使"海水变甜"。

同在20世纪60年代，以色列工程师开始开发将人类的污水过滤为可回收废水的早期工艺。直到现在，以色列回收了超过85%的从马桶、水槽和排水沟里冲下的水。[14]污水通过一系列的过滤得以净化，其中有分解废水细菌的"生物洗涤"。使用经过过滤的水种庄稼是绝对安全的，但不能喝。这些再生水通过一个涂成亮紫色的巨大管道网络泵送至各地。这个"紫色水管网"现在依旧为以色列的农场和工厂工作。另外一处独立的管道网络则供应来自加利利海的淡水以及高成本海水淡化厂提取的优质水源。这也就是法勒所提到的珍贵的"香槟"，它流入家庭的水龙头，供饮用、烹饪和洗漱使用。

如今，以色列正将他们使用了几十年的海水淡化和污水净化技术，推向包括美国在内的世界各地。淡水的造价是高昂的，且仅能通过高效的供水网络才能产生经济效益。"净水的经济性完全依赖技术保护，"IDE公司现任的首席执行官阿夫沙洛姆·菲尔伯（Avshalom Felber）说道，"在所有的待开发技术中，最有价值的是对供水网络泄漏的监测。"

自 2008 年成立以来，TakaDu 为他们的客户节约了数十亿加仑的水，然而正如我在耶路撒冷的地下水基础设施中漫游时所看到的那样，这些节水的设施大多是隐蔽的。传递供水网络流量的转轮和超声波设备都嵌在管道内，但没有中央控制室反馈它们所收集到的数据。

以色列最大的自来水公司 Hagihon（以古泉的名字命名）的首席执行官佐哈尔·伊农（Zohar Yinon）带我们来到地下室，这里曾经是 Hagihon 的控制室。而现在它是一个会议区，有沙发和一张摆满了曲奇托盘的会议桌。"TakaDu 把他们的控制室都放在这里了。"伊农摇了摇他的 iphone。"我可以在任何地方观察我的仪表是否准确，水质是否干净，压力与流量是否正常，水泵是否正常工作，基础设施是否在积极工作……所有的这些信息都在线上整合。"Hagihon 仅有 10% 的水因水管渗漏和爆裂而流失[15]，远低于美国 30% 以上的常规损失。

法勒为公共事业公司提供了云计算服务，它不仅能检测到管道泄漏和管道爆裂事件，还能显示供水网络运行的全部信息。就像托尼·张开发的远程农业操作软件一样，法勒的软件利用物联网技术，将公共事业公司与操作相关的信息整合到单一界面。从澳大利亚的悉尼到西班牙的毕尔巴鄂等众多城市，都在使用 TakaDu 的系统，法勒管理着近 8 万英里的输水管线。

他们为每段水管网络都设置了"正常流量"基准线。对全天正常的水流量理解得越透彻，就越能精准地检测出水管泄漏或是爆裂事故。它知道每天的早晚是水流量最大时候，那时人们正要上班，或是刚下班回家。它还考虑到了本土的因素：譬如，在荷兰的一家公共事业公司，该系统在每个周五的下午能定期检测到异常且巨大的流量峰值；它注意到，这些模式与荷兰和西班牙在世界杯比赛期间的商业休息时间一致，此时的球迷们正在冲厕所。当然，它还能侦测到偷水的行为，系统在墨尔本协调用水的公共事业单位发现了一个消防栓所流出的巨大水量，官员们接到通知来到现场后发现是一位草莓农场主正从该消防栓非法抽水。

"在 TakaDu 成立之前，我们更像是聋人和盲人，"伊农说道，"没有这个软件，我们的供水网络便不能透明运行。就像是心电图与 X 光一样，它能实时显示我们系统内部的运作情况。我们不再是水管工和水工程师，我们已然成为查漏的医生。"

然而，世界上大多数从事水资源管理的公共事业单位，依旧是聋人和盲人，这成了这个日益缺水的世界的主要问题。据法勒估计，在全球仅有 20% 的公共事业单位[16]，在他们的供水网络里安装了遥测传感器，大约有 10% 的单位在美国。"并不是所有人都能预见这些，"TakaDu 的董事会成员兹维·阿洛姆（Zvi Arom）说，"你总会遇到一些事业单位，你告诉其工作人员 TakaDu 的遥测能做些什么，他们总会说'我还不如相信圣诞老人和白雪公主的存在'。"

法勒说，在美国的大部分地区，水资源历来丰富，美国大部分城市的水价都极低——低得可笑。全国平均水价，每千加仑仅 10 美元[17]，这甚至不到澳大利亚和欧洲水价的一半。

美国地质调查局预测，直至 21 世纪中叶，美国西南部 3/4 以上的地区将面临严重干旱。[18]该地区居住着大约 6500 万人口，是美国豆类、葡萄、洋葱、土豆、小麦、大麦和大蒜的重要产地。在整个欧洲，以及俄罗斯和中国，旱情在逐步加重，在东非和中东地区，旱情更甚。据联合国预测，到 2025 年，埃及将进入"绝对水源危机"的状态[19]；作为世界上最干旱国家之一的约旦，对水的需求将在 20 年后翻一番。[20]伊朗则太过干旱，以至于政府预测至 2040 年，超过一半的人口将成为干旱灾民，因此需要搬迁。[21]

由于邻国之间的严重政治冲突，鲜少有中东国家从以色列进口水技术。然而，农作物的歉收、人类缺水的问题逐渐打破了这一屏障。南非与许多国家一样，为了援助中东而禁止从以色列进口技术[22]，经过了 2017 年的干旱南非的领导人才同意撤销禁令[23]，这场干旱使南非小麦减产 1/3，迫使政府不得不减少定量供水。南非这才邀请以色列的工程师重新设计他们的供水网络。

加利福尼亚州也开始向以色列寻求帮助。州长杰里·布朗（Jerry Brown）邀请法勒和其他在水技术领域的领导人前往加州参加峰会，他与以色列总理本杰明·内塔尼亚胡（Benjamin Netanyahu）在峰会上签署了一项水技术转让协议。[24]法勒在讲话时提醒观众，在 2015 年 7 月，当加州艰难度过 5 年的严重干旱时，洛杉矶日落大道下的一根水管破裂[25]，喷出了足足 2000 万加仑的水。讽刺的是这场干旱夺走了加州 20 万英亩的庄稼。"而如果那时有我们的软件，就可以阻止这场水管爆炸，"法勒说，"当它还仅是一个小漏洞时，我们的软件就能发现它。"

法勒指出，美国与以色列不同，并没有真正意义上的水资源政策，也没有"胡萝卜加大棒"的奖惩机制来阻止水资源浪费和鼓励节约用水。"在加利福尼亚州，他们告诉我，不要对供水系统进行遥测，因为这么做会使工会失去3份工作！"法勒喊道。他还强调了更强烈的价格信号对于遏止浪费的重要性。法勒为他在农场浇水所支付的高昂费用感到骄傲。"美国人认为水就该像空气一样免费。但以色列的哲学观点则截然相反，如果你想要一座花园，或是一个游泳池——那就为它们所需的水掏钱吧！"以色列实行了三级定价体系，"譬如我们一家5口人只能使用定量的低成本水，倘若超过这一份额，就要贵上50%，而再进一步，水价就有些疯狂了"。

美国水务公司的水价更倾向于鼓励美国人民过量用水。"美国超过1/3的县仍旧对用水收取统一的费用。""无论是企业还是居民，都只需要支付统一的费用。就像是花了9.99美元，你就能喝到水。"法勒说，这些政策就像供水网络一样过时，尤其是在像南加州那样水资源紧张的地区开发高成本的新水源。

法勒坚持认为，未来供水网络需要有分层水价以及不同类别的水质——"这就像是在加油站，你能选择普通汽油还是高档汽油。用饮用级别的水来冲厕所、灌溉庄稼简直是暴殄天物。"加利福尼亚州回收了大约15%的废水[26]，但在用水紧张的南部地区，2200万人口所消耗的水几乎都是进口的，其中大部分经北加州通山区长距离送至南部地区。南加州也通过科罗拉多河获取大量的水资源，这条峡谷中的水道还为其他6个州和墨西哥提供水源。随着东部、北部

位于卡尔斯巴德的海水淡化气缸

淡水资源的减少，加州南部城市的用水成本在以每年 10% 的速度攀升。[27] 不断变化的水资源经济迫使南加州的公共事业公司转向了一个新的方向：向西获取太平洋的水。

以色列在地中海沿岸拥有 120 英里的海岸线，而在加州，这一数字是以色列的许多倍——长达 840 英里毗邻世界上最大海洋的海岸线。在这里过度供给的盐水与日益干旱的环境遥相呼应。圣地亚哥水务局与以色列 IDE 公司合作，在圣地亚哥郊区的卡尔斯巴德建造了一座价值 10 亿美元的海水淡化厂，用于更好地开发太平洋这座巨型水库。它在 2017 年运行，成为西半球最大的海水淡化设施。

"如果我们能以足够低廉的价格从咸水中获取淡水，在别的科学成就面前，我们就会有足够的竞争力。"[28] 负责卡尔斯巴德工厂建设的 IDE 公司美国分部负责人马克·兰伯特（Mark Lambert）将海水淡化描述为"最重要的现代炼金术。地球上大约 97% 的水储存在海洋里，但一直到现在，我们才能逐步利用这一资源，种庄稼，或是解渴"。

在短短的 10 年里，通过海水淡化，以色列从缺水国家转变为水资源富足的国家。在 2002 年，由于干旱，该地区本就稀缺的水资源更是雪上加霜。"我们面临着非常现实的缺水问题，直到 2012 年，我们才实现盈余。"法勒说。从某种程度上来说，这是技术保护以及改善回收所取得的胜利，但问题远不止于此。以色列亟须新的水源供应，这将来自一批全新的海水淡化厂，现如今它们所生产的淡水占以色列国内自来水供应量的一半以上。

最大的索里克海水淡化厂是 IDE 公司在 2014 年建造的，直至现在依然是世界上最大的海水淡化厂，它每天处理 2 亿加仑的海水。索里克工厂位于特拉维夫以南 10 英里处，坐落在蓝绿色地中海的宁静海滩边缘，是一座由钢筋混凝土构成的景观。索里克工厂从沙滩上伸出一根直径 6 英尺的管子，就像张开的嘴巴一样。从海面的一个入口吸水，再把海水喷射到巨大的混凝土水库中，在那里海水开始了不同阶段的过滤。

如果算上公元前 4 世纪希腊水手发明的蒸馏技术，海水淡化已然存在了数千年。他们把盐水煮沸，然后收集水蒸气，继而冷却，蒸汽冷凝成几乎不含任何污染物的蒸馏水。热脱盐的技术，在沙特阿拉伯依然盛行，在那里，用来煮沸水的燃料很便宜。然而，自20世纪60年代以来，大多数脱盐操作都使用反渗透技术，它模拟了细胞内液体通过半透膜时所发生的生物过程。

海水淡化，依然面临着严峻的挑战。首先是能源成本。索里克工厂的一系列水泵不分昼夜地工作，总共输出约7000马力的能量（1100磅／平方英寸的压力），从而使水通过薄膜（一辆纳斯卡汽车在全速行驶时可产生约700马力的功率）。在过去的20年里，水泵、管道的设计和膜的改进使淡化海水的总能耗减少了大约一半。随着热效率的提高，能源需求将进一步下降，但许多人仍将它视为症结所在。萨拉·阿米扎德（Sara Aminzadeh）是加州海岸守护者联盟的执行董事，该联盟是众多反对在加州进行海水淡化的环保组织之一，她告诉我："海水淡化似乎是一种万能药，但从能源和成本的角度来看，这是最糟糕的交易。"

加州南部城市圣巴巴拉的前市长海琳·施耐德（Helene Schneider）在2015年决定恢复一座封存的建于20世纪90年代的海水淡化厂。施耐德告诉选民，这是"最后的手段"，由于气候变化所带来的压力不断加大，我们不得不尝试这一最后的手段。这是圣地亚哥水务局与IDE公司合作建造卡尔斯巴德水厂时的想法。建成的卡尔斯巴德水厂将与索里克工厂几乎一样大，它将为圣迭戈县提供近1/10的淡水，这足够40万居民日常使用。顺着卡尔斯巴德海岸而上，另一座大型海水淡化厂正在亨廷顿海滩建造，而它将为洛杉矶郊区提供饮用水。在加州南部和北部的海岸线上，已经有超过12个类似的淡化厂被提议建造。

但还有一个比未来水供应更加重要的根源性问题——那些令加州人民难以下咽的水，官员们称之为"回收废水"，这是一个对人们的生活污水稍显轻松的称谓。这是我逐渐接受的关于第三种农业方案的严峻现实——我们现在冲进马桶里的以及倒进下水道里的东西，将在我们的粮食种植上起到举足轻重的作用。

"我们将它称为过滤大齿梳的第一步。"斯纳哈尔·德赛（Snehal Desai）高喊着试图盖过水流声。在奥兰治县的环卫区，未经处理的污水从我们脚下的一条管道流过，它处理着来自150万加州郊区居民卫生间、淋浴间、水槽和污水沟的废水。一个巨大的耙式筛网，伸入污水流的深处把纸板、湿巾、卫生棉条、蛋壳、大理石、玩具、网球、运动鞋等所有的碎屑都带了上来，它们无法穿过入口覆盖植物的滤网。

通过了筛网的水流，将开启一段高级净化的旅程，最终进入反渗透过滤阶段，这与索里克工厂所进行的处理类似。每天，这家工厂都要泵出一亿加仑的饮用水[29]，足够供应85万的城镇居民，这些让这家工厂获得了地球上"最大的抽水马桶"这一美名。

污水要经过包括沙砾过滤器和以色列工厂使用的细菌"生物洗涤"在内的8个阶段的过滤。在奥兰治县还有一项全新的"微过滤"环节，水被数千根微小的多孔吸管吸入。在最后也是最关键的阶段，水被挤压进入一个巨大的装有反渗透膜的圆筒蜂巢。

从饮用水中分离出的固体污染物

奥兰治县的这一设施开了使用污水生产饮用水的先河，其纯净程度堪比海水淡化。但与海水淡化相比，这项工艺成本低廉，仅有海水淡化成本的一半。污水的盐度也仅有海水的一半，这令污水处理更加容易。"再生废水，在水务行业中是发展最迅速的领域，为什么呢？因为并不是每一座城市都临近海洋，并不是每个人都能享受到干净的河流湖泊，但是每个人都生产污水，"德赛说，"这是大势所趋。"

圣地亚哥最近宣布，计划到 2030 年，将有 35% 的回收污水用于供水[30]，不仅用于灌溉，还可以饮用，并且圣地亚哥完成了比奥兰治县的厕所污水变为水龙头自来水净化设施更大的设计。尽管如此，许多障碍仍需克服。首要因素，即使在非常干旱的情况下，任何人也不会想喝自己排出的水，除非你是国际空间站的居民。宾夕法尼亚大学的社会心理学家保罗·罗津（Paul Rozin）就向居民推销"厕所到水龙头项目"咨询过自来水公司，他说："接受回收的废水有那么点像被要求穿希特勒的毛衣。无论这件毛衣被你洗了多少次，都无法擦去希特勒的痕迹。"

然而事实是，通过反渗透技术得到的水远比通过传统技术处理的水要纯净得多，甚至比你买的一些瓶装水都要纯净。"我们的膜中流出来的水是市政用水界的劳斯莱斯。"德赛打趣道。自来水通常得用化学混凝剂和氯处理，而反渗透过滤是用一种机械的方式过滤水中的污染物，这也减少了对这些化学物质的需求。这有点像在有机农业中，农民采用人工除草代替化学杀虫剂，"就把它们想象成有机自来水"，德赛又补充道。

目前，德赛专注于为大型工业以及城市供水系统制造膜系统，但在他的设想中，未来将会是微型膜系统。几年前，比尔·盖茨在他的博客里为类似的做法大肆宣传，他写道，在传送带上看着一堆人类的排泄物进入一种小规模的为塞内加尔几千人社区而建的废料厂，几分钟内，就得到了和我的瓶装水一样质量的净水。"我很乐意每天都喝。"

德赛预测，水过滤技术将在各地分散使用，如此我们就可以通过农场、社区或家庭来控制和再生我们自己的水供应。最终，水的生产可以像食品生产一样变成一个可循环的闭环系统，在这个系统中，商业和住宅排水沟中的水被完全回收利用；蒸发或泄漏造成的任何损失都可以通过共享网络流动的淡化盐水来弥补。尽管距离这一愿景成为现实，我们至少还有几十年的路要走，但也许，它会是我们未来粮食安全的必要条件，这与我们的生存息息相关。

在我参观完奥兰治县的污水处理厂和自来水厂后，我们来到了一个闪闪发光的不锈钢水槽前。几个小时前还是未经处理的污水，而现在从水龙头里流出的却是晶莹剔透的水。德赛倒满了两杯水。"敬未来！"他举起杯。我不禁打了个寒战，把手往回缩。但不知怎么的，就像是毛衣上希特勒的痕迹悄然无踪，这杯水尝起来竟像阿尔卑斯的山泉般清甜，我又给自己倒了一杯。

11
铤而走险的办法
Desperate Measures

这是刺破云层的一箭，[1]

雷声后下起了雨！

弓射出的箭长而有力

用绳子串起，一条皮带；

一把基帕特的弓

用一根棍子和一根鹰羽制成，

一根可以改变天气的鹰羽。

——韦纳·阿德马《为卡皮提平原带来雨水》

（Verna Aardema, *Bringing the Rain to Kapiti Plain*）

　　在肯尼亚民间故事《为卡皮提平原带来雨水》（*Bringing the Rain to Kapiti Plain*）里，名叫基帕特（Ki-Pat）的年轻牧民用自制的弓箭刺穿了一片云朵，结束了一场严重的干旱。因为缺少雨水，附近的野生动物被迫离开，就连用来养活家人的牛也开始挨饿。这讲述了一个人与自然在本质上相互依赖的故事，解释了人类多么依赖动物，而动物又多么依赖土地。这也是一个关于智慧与魔法的故事，它假设云是由可以被机械工具刺穿、诱导甚至控制的物质构成的。

我为我的孩子们读了无数遍基帕特的故事，直到最近，我仍认为控制天气的尝试只存在于古老的仪式、诗歌和民间故事里。2016年的夏天，我偶然发现一则简短的新闻，内容是印度马哈拉施特拉邦政府官员，决定花费数百万美元，试图让云中积蓄的雨水落在干旱的农田上。

马哈拉施特拉邦包括孟买及其周围的农田，是印度30个州中最大的水稻、小麦、高粱、甘蔗和杧果产区，也是农业产量最高的邦之一。这里超过80%的农场依旧靠雨水灌溉。[2] 2013年，科学家将气候变化归因于厄尔尼诺风暴周期的扰动[3]，这使马哈拉施特拉邦正常雨季的降雨量骤减了一半以上。干旱持续到2016年，该邦的粮食产量减少了1/3。[4] 这对人类的影响十分严重：在马哈拉施特拉邦，过去的3年里成千上万的农民自杀[5]，土地难以种庄稼，难以养活家人，也无法摆脱债务。

马哈拉施特拉邦的政府官员既没有手段也没有基础设施来淡化海水，或是将过滤的污水泵入该邦的村庄和农场。这里的水危机凸显了一个全球更大的现实——尽管一些富裕国家能寻求方法解决干旱，但世界上众多的贫困人口和落后地区正饱受日益严重的干旱的威胁。

2016年7月，马哈拉施特拉邦税收部部长埃克纳特·卡德斯（Eknath Khadse）进行了一场豪赌。他邀请了总部位于美国北达科他州法戈市的天气改造公司，来监督一项耗资数百万美元的云层播雨计划，该计划历时 3 年，覆盖该邦中部 60 平方英里的农田。云层播雨技术是一种向云中注入化学蒸汽以刺激降雨的方法，该方法在几十年来一直不断地被使用，也取得了不同程度的成功。"我们的情势十分严峻，"卡德斯在后来告诉我说，"世界上几乎没有技术能够带来更多的降水，我们必须一试。"

或许是因为卡德斯的计划，我想起了基帕特，这项计划才引起了我的注意。我开始幻想亲身经历云层播雨的成功，对此念念不忘。6 个月后，我走在马哈拉施特拉邦一个偏远的小机场的停机坪上，登上一架空中国王 B200，这架四座螺旋桨喷气式飞机很快就要穿入从上到下跨越 1 万英尺、宽度也几近 1 万英尺的季风云中。

拜伦·佩德森（左）和希扎德·米森特里（右）带我们在暴风云里穿梭

"大部分飞行员接受的都是躲避这些风暴系统的训练，"拜伦·佩德森（Byron Pederson）大喊道，"然而我们接受的却是进入它们的训练。"佩德森是一名位于法罗群岛的天气改造公司的飞行员，他同时领导着马哈拉施特拉邦的云层播雨行动，并为一组印度飞行员执行这项行动提供训练。在过去的 10 年里，他执行过数百次类似的飞行任务，有人告诉我，他是世界上最安全、最有经验的云层播雨飞行员。佩德森把空中国王调向空中，又如枪头一般向侧面旋转，绕着积雨云飞行。即使他是最好的飞行员也无法使我的神经平静。

　　飞机里的气味并不怎么样，像是汗水与压力的混合物。当我们沿着云层的下部穿过浓重的湿气，窗外变得烟雾缭绕。飞机也开始颠簸摇晃。"我们到了。"佩德森告诉那位坐在他身旁的年轻的印度飞行员希扎德·米森特里。我坐在他们后面几英尺的地方，尽量不把呕吐物吐在我旁边一台冰箱大小的电脑上，它正在记录气象数据。仪表板上的垂直速度指示器读数爬升。我们进入了"上升气流"，风暴云中心的一股风正以每分钟几百英尺的速度将飞机吸向空中。

　　"向左开火。"佩德森指示道。米森特里拨动中控台上的一个开关，在右翼释放了一枚燃烧弹。"向右开火。"在飞机机翼的支架上有 24 个类似于圆柱体的炸药棒，左右机翼各 12 个。这种照明弹装满可燃氯化钠——粉末状食盐，以及可燃的钾粉。当开关被打开时，燃烧弹的末尾射出橙色的火焰，数万亿的超细盐粒子被释放到云中。水分子会被盐所吸收，继而与盐颗粒结合，形成雨滴。

佩德森告诉我，自 20 世纪 40 年代起，美国就开始了云层播雨[6]，在过去的 20 年里，它成为一个在全球快速发展的产业。比如，加州的自来水公司会定期实施像马哈拉施特拉邦那样的增雨项目，增加内华达山脉上的积雪，这些积雪融化后会汇入水库。中国政府每年都会在云层播雨作业上花费数亿美元。[7]澳大利亚和泰国等许多国家为了增加淡水供应，也都相继开展了公共和私人的云层播雨行动。

我惊讶地发现，科学家们共通地认为，这种行为并不会污染环境。氯化钠是无毒的，对云层所覆盖的地区的生态几乎没有影响。[8]在某种程度上来说，这种方式也是有效的。"毫无疑问的是，你把种子材料放进云层里，它会增加降水，"美国国家大气研究中心的科学家丹·布莱德（Dan Breed）说，"问题是，当你需要增加降水时，云会在这儿吗？"

在我访问马哈拉施特拉邦之前，与布莱德和其他大气科学家交谈过，我能推断出，云层播雨并不是一个可靠的解决干旱问题的方法，因为它并不能完全保障缺水地区的粮食安全。在我们登上空中国王前，佩德森也告诉了我许多他的想法。"最困难的部分就是期望有大片的云，"他说，"马哈拉施特拉邦的人民希望能治愈干旱。当天真的下起雨的时候，他们会拥抱我们的飞行员，祈求我们再飞一次，可我们并不能保证云还会再次出现，且它还会愿意与我们合作。"小的或是一缕缕的云并不能通过人工干预强制下雨，他解释道："需要有大朵的或是湿度较高的云才能开展播种工作。"布莱德

空中国王系列气缸刚点燃时我望见的窗外景象

则告诉我，即使播种工作成功了，所能期待的最好结果也不过是使降水的概率增加了 15% 而已。[9]如果你是一位饱受干旱困扰的农民，那这至少要比一场毛毛雨有用，但它实际的结果却不能保证。

在马哈拉施特拉邦上空执行任务时，有与我们合作的云，这纯粹是运气。佩德森返回最初发射燃烧弹的位置，这距离我们完成第一片云播种已经过了 22 分钟。现在正下着倾盆大雨。"我们让它下雨了！"他叫喊着。他用胜利的姿态将空中国王俯冲到云层，继而转向另一片云团开火。我再也难抑制住胃里的翻江倒海，吐在了钱包上。

这件事发生不久后，我终于明白我偏离了轨道——这远比我在得克萨斯州阿马里洛追赶克隆牛时的轨道偏离得更离谱。我逐渐意识到，云层播雨并不是一项能够保障安全和均衡粮食供应的战略。对这个地区，这是一种近乎绝望的举措，而对大部分地区的人们来说，对此寄予了错误的希望。但是，我的马哈拉施特拉邦之行，不管多么轻率，它也的的确确使我的头脑清醒了，最终把我推向了正确的方向。

在我们的云层播雨探险后的几天，我被邀请去了一位马哈拉施特拉邦农民霍纳玛·马蒂瓦拉的家中，佩德森告诉我，正是他们这样无数的悲惨环境才促使了卡德斯推行云层播雨计划。马蒂瓦拉夫人坐在丈夫阿肖克的相框下，6 个月前阿肖克在高粱地里摄入了致命剂量的杀虫剂自杀了。为了支付种子、化肥和拖拉机的租金，马蒂瓦拉家族几年来欠了当地一家放贷人数万美元的债务。阿肖克·马蒂瓦拉没有买保险，也没有灌溉系统，3 年的歉收、不断增加的债务压垮了他。在印度所有的邦，政府会因为一个农民的死，给予他的家庭大约 3 万美元的"补偿"。[10] 而对马蒂瓦拉女士和她的儿子而言，这笔补偿仅能偿还他们一部分债务。"他的命就值这么点钱吗？"她问道，听天由命，又义愤填膺。

霎时，我明白了以往只知字面的抽象概念——当一个食物系统在干旱或其他压力下崩溃时，依赖它的社区也会土崩瓦解。2018 年印度政府发布的研究报告显示，如今印度仍然面临历史上最严重的水危机。[11] 每年有 20 多万印度人死于水资源短缺。[12] 该研究预测，鉴于气候变暖是大势所趋，直至 2030 年，对水的需求会达到该国可用水供应量的两倍以上。

仅在过去 10 年里，非洲和中东的 9 个国家，包括乌干达、索马里、肯尼亚和埃塞俄比亚，被干旱重击。如今生活在严重气候压力下的人口比以往多得多。例如，在过去的 20 年里，整个美国西部的干旱强度增加了 15%-20%。[13] 但佛罗里达、路易斯安那和夏威夷等地势较低的沿海地区的居民却面临截然相反的威胁——海平面上升、暴雨和淹没农田的洪水。[14]

与霍纳玛·马蒂瓦拉的会面使我清楚地意识到拯救世界农业的第三种方案需要急救计划。像智能供水系统、机器人拖拉机、垂直农场和替代蛋白质，在富裕国家有望实现，但至少从目前来看，它们价格仍旧昂贵，适用范围有限。当时在马蒂瓦拉的家里，我就开始了对更现实问题的思考——不是控制那些维持生计的农场上空的天气，而是如何为那些已经受气候变化严重影响的，包括面临全面饥荒的人口提供实际支持。我开始意识到，对于全球食品的未来，可能最难以接受的事情是：我们必须精通危机管理，以及掌握危机后的恢复能力。

米库·卡萨（Mitiku Kassa）的办公室，在马哈拉施特拉邦以西 2000 英里的地方。他最擅长灾后的后勤工作。作为埃塞俄比亚的灾害风险管理专员，卡萨已经做好了面对像干旱、洪水甚至地震、火山爆发和政治动荡等每一项可以想象到的威胁粮食安全的准备。他毕生都在致力于研究一个国家面对粮食安全问题的解决方法。卡萨的同事形容他冷静而乐观，然而 2015 年夏天，他哪样都没沾上。"我们正面临埃塞俄比亚 50 年来最严重的紧急情况，"他在埃塞俄比亚首都亚的斯亚贝巴的办公室告诉我，"我真的很担心。"几十年来最严重的干旱开始蚕食这个国家的农业低地，而饥荒正在大规模地逼近。

到 2015 年 8 月，超过 400 万埃塞俄比亚人获得了紧急口粮 [15]：一袋袋小麦、玉米和画眉草，一点儿主食；一箱箱豆类和豌豆；一罐罐植物油。紧接着不久，官员们就报告说，这点根本不够用。在许多埃塞俄比亚的低洼地区，情况甚至比马哈拉施特拉邦要糟糕得多，这儿已经一年滴雨未下。干旱使得河床枯竭，地下水被过量开采。这里的农作物产量急剧下降，成千上万的牛濒临死亡。急性营养不良的婴儿、儿童和母亲激增。

卡萨的团队在 10 月份计算出，仅两个月，需要紧急食品的人数就达到 820 万，翻了一番 [16]，这也促使政府请求人道主义援助。12 月，1020 万人需要食物。[17] 卡萨还另有忧虑，他担心倘若持续帮助那些长期缺乏粮食保障的埃塞俄比亚人，即使后来情况稳定，援助也要继续。总之，卡萨要养活 1800 多万人 [18]，几乎是埃塞俄比亚人口的 1/5。

在一个面积几乎是得克萨斯州两倍的国家里迅速分发如此多的物品，后勤工作令人抓狂，同时支付这些物品也是挑战。"你得先把钱从银行里取出来，购买的食品还得通过港口运送到仓库，最后送到他们的手里,"曾负责非洲和亚洲各地的援助项目的联合国世界粮食计划署的执行官、与卡萨合作开展饥荒救济工作的约翰·阿利夫（John Aylieff）说道,"这件事不可能一蹴而就,也许需要 3 个月,或是更长的时间。"

卡萨没有那么多时间。包括世界粮食计划署（WFP）、联合国儿童基金会（UNICEF）和美国国际开发署在内的国际援助伙伴争相填补资金和供应缺口,在他们努力的同时,前所未有的事情发生了:埃塞俄比亚为自己的生存自救。据卡萨说,经过十多年的强劲经济增长,政府投入了 18 个月的收入,近 8 亿美元 [19],再加上援助伙伴的 7 亿美元 [20],造就了有史以来世界上规模最大的抗旱救灾行动,在空前的灾难面前,人类的死亡率降至最低,这在世界上都是前所未见的。

这种努力的成功主要原因不在于现金的流入,而在于国家几年,甚至是几十年前就做出的准备。从某种意义上说,过去创伤的诅咒变成了最后祝福:埃塞俄比亚已经学会生活在一种持续的未来预期和随时的准备状态中,其他这样易受干旱影响的国家必须尽快做好这样的准备。联合国气候变化问题特使玛丽·罗宾逊（Mary Robinson）预计——非洲西南部及西南部以外的其他国家将向埃塞俄比亚寻求"一份抵御未来气候压力的且具有可恢复性的蓝图"。

卡萨 52 岁,肩膀宽阔,胸围宽大,有 6.4 英尺高,一眼就能

看出他从未经历过严重的饥荒。他在埃塞俄比亚郁郁葱葱的西南部长大，在他父母种着咖啡、柑橘和番石榴树的繁荣的农场里工作。1984 年，他在哈若玛亚大学学习农业期间，干旱引发了饥荒。那场饥荒导致近 100 万人死亡，也将更多的人推入贫困的深渊。饥荒的场景在全世界转播，包括大多数的美国家庭，这也是卡萨心神不宁的原因，他说："在人们的心目中，埃塞俄比亚成为'贫穷'和'饥荒'的代名词——这样无端的联想深深刺痛了我们人民的心。"这场悲剧发生在比卡萨故乡更干旱、更脆弱的地区，虽然他没有身陷这场悲剧，但这场悲剧一直困扰着他。卡萨在荷兰瓦赫宁根大学继续学习农业，获得了奖学金，1998 年他毕业归国成为埃塞俄比亚计划和经济发展部的负责人，负责监督农业创新。"他是一个不同寻常的人，有着异于常人的沉稳，"约翰·阿利夫评价道，"即使在最艰难之时，也未见他沉沦，卡萨总能做到泰山崩于前而面不改色。"

自 1984 年以来，埃塞俄比亚历经多次干旱，包括 2000 年和 2011 年的严重旱灾。在那之后，卡萨便建立了一个由道路、仓库和当地粮食援助分发点组成的救援网络。他说，这一基础设施是抵御饥荒最重要的一道防线，没有它，我们就无法分发救济物资。不仅如此，卡萨还建立了监测系统，定期评估各地区的农业生产力和营养需求范围，这些数据对于预测和应对粮食供应可能出现的中断，起着至关重要的作用。

2015 年，当卡萨第一次收到干旱和粮食短缺状况的报告时，他着手进行每周的出行，为了深入调查受灾最严重的地区所受的影响，他通常需要出行数千英里。卡萨是一名虔诚的基督徒，他称这次旅

米库·卡萨（右）

行不仅是实际的需要，也是一种同理心的练习。"对人类的爱并不是通过训练得来的，"他告诉我，"爱是全能的上帝赐予的，也源于生活的体悟。"

　　埃塞俄比亚是一个多元化的国家，它的人民操持着约 90 种不同的语言[21]，它的地理和气候区域差异很大，这也使很多大型农业区并没有受到干旱的分毫干扰。卡萨明白，救助计划在一些方面具备普适性，而大多数则需要因地制宜采取措施。譬如，阿法尔北部地区遭受严重的用水短缺，他便指派了 132 辆卡车持续向当地的分配点运送饮用水。索马里东部地区蓄养着国家近 3/4 的牲畜，这里需要用水泵来实施饲料供应计划，还得为易患疾病的动物接种疫苗。位于西北部的阿姆哈拉拥有尚未开发的地下水资源，因而需要资金和钻井设备。

卡萨和阿利夫向我们描述了在吉布提运输关键物资受阻，或是援助资金没有到达时的紧张时期。阿利夫说："我们有很多个晚上都熬过午夜，有时我们的仓库里仅剩最后一袋小麦，我们的账户只剩最后一美元，我们打电话乞求捐助，请求发货。"

这一努力在某种程度上归功于埃塞俄比亚中央政府的强势，它曾被认为过于专横，甚至可以说是独裁。2017 年民众通过抗议谴责政府。[22] 但在一定程度上，正是由于政府的绝对权力，才能够在饥荒来临之际极速行动，保证资金，动员救援。过去的 10 年，埃塞俄比亚成为非洲发展最快的经济体之一 [23]，纺织和农业部门以及城市和公路网蓬勃发展；农业生产力相较过去的 30 年翻了一番。[24] 一位联合国的官员告诉我："在经济、环境危机时期，埃塞俄比亚政府反应迅速，果断决绝，但他们的领导人却过于铁腕。"他强调，我们从中看到的并不是强势的政府对于养活弱势群体最具效力，而是民主政府应当建立应急基金和制订好计划，以便在灾难来袭时迅速果断地部署这些资金——"因为当人民忍饥挨饿之时，速度就是一切"。

在这场旱灾开始的一年内，卡萨和他的朋友运送了 120 多亿加仑的饮用水 [25]，采购和分发了近 200 万吨的玉米、小麦、画眉草、蔬菜、豆类、棕榈油等，他们还在全国各地挖了数百个深达 1500 英尺的水井。其中一些作物来自埃塞俄比亚和周边国家的农场，还有一些来自遥远的乌克兰、加拿大、美国和澳大利亚。卡萨说，2015-2017 年的救援行动迅速而全面，甚至"没有造成人员伤亡"。世界粮食计划署的约翰·阿利夫将之称为"世界上第一次没有人员伤亡的饥荒"。

但并非每个人都同意这种说法。一些有关饥荒的新闻报道质疑政府数据，并称 2016 年和 2017 年埃塞俄比亚国内的死亡率有所上升。不过，联合国儿童基金会驻埃塞俄比亚最高代表吉利安·梅尔索普（Gillian Mellsop）在收集和评估了干旱地区数百个卫生站的数据后发声，他说，埃塞俄比亚最近饥荒最引人注目的是，"数据显示，尽管有 250 多万名儿童被诊断为严重营养不良，但婴儿或是儿童的死亡率并没有明显上升"。[26] 5 岁以下人口最容易出现营养不良，因而在饥荒期间，儿童死亡率是最重要的跟踪数据。

"如果卡萨的办法失败了，"联合国粮农组织的实地协调员阿莱姆·曼尼（Alemu Manni）说，"社区需要他们自己去挖井，自己采购机械设备，自己育种，这会是新战略的资金流向，只有在这种战略上投入更多的资金，才能维持农场的正常运转，与此同时，这也将从根本上消除对食物援助的需求。"这从经济的角度看，是合理的：维持一个家庭的口粮成本大约是种子供应量的 20 倍。[27] 同样，为牲畜接种疫苗和实施饲料供应项目的成本远低于牲畜死后再购入新的牲畜。"在某种程度上，只靠食物救助是不够的，"曼尼警告道，"唯一能在干旱中幸存下来的社区将会是那些具有内在恢复力的社区。"

卡萨也确实动用了一小部分预算，倘若这对于实施创新项目有帮助的话，他会去想办法。比如，他通过全国的小学实施了一个全新的食品分配计划。饥饿的孩子在上下学的路上消耗能量，他们的家人也需要他们帮助寻找食物，因而饥荒往往会导致辍学率急剧上升。因此，卡萨通过学校分发援助物资，在午餐时为孩子们提供富含维生素的谷类食物和精选的蔬菜、水果和牛奶——这些膳食的营养比许多孩子在家里得到的更多样化。

卡萨与粮农组织合作，支持了拥有流动鸡舍的家禽合作社以及向蛋白质来源有限的地区供应鸡蛋。在无法安装水泵，种植饲料却依赖畜牧业的地区，粮农组织教牧民如何制作和销售"复合营养块"，为牛提供由谷物和糖蜜制成的高热量营养补充剂。

2018 年，埃塞俄比亚农民盼来了这两年里的正常收成，全国农业产量增长了 20%。[28] 然而，埃塞俄比亚邻近的国家索马里、肯尼亚和乌干达仍然面临严重的水资源短缺。对于卡萨来说，还不能懈怠，是时候做好准备迎接下一场干旱了。

在一个夏末的日子里，曼尼带我游历了埃塞俄比亚东部的索马里地区，向我展示了他们内在的恢复力。我们穿过四面八方都被太阳炙烤的田园低地，它的表层土是灰色的，像旧漆一样开裂。我们经过无精打采的牛群，它们憔悴不堪，牛皮垂在肋骨之间，四处寻觅青草。2016 年，这里的饥荒杀死了数千头奶牛，但在空荡荡的河床那头，却出现了一片绿洲，70 英亩广袤土地上，种着象草和苏丹草，木瓜和杧果树，玉米、高粱、花生、辣椒和卷心菜。

28 岁的穆罕默德·莫立得是 4 个孩子的父亲，他把一捆捆的草带给了躺在树荫下懒洋洋的奶牛和肉牛。"Bozzänä！"他对着牛喊道。这个词在阿姆哈拉语里是"沙发土豆"（Couch Potatoes）的意思，用于表达高度赞扬。莫立得来自游牧家族，他们每个季节都得带着牲畜迁徙数百英里，寻找水草丰茂的牧场。但是现在，他

埃塞俄比亚一处干涸的河床

们发现了圈养的好处。懒散的奶牛，消耗极少的热量，带来更高的产量，莫立得每头奶牛的产奶量和他父亲的 10 头奶牛产奶量一样多。他每天把大约 5 升剩牛奶卖给当地的一家奶制品公司，这为他的家庭带来每周大约 30 美元的利润。莫立得在 2015 年帮助 25 个相邻家庭与 Hodan 饲料合作社建立了合作关系，销售由合作社负责协调。危机期间，在卡萨和粮农组织资助的以社区为基础的复原计划中，Hodan 合作社虽小却朝气蓬勃。

在绿洲的边缘，一台割草机的发动机大小的水泵将水从河床深处抽到人工挖掘的灌溉渠网络中。在干旱期间，这台鞋盒那么大的发动机给喂养 200 人的庄稼地灌溉，为 150 头牛保证了饲料供应。"我们养肥了奶牛，养胖了孩子，还有剩余可以补贴家用，"莫立得告诉我，"我们学到了父辈不知道的，爷爷辈不了解的。"合作社还经营着一种翻转奶牛的业务，他们以大约每头 150 美元的价格购买瘦弱的奶牛，花 6 个月时间用饲料把它们养肥，再以 300 美元的价格出售。"在干旱的时候，"他说，"我们找到了更好的生活方式。"

12
古为今用
Antiquity Now

水，被饥渴赋予意义；

陆地，被海洋涤荡；

流放，因痛而生；

和平，被战争讲述；

爱，被纪念碑雕刻；

飞鸟，被白雪洗礼。

——艾米莉·狄金森

（Emily Dickinson）

　　长达 1400 英里的 200 号联邦高速公路蜿蜒在墨西哥的太平洋沿岸，途经火山、陡崖、叉开权的仙人掌，还有挂着头骨、缠着带刺铁丝网的牧场。在泰匹克和塔帕丘拉之间，温泉在深谷中心汇聚成一条小溪，以温泉为名的小镇，便是阿瓜卡连特。墨西哥国立自治大学进化生物学教授马克·奥尔森（Mark Olson）在阿瓜卡连特的西部边缘拥有一座农场。"它看起来也许只是不起眼小镇上的一块长着矮木的贫瘠土地，实际上有着令人惊叹的科学资源。"奥尔森边说边领着我穿过那片崎岖、贫瘠的土地，这里是国际辣木（Moringa）种质资源的集聚地。有着世界上最大、品种最多的辣木，奥尔森认为"在气候变化的时代，辣木尤其适合作为热带旱地营养不良的贫困人口的口粮"。

这些干燥的热带地区横跨印度大部分地区和撒哈拉以南非洲以及中南美洲的大部分地区。拥有超过 20 亿居民[1]，大约是地球 1/3 的人口。斯坦福大学粮食安全中心的大卫·洛贝尔（David Lobell）认为，这些地区更容易受到气候变化的严重影响。他说："如果观察气候模型，你会发现这里的情况比其他大多数地区气候问题都要严重。因而相对于目前的状况，炎热干燥的气候将会更甚。"

而炎热干燥的环境恰是辣木的生长条件。"这是一种古老的植物，坚韧、适应性强、用途广、产量大，像苏斯博士一般古怪，"奥尔森告诉我，"在植物王国里，没有任何一种作物可以与它相提并论。"辣木没有花纹也不是糖果色，它与松露树有相似之处，不同的是辣木的主杆光滑细长，枝干杂乱，像是打招呼伸着的手。即使在恶劣的环境下，辣木依旧长势迅猛——每月大概长 1 英尺，最高可达 20 英尺。辣木是最常见的种植品种，它是营养界的瑞士军刀：叶片可以食用[2]且富含蛋白质、铁、钙、9 种必需氨基酸以及维生素A、B、C，辣木拇指般宽，超过 1 英尺长的种子荚中富含 Ω-3 脂肪酸。[3]约翰霍普金斯大学布隆博格公共卫生学院的生化学家杰德·费伊（Jed Fahey）与奥尔森在辣木研究方面合作了十多年，他们发现辣木的叶子和种子荚具有明显的消除炎症[4]和抗糖尿病的特性[5]，还有预防癌症的酶。成熟的辣木种子可以榨油，剩下的籽饼则能用于净化饮用水（它含有一种蛋白质，能聚集细菌并杀死它们）。籽饼干燥处理并被碾碎后也是一种优良的肥料。

辣木虽然古怪，但它是耐寒、古老的农作物之一，在 21 世纪也许会再度辉煌。这些作物包括常见的谷物食物，如藜麦和苋菜，以及其他更古怪的植物，譬如辣木和克恩扎（Kernza，一种小麦草），甚至是海藻和浮萍这些你可能认为根本不能食用的生物。

奥尔森认为，全球变暖和人口增长的趋势正迫使我们以不同的方式思考种植作物的质量和适应性，无论是世界上最贫穷的地区还是最富裕的地方。仅仅提高产量的农业已经过时了，未来的农作物必须拥有更高的质量，这也意味食物更有营养，作物耐寒，快速生长的同时能够忍受气候的波动。"要找到这样的植物，我们必须探索我们植物学的历史。"奥尔森说道。我问他是否认为自己是古老植物的低语者。"当然不是"，他答道，"我更像是植物的倾听者"。像辣木这样的植物，花了几千年的时间来学习在没有现代灌溉、化肥和杀虫剂的情况下适应极端恶劣的环境——"真正有智慧的是植物本身。我们作为科学家，得谦逊地向他们请教"。

马克·奥尔森在加利福尼亚州的塔霍国家森林边上长大，他的父亲是那儿的国家林业局的土木工程师。捉蝾螈和蜥蜴，收集昆虫，抚养雏鸟，奥尔森就这样度过了他的童年。初中时期，他到一家动物园和野生动物医院做志愿者，一直到上了加州大学圣巴巴拉分校，才开始深入研究植物学。"我在学校的大部分时间花在了大学的植物标本室里。"奥尔森告诉我（紧接着我就搜索了"植物标本室"，展现出来的是一组脱水植物集）。继而他又努力攻读墨西哥热带干燥森林的植物学研究硕士学位，他观察到，森林是"地球上植物生命形式变化最广泛的栖息地——从猴面包树、平顶金合欢树等巨型'瓶树'，到大量的肉质树木，这是植物王国伟大图腾的诞生地"。

奥尔森谈论植物学，就像是品酒师（也许是喝醉了的）谈论葡萄。一双淡蓝色的眼睛，一头细细的沙色头发，圆形的金属框眼镜，一顶皮革牛仔帽，就像是泰迪·罗斯福和鳄鱼邓迪。他从1995年开始研究辣木，而在那时人们对气候变化的担忧还不是主流。在国家科学基金会和国家地理学会的资助下，他花了近20年时间收集了辣木13个已知种类的种子，他走遍了东南亚、中东和东非，尽可能仔细地倾听植物所提供的古老智慧。为了深化他的研究，奥尔森亲手制造了一架由背包、大型螺旋桨和二冲程发动机组成的直升机，他称之为"升力伞"。

"借着这把升力伞，我就能像鸟人一样飞上天，"他说，"这也使我在天上停留数小时去观察、研究树冠成为可能。"而他驾驶飞机的结果却喜忧参半。一次早晨的飞行，他的引擎熄火，撞到了地上，这次事故折断了他的螺旋桨。而此后，奥尔森用他自制的"升力伞"，在零事故的前提下，研究了数百棵辣木，而现在又着眼于能够使辣木成为气候紧张地区的10亿人的主要营养来源的先进物品。

马克·奥尔森正在为"升力伞"起飞做准备

　　辣木也有许多需要克服的局限性。辣木种子广泛的遗传变异使其难以大规模种植，均一稳定，对于现在的行栽作物的种植和管理来说至关重要。辣木的叶子相较菠菜更小且娇嫩，采摘后极易枯萎——这对那些无法冷藏农产品的农民来说是个不小的挑战。与此同时，烹饪也是一个小难题，它就像香菜，把它从难嚼的茎秆上摘下来时，拥有最好的风味，若你需要烹饪大量的辣木叶，那将会是一个大工程。叶子和豆荚里有一种油，这种油会散发出芝麻菜般的辛辣味，不过味道更浓烈些，这也使得人们心生厌恶。早在 2000 年前的印度，人们就尝试烹煮辣木，豆荚通常用于一种受欢迎的名为桑巴的菜中，这道菜用浓郁的肉汁削弱辛辣的味道。在我访问阿瓜卡连特的日子里，奥尔森用煮过的辣木叶、白藜芦和萨尔萨酱做了玉米卷，味道不错，但直接从树上摘下来的生叶苦得难以下咽。

奥尔森在位于阿瓜卡连特的农场里研究更适合现代食用和符合食品生产加工需求的辣木。他希望培育出一种具有更微妙味道、更容易得到收成、足够耐寒、有营养的辣木，也许在未来几十年里有望成为全球干旱热带地区的主食来源。他还与印度科学家合作，对辣木的基因组进行测序，希望基因育种工具能帮助这个最佳品种拓宽道路——一种古代植物的"杀手级应用"。

目前，辣木在西方食品狂热爱好者那里，比在缺少食物的干旱地区更受欢迎。"辣木是一种全新的甘蓝。"旧金山 Kuli Kuli 公司的创始人丽莎·柯蒂斯（Lisa Curtis）说。辣木主要用于生产小吃、冲调品和饮料。在 Kuli Kuli 公司的网站上他们称辣木是"奇迹树"和"超级绿植"，他们指出，辣木的综合性能优于羽衣甘蓝，它有甘蓝"2 倍的蛋白质、4 倍的钙、6 倍的铁、1.5 倍的纤维、97 倍的维生素 B_{12}"。奥尔森说，他还没有看到支持这些营养声明的数据，但辣木的营养成分"至少可以与牛奶、酸奶和鸡蛋媲美或超过它们"。目前 Whole Foods 在全国范围内销售辣木制品，2017 年，Kuli Kuli 公司被评为 Whole Foods"年度供应商"。2018 年的前 6 个月中，柯蒂斯售出了超过 300 万美元的辣木制品。

奥尔森起初对在富裕地区辣木的流行持怀疑态度，他说："把辣木吹捧为西方发达国家人民的解药，是对这种植物真正潜力的忽视。"他认为辣木是一种反超级食品，要将它作为主食而不是燕麦片上撒的浆果那种奢侈的补剂。不过，就目前而言，辣木在世界上许多地方都难以销售，包括奥尔森收集国际辣木种质的那个小镇。当我问阿瓜卡连特当地的一位农民，家家院子里种着辣木，他们是否食用辣木时，他们回答说："Es ayuda contra el hambre。"——这是为饥荒准备的食物，万不得已的选择。

奥尔森在阿瓜卡连特招募厨师，每年花几个月的时间开发辣木食谱，并向邻居讲授辣木的营养价值，正如柯蒂斯所见，美国富裕消费者对于辣木的消费趋势有助于刺激整个干旱热带地区对辣木的需求。柯蒂斯的商品来自印度、东非和中美洲的几家农业合作社。"农民们明白了，"她告诉我，"他们知道了美国人需要辣木，这也就提升了辣木的价值。他们看到的也不再是饥荒食品而是丰富的营养。"

辣木作为古老的植物，对气候有着极强的适应能力，又有丰富的营养价值。在英国，诺丁汉大学未来作物研究中心负责人阿扎姆－阿里（Azam-Ali）说，"养活这个世界，既需要提供给人们营养，又需要具有可持续性，可能需要让几十种你从未听说过的古老植物重出江湖"。阿扎姆－阿里描述了一系列适合解决现代问题又具有独特性的古代植物。他和他的同事们正在研究：富含蛋白质和钾的蚕豆的祖先，它能更多地固定土壤中的氮；花生的近亲班巴拉花生，这是一种抗旱性极强的花生；在更遥远的地方有一种浮萍，它与大豆和豌豆的蛋白质含量相当。

绿豆是另一种古老的作物，如今也有了新的意义。旧金山的食品公司 JUST 将来自亚洲的 4300 年前的豆类作为非动物零脂鸡蛋替代品的基础，因为它拥有与鸡蛋惊人相似的蛋白质含量，这也受到了厨师和高官们的一致好评。名厨何塞·安德烈斯说："让你震惊的东西恰是每天都能看到的东西。"

藜麦也是一种进入复苏期的富含蛋白质的本土产品。最早的藜麦种植是在 7000 年前安第斯山脉的提提卡卡湖附近，它被称为印加帝国的粮食之母。如今的生产依旧集中于安第斯地区。玻利维亚和秘鲁产出世界上 90% 以上的藜麦，并通过限制向国际种植者发放他们传家宝般的种子来保护这一遗产。在过去的 10 年里，市场需求的刺激以及有限的产量，使得藜麦的价格提高了两倍，这也促使美国和加拿大的科学家和企业家去尝试培育和种植这种作物。

前谷歌程序员大卫·弗里德伯格（David Friedberg）成了食品和农业技术领域的投资者。他创立了一家位于旧金山的快餐连锁店（Eatsa），只供应几种添加不同配料的藜麦，他们也控股 NorQuin 公司，目前由 Wise Company 的前 CEO 亚伦·杰克逊管理。NorQuin 公司在萨斯喀彻温省的一个农场种植数万英亩的藜麦。弗里德伯格告诉我："藜麦是一种极其挑剔的作物，在一定程度上喜欢低温、特定的湿度和土壤的盐碱度。""藜麦拥有极强的适应性，能在更温暖和土地更肥沃的地方生长。弗里德伯格和杰克逊在加拿大和美国划定了超过 4500 万英亩的土地，他们认为，随着育种技术的进步，这些土地将适宜藜麦生长。最终，他们看到藜麦成为气候时代的主要食物的潜力，最终可以与大米、小麦和大豆相竞争。弗里德伯格说："如果你要开启今天的人类文明，你不会说，'让我们来种水稻和小麦当作主食作物吧'。它们需要大量的水，营养价值却很低。"

名为韦斯·杰克逊（Wes Jackson）的农业学家，是另一位将古老植物带给现代消费者的重要人物。杰克逊是土地研究所（Land Institute）的创始人，这是一家位于堪萨斯的可持续农业研究中心，他的团队在过去 10 年里一直致力于种植克恩扎。这是新旧小麦

农业学家杰瑞·格洛弗（Jerry Glover）展示克恩扎极具气候适应能力的根系

的杂交品种——源自堪萨斯草原上生长了数千年的野生多年生小麦草。克恩扎可以生产长达 5 年周期的谷物，并长出 10 英尺长的根，深深扎进土壤里吸收深层地下水。而传统小麦只能产 1 年粮食，且根长不到它的一半。克恩扎还能在土壤里固定二氧化碳，能使土壤变得更健康。如果把它们种在数千英亩的土地上，克恩扎将能封存大量的温室气体。与传统小麦种植相比，这种谷物在耕种期所需的肥料和水少得多，还能预防水土流失。克恩扎最初被西海岸的精酿酒师和面包师选用，也引起了 General Mills' Cascadian Farms 的注意，他们正在将克恩扎谷物添加到麦片、零食和饼干里。

另一个研究领域是食用藻类。螺旋藻很早就在世界上的一些地方被当作蛋白质补充剂了，但是，它也像辣木一样，味道很浓烈，没什么吸引力。利用现代先进的育种技术，科学家们开发出了一种无异味的食用藻类，它能作为食品添加剂，就像豆粉一样，几十年来在肉制品、谷类食品和面包中作为蛋白质替代品或填充物。与辣木一样，藻类也能成为 Beyord Meats、Impossible Foods 以及其他蓬勃发展的合成肉类行业的公司的植物蛋白来源。

Chirps Chips 公司的创始人露丝·王（Rose Wang）也在推动另一种传统的营养形式：食用昆虫。多年来，作为动物饲料中大豆的替代品，昆虫养殖业的发展一直在不断壮大，但王认为大豆已成为人类日常饮食的主要组成部分。Chirps Chips 生产了一系列由蟋蟀粉制成的零食，王成功地让她的产品进入了包括 Kroger 超市、Vitamin Shoppes 和迪斯尼世界的自助餐厅在内的 1500 家商店。"第一次在中国吃蝎子的时候，我吓坏了，当我把它吃下去的时候，我满脑子都是，哇！这尝起来就像是虾，"王告诉我说，"从那时起，新世界的大门打开了。"

王和她的合伙人正引入其他以蟋蟀为基础的零食，包括将Chirps Chips制作的混合饼干引入他们的产品线中，他们认为昆虫蛋白最大的潜在功能是取代大豆粉，就像食用藻类能够取代大豆粉一样，大豆粉是用于食品加工的填充剂。"我认为昆虫粉将成为一种主要的蛋白质替代品，"王说，"一半的千禧一代想要少吃肉，并寻求替代蛋白质的来源。饲养昆虫所用的水是牛的1‰，它们产生的排放量是牛的1%。昆虫们还含有更多的蛋白质以及牛肉1/3的脂肪。而最大的障碍是让人们克服'恶心'。这将会是我们的切入点。"

美国富裕消费者对高营养超级食品的痴迷程度有所上升，部分原因却是与此相反的趋势——主流饮食中的营养含量普遍在下降。"随着时间的推移，我们吃的许多重要食物的营养已经变得越来越少了。"乔·罗宾逊（Jo Robinson）说，他是一位植物历史学家，也是《狂野地带》（Eating on the Wild Side）一书的作者。

罗宾逊解释道，数千年来，人类一直在进化，我们渴望那些对我们没有好处的食物；事实上，自农业出现以来，我们就一直倾向于"坏"的饮食习惯——以愉悦和便利为导向的饮食习惯。农业本身就给早期人类带来了营养上的打击：为了换取固定的食物生产的便利，第一批移民普遍发育不良，患上与营养不良有关的疾病。从那时起，农民们就一直选择糖、淀粉和油脂含量相对较高的植物，同时纤维和抗氧化剂等有益物质的含量相对较低。

"如今的水果越是可口，对我们的健康越是没有好处，"罗宾逊评论我们现在的趋势，"食物中许多最有益的矿物质和植物营养素都有一种酸味、辛辣或涩味，这是我们所不愿接受的。"这就是为什么辣木在基因上与它的祖先相似，却是苦味的。如今，与其野生祖先最为相似的食物，比如芝麻菜、芽甘蓝和大多数草本植物，都有很高的营养价值，但味道也很浓烈，我们相对吃得也很少。

然而，农民与科学家们并非故意降低作物的营养成分，正如乔·罗宾逊所观察到的那样，"直到现在，我们才拥有了详细分析植物营养成分的工具"。她举例说，古代大豆的 Ω-3 脂肪酸含量是现代大豆的 5 倍[6]；野生蒲公英是美国许多土著部落的最爱，它的植物营养素是菠菜的 7 倍[7]；一种原产于秘鲁的紫薯，黄酮类化合物几乎是赤褐色土豆的 30 倍；野生苹果的植物营养素含量是金冠苹果的 100 倍。我们中的许多人都承认，由于土壤质量、食物远距离运输等，随着时间的推移，我们所食用的大批作物的风味会改变，营养会流失，但更令人担忧的现实是，气候变化也许会加剧这一趋势。

2002 年，亚利桑那州立大学的研究生伊拉克利·洛拉泽（Irakli Loladze）开始研究这一现象，而后被称为"垃圾食品效应"。[8]他注意到大气中的二氧化碳含量上升会加速植物的光合作用，这一过程有助于可食用植物将阳光转化为营养物质。这看起来是有益的，因为植物生长的速度变快了。而植物们也都做到了这一点，但这导致了它们积累了过多的碳水化合物，比如葡萄糖，同时也挤占了蛋白质这一类营养物质的发育空间。此后，洛拉泽观察到这一过程也会在田间发生，甚至在野生植物和杂草中也发生过。"随着二氧化碳水平的不断上升，地球上的每一片叶子和每一片青草会产生越来越多的糖分，"他告诉《政客》（Politico）杂志，"我们正在见证人类历史上最大规模的碳水化合物注入生物圈。"

2017 年和 2018 年，哈佛大学公共卫生学院发表的研究报告更详细地证明了这一趋势。他们的结论是：随着二氧化碳水平的上升，未来主要农作物的蛋白质和矿物质含量将减少。由山姆·迈尔斯（Sam Myers）教授领导的一组科学家分析了在美国、澳大利亚和日本实地研究测试的数据。这些测试检测了几十种不同的粮食作物在 40 年后我们可能会经历的大气二氧化碳水平下的情况，为大量人口提供粮食的小麦和水稻等谷物中，锌、铁和蛋白质含量将减少 3%—17%。[9]

垃圾食品效应的影响使得 AeroFarms Systems 这一方法颇具吸引力：室内垂直农场可以控制二氧化碳水平，水果和蔬菜的营养水平也因此能够精确校准。不过，这种方法也提高了新鲜农产品的成本（至少在近期如此），使得最需要这些营养食品的人群更难获取营养。迈尔斯则认为还有三种具有可能性的方式。"首先我们可以培育出对大气二氧化碳含量不敏感的新品种，"他说，"其次，我们能够培育出营养物质含量更丰富的作物，最后，我们可以摄入更多的水果和蔬菜来弥补这一效应的损失。"

而方案三恰是最难实现的，在耕地面积稀少、人口激增的低收入国家，增加水果和蔬菜的消费显然是不现实的。就此而言，这在美国也难以实现。美国疾病控制和预防中心最近的一项研究表明，目前只有 1/10 的美国人每天食用达到推荐量的新鲜水果和蔬菜。[10] 大约 65% 的美国人每天吃不到两份的新鲜农产品。[11] 消费量最低的人群甚至不会进入社区的新鲜食品市场。近 2500 万美国人生活在"食物沙漠"中[12]，或者说居住在健康和负担得起的食物供应有限的社区中，其中一半以上的人生活在贫困线以下。加州大学旧金山分校营养与食品政策学教授希拉里·塞利格曼（Hilary Seligman）说："我们已经建立了一个食品体系，在这个体系中，穷人更容易吃不健康的食品。"换言之，收入差距导致了营养差距，为了缩小这一差距，我们需要使新鲜和有营养的食物对于具有收入差距的人们来说是负担得起的、可获得的和易取得的。

然而，这一目标似乎遥不可及。特别是考虑到另一种在字面意义上一直困扰着我们食品系统近几十年的垃圾食品效应。高盐、高糖、高脂肪加工食品的大规模市场推广，鼓动人们多吃高热量、低营养的食物。美国的平均糖消费量在 30 年里增长了 30% 以上。[13] 在此期间，美国成年人的平均体重增加了大约 20%[14]，糖尿病的患病率增加了 700%。[15]

塞利格曼告诉我："我们认为营养不良只发生在贫穷或发展中国家。"从某种意义上说，世界范围内存在两种不同类型的营养性饥荒：一种发生在因气候而面临压力的人口中，他们的食物太少；另一种发生在工业化人口中，他们的食物太多了。这一悖论凸显了马克·奥尔森主张的真理：食品生产商必须把注意力从数量上转移开，

"在未来几十年里，养活人类的挑战可能不是种植更多的食物，而是种植更高质量的食物。"他说。

展望未来的二三十年，想象一下这样一种乌托邦式的情形：藜麦和克恩扎取代了全世界数百万英亩的稻田和麦田；可持续的藻类养殖场取代了会破坏环境的大豆养殖场；辣木种植场在整个热带旱地保证了安全的营养供应。虽然这些古老的超级食品确实有潜力帮助我们恢复未来食物供应的营养完整性，但也许它们难以大规模成功。

克恩扎仍处在早期育种阶段，它的谷粒大小仍不及传统小麦的1/4，收成较少，价格高昂。若是用传统的育种方法，科学家可能需要 20 年或更长时间才能培育出可以大规模种植的作物。与此同时，藜麦的市场规模仍然是北美大米市场的一小部分，要使其生产成本降到每磅 30 美分（与大米相比具有竞争力）至少还需要 10 年时间，而要使其质量和风味达到玻利维亚和秘鲁产品的水平，还有更长的路要走。

目前辣木的市场比藜麦还要小得多，马克·奥尔森预测到除非他能够使用 CRISPR 等基因编辑工具加快育种进程，否则他"至少要用尽余生"才能培育出梦寐以求的辣木"杀手程序"。奥尔森正与印度的科学家团队对辣木进行基因测序。一旦基因组被测序，他们便能将基因分离，譬如，编码植物用于大量生产蛋白质、铁、钙和维生素 B$_{12}$ 的基因。奥尔森说:"毫无疑问,古代植物与现代育种工具相结合,能更快地缩小营养差距。"

从长远来看,奥尔森和 Kuli Kuli 的丽莎·柯蒂斯都不认为辣木会成为像玉米或者大豆一样主要的工业作物。相反,他们观察到了辣木在单一家庭以及社区规模中取得的成效。有一种基因优化的辣木将使这些小规模农民生产出产量更高、质量更高、口味更温和、更加均匀的作物。柯蒂斯认为,如果能够减弱辣木的味道、增加其产量,它不仅会成为小吃店和冰沙粉的原料,还会成为汉堡和薯条等受欢迎的加工食品中有益的添加剂。

奥尔森专注于培养辣木,使其成为自给自足的农民们的主食。一旦完成了育种,奥尔森计划开发一个项目,为干旱热带社区发放种子种植"蛋白质地块",每户大约 20 颗。随着时间的推移,这也许能为人们供应抗旱口粮。"当你看到世界上辣木种植区域的地图,以及人口营养不良分布图时,你会发现它们惊人地吻合。"布隆博格公共卫生学院的杰德·费伊告诉我。随着气候变得越来越炎热和干燥,以及辣木被培育得能够承受越来越严酷的条件,这种相关性在未来几十年可能会加强。

至于藜麦,则由沙特阿拉伯阿卜杜拉国王科技大学的植物科学家马克·泰斯特(Mark Tester)领导的团队在 2017 年对其进行了基因组测序。[16]"这种作物是营养和生态的奇迹,"测试者说,"我们的目标就是使它走出健康食品领域,转变为全球性商品,基因测序在育种中显得格外重要,为快速生产适应不同种植区的高产品种创造了机会。"

奥尔森在采摘辣木

　　测序团队已经在藜麦中发现了限制其质量和产量的基因。例如，其中一种会产生皂苷，一种植物分泌在种子和花的表皮上的苦味毒素，用来驱赶昆虫和鸟类。低皂苷奎奴亚藜可降低生产成本。团队还希望培育出茎短、产量高、适应不同生长区域的藜麦。

　　藜麦独特的耐缺水性和耐盐碱性，以及生产富含蛋白质的谷物的能力，可能成为与水稻、大麦等作物共享的有益特性。从理论上讲，科学家现在拥有的机会不仅是为大众市场培育营养丰富的超级食品，还包括培育出营养水平接近超级食品的大众市场作物。

黄金大米就是一个令人担忧的善意之举。解决特定地区严重营养缺乏问题的其他鲜为人知的努力可能更有希望。尼日利亚科学家开发出富含维生素 A 的转基因木薯。[17] 印度科学家开发出富含铁和锌的珍珠小米。[18] 由盖茨基金会支持的非政府组织 HarvestPlus 正在致力于生产富锌大米、小扁豆和小麦，供全球食用，同时还在卢旺达测试铁强化大豆。[19] 澳大利亚昆士兰理工大学热带作物和生物商品中心主任詹姆斯·戴尔（James Dale）一直在试图设计"超级香蕉"[20]，将巴布亚新几内亚一种稀有植物的基因拼接在一起，这种植物的 β - 胡萝卜素水平是传统香蕉的许多倍。

尽管基因工程和基因编辑遭到相关人士的谴责，但它们已经是进行了近一个世纪的所谓生物强化计划的延伸。1924 年，美国引进了含碘食盐（碘盐），作为世界上第一种营养强化产品用于平息由缺碘引起的甲状腺肿的流行，这一努力取得了成功。添加维生素 D 的牛奶出现于 20 世纪 30 年代，用于治疗佝偻病，也取得了成功。在接下来的 10 年里，面粉中添加了铁、维生素 B_1 和叶酸，以防止贫血——而贫血导致了全世界 1/5 产妇的死亡。在 20 世纪 80 年代，饮料制造商开始用钙强化水、果汁和软饮料，以治疗儿童发育迟缓和骨质疏松症。

批评人士指出，转基因生物强化的趋势是一条歧路，其将技术强加在了另一项技术上。展望未来，也许我们不仅能提高作物的主要营养价值，还有可能恢复他们古老的气候适应性。测试人员正致力于分离藜麦中能够在盐碱地中生长的基因——如果将这一特性转移到印度和孟加拉国等沿海地区主要的种植作物上，这种作物将会颇具价值，因为这些地区的海水容易泛滥以及海平面会上升。与此同时，奥尔森也渴望分离出控制辣木的"巧妙管道"的基因。事实证明，辣木的独特机制，可以将水通过树根从土壤里抽上来，继而通过树干上的特殊锥形通道进入叶子。辣木利用和储存水的能力也许就是这种树最具价值的特征，这一点就像是松露树一样，成为生态的关键。即使辣木没有成为一种被广泛采用的食物来源，它也可以帮助农学家在日益缺水的条件下，了解其他生产食物的树木的行为。

最后，奥尔森对辣木的研究，就像测序者对藜麦、韦斯·杰克逊对克恩扎的研究一样，前景乐观。它无时无刻不在提醒我们，古老的智慧和现代的聪明才智，可以帮助我们在未来生存下去。

13
粗糙的盛宴
What Rough Feast

人最初不过是一个装食物的容器；其他的功能和感官，更像是上帝的恩赐，它们会在某个时刻之后出现。一个人死亡，而后被埋葬，他的言语和行为最终都被遗忘，但是他所吃的食物，会在后人健全或腐烂的骨头里传承。我认为饮食的改变比改朝换代、宗教变换更为重要……奇怪的是，人们鲜少认识到食物的重要性。

——乔治·奥威尔《通往威根码头之路》(George Orwell, *The Road to Wigan Pier*)

在我参观位于马萨诸塞州纳蒂克的美国陆军研究开发与工程中心的食品创新实验室 10 分钟后，一个名叫 Foodini 的机器人开始违抗军事命令。机械工程师迈克尔·冈本（Michael Okamoto）和食品化学家玛丽·塞拉（Mary Scerra）正在为他们的老板、实验室负责人劳伦·奥列克西克（Lauren Oleksyk）测试 Foodini。我们四个人围着它，这个机器人的形状和大小像一个微波炉，它被编程，可以用三维打印工具制作出可食用的物体。我们凝视着 Foodini 的玻璃窗，被它即将完成的一个看似简单的任务吸引住了：制作一种双层小吃，如果一切顺利的话，它将会是一个用牛油果打印的、顶部有军星图案的敞口三明治。

大多数 3D 打印机（在极客圈子里也叫"制造机器人"）用塑料创造物体。它们将液态聚合物沉积成点或线[1]，迅速凝固，层层叠加，能够形成几乎任何可以想象的形状，从打印橡胶鸭子到复杂的机器零件甚至 DIY 枪械。2016 年，奥列克西克建议冈本将商用 3D 打印机转换成用可食用糨糊制作的模型。他们照做了，而后又与塞拉合作，打印出了各种几何甜点：蜂巢和六边形的巧克力、螺旋状的杏仁软糖，还有由巧克力层制成，顶部是营养强化花生酱的解构版 Reese 花生酱杯。他们实验的结果颇见成效——这也让你想知道为什么这种高级实验发生在美国军方的实验室里。

"未来的士兵不会在战场上吃米其林三星甜点，"奥列克西克说，"当然他们也不会吃塑料，这也恰是我遇到的第一个问题。"她的团

3D 打印机打印的食物

队一直在打印这些看起来花哨的糖果，"只是因为含糖物质很容易生成"。它们往往具有最佳的"流变性"，即液体的流动方式及其固化的可能性。奥列克西克的团队生产的这些甜点仅作为更大更复杂的目标研究的探针，用她的话来说，就是要"可以迅速打印出完整的、按需供应战士全部营养需求的食物"。

奥列克西克对这些打印食物的态度，与企业家罗伯·莱因哈特（Rob Rhinehart）对他的名为索兰特（Soylent）的代餐饮料的看法不尽相同。我之前曾将索兰特称为"婴儿配方奶粉成人版"。他将其描述为一种"全食"，一种浓缩所有营养品的食物，他认为，只要每天服用几剂，就能比食物本身更有效地维持人类的生命活动。

奥列克西克知道，想要完美地完成使命，她需要打印出比巧克力和杏仁饼更加多姿多彩的食物。冈本和塞拉一直在试验各式各样的配料，比如坚果黄油、甜甜圈、用于涂抹的奶酪和蔬菜酱。"健康又让人心满意足的东西，能在打印机里极速蒸熟或冷却，这能附加额外的营养。"塞拉说。

Foodini 最初是经由奥列克西克实验室在西班牙生产的一台机器，同时也是世界上第一批为食品生产而设计的商用打印机之一。然而，它是一个早期的产品，会出现故障，也存在不可预测性。Foodini 打印室的内部空间十分宽敞，有从顶盖延伸到杆子上的机械臂，四周架子架住的是装着软质或是液体食物的几英寸厚的药筒，也叫注射器，再无其他。在这次测试里，塞拉只用了两个墨盒，一个装着用豌豆蛋白粉做成的面团，另一个则是用鳄梨做成的黏稠物质。在印刷室的底部是用来打印食物的玻璃板，它能快速加热或迅速冷却——这是 Foodini 用来烹饪、冷却、干燥或用其他方式固化打印材料的机制之一。

我们目不转睛地看着机械臂挑选豌豆白面团，并把它们做成三明治的底部。机器人通过一个狭窄的喷嘴，沿着面包片大小的正方形的周边移动，稳定地喷吐面团。然后开始用连续的面团线填充正方形，手臂继续移动，但面团却突然停止流动。"看来我们遇到了麻烦。"塞拉说。

冈本说："也许有个空洞，或有个气穴。"注射器噼啪作响，机械臂发生意外，缩回到角落里，而后 Foodini 发出了轻微的响动，就像是机器人发脾气一样，用面团将玻璃盘周围喷射得一团糟。

"它在清理堵塞物。"冈本说。然后，Foodini 没有像编程设定的那样，返回去固定和填充面团层，而是丢弃了墨盒。

"它没遵从我们的设定！"塞拉惊呼道："它要用鳄梨了。"

Foodini 挥舞着机械臂，在打印室里把一个粗糙的绿色军星的形象挤压喷涂在这个畸形的扁平面包上。

55 岁的奥列克西克，灰褐色的头发，一双明亮的蓝眼睛，举止文雅，她对结果毫不在意，就像乔治·赫劳德在看到 See & Spray 早年穿越阿肯色州棉田犯错误时一样乐观。而 Foodini 也正像 See & Spray 一样，是一台相当年幼的设备。奥列克西克向我保证："这些 3D 打印工具将会迅速兴起。"她相信，为士兵们打印营养全面膳食的宏伟计划并非遥不可及。"我们能在未来 10 年内实现这一目标，也许更快。"

尽管她所寻找的是与韦斯·杰克逊和马克·奥尔森一类古老植

物拥护者们截然不同的道路，但他们拥有共同的目标：使食物拥有更高的营养。"我喜欢 3D 打印，是因为它有可能给军粮带来新鲜感和营养完整性，"奥列克西克说，"我们可以生产出更纯净、更清洁、定制化的、口感更好的食品，这些食品比士兵现在的军粮健康好几个数量级，并且会产生更少的浪费。"

　　劳伦·奥列克西克在马萨诸塞州的小镇乌克斯布里奇长大，在 6 个孩子里，她排行老五，父亲是当地电力公司的工头，母亲则主持家务。在圣诞节，每个孩子都能收到一份礼物，1970 年 12 月，在奥列克西克 7 岁的时候，她撕开了一个纸箱，里面装着一个自制食物的玩具套装。"Toot Sweet"有一个巧克力酱搅拌器，一个用来做面包卷的压卷机，以及包装外壳。"我被它彻底迷住了，"她回忆道，"这也是我走上这条道路的原因。"往后的每一个圣诞节，劳伦都会得到不同的食品加工玩具：一台用灯泡的热量加热玉米粒和融化黄油的爆米花机；一套用来制作胶粘娃娃的工具，配套了制作胶粘衣服的特殊模具。"但我从来没有吃过它们，"奥列克西克说，"我所着迷的并不是糖果，而是它背后的制作过程。"自然，她也读了罗尔德·达尔的《查理与巧克力工厂》上百遍，主人公威力·旺卡对我而言，就像是托马斯·爱迪生，直到现在，她依然将自己的实验室称为"充满旺卡奇迹的工厂"。
　　奥列克西克的家人们也用更实际的方法来对待自制食品生产，

他们吃的大多数食物，包括甜玉米、绿豆、雪豌豆、土豆、洋葱、西红柿、辣椒、苹果、浆果和香草，来自那个两英亩大的后院式菜园。他们将这些蔬果冷冻，或是做成足够多的罐头，用以度过严冬。在夏天，当水要烧开前，也就是做饭前的几秒钟，奥列克西克的妈妈会让她去买几根玉米。"成熟的玉米会形成淀粉，而一旦你摘下了玉米，它的籽粒就会逐渐失去甜味。"奥列克西克解释道。她学会了评估他们种植的每样东西的成熟度和风味质量，从她的圣诞礼物和在菜园采摘中了解到，无论是新鲜的还是加工过的食物，都是化学品。

高中毕业后，奥列克西克进入了她家附近的弗雷明翰州立学院，该学院在食品科学方面颇具威望。在整个大学期间，她都在化学系学习，19 岁时，她在附近纳蒂克的美国陆军研发中心找到了一份暑期工作。"我很幸运，那时是 80 年代初，食品科学尚处在繁盛阶段。"纳蒂克中心有大约 1600 名员工，除了食品，它还负责生产士兵在战场上使用的所有衣服、装备，它还会建造居所。奥列克西克刚到那儿时，为军队所有部门提供食物的战争食物供应理事会的科学家们正试图找到一种方法，让"肉汁肉饼"和"火鸡焗饺"这样的主菜，无须冷藏也能保存 3 年之久，而最终的产物便是 MREs（Meals，Ready to Eat）。它们用厚厚的塑料袋包装，以至于很难让人们产生食欲，预煮过的无菌食物难以辨认出是由肉做的，这些肉浸泡在甜腻的酱汁里，附带着化学防腐剂。但与几十年前的食物相比，已经有了很大的进步。旧时的罐头肉过于沉重，而袋装冻干食品，又难以经受野蛮装卸（它们极易碎裂）。奥列克西克很快找到了丹·伯科维茨（Dan Berkowitz），他是一名化学家，正在研发一种面包，用于搭配MREs，又能保持"新鲜"——松软且不易发霉。在几个月的时间里，奥列克西克帮助他破解了一个"保鲜3年面包"的密码[2]，她随后便获得了专利和一份全职工作。

32年后，奥列克西克仍在同一个实验室工作，她管理着一个由化学家、生物学家和工程师组成的团队，面对一系列全新的挑战。在这段时间里，她为战争食物供应理事会创造了无数个第一：第一台用于在野外加热MREs（奥列克西克的另一项专利）的无焰定量配给加热器；第一种除氧塑料[3]——除氧的聚合物包装材料，可以延长食物的保鲜时间；第一批为高空飞行员准备的管状食品；第一批在高温环境下依然保持固态的高熔点巧克力。最近，她的团队又生产出了世界上第一个"3年保鲜比萨"[4]，在她20世纪80年代早期成功研发的面包中加入奶酪、酱汁和意大利辣香肠，她称之为"3年保鲜比萨"。

奥列克西克告诉我，即使多年不冷藏，蔬菜、肉类和奶酪也不会发霉或返潮，这是一项令人难以置信的化学壮举。"当你向士兵提问我们该如何改善伙食，他们会说，'我们最想念的东西，是比萨'。"即便如此，在创新性和潜在优势方面也无法与未来相比。"我们正在迈入我30年职业生涯中最非凡的创新时刻，尤其是在这几年里，"她说，"随着机器人、传感器与大数据的出现，一切皆如井喷。"

奥列克西克在探究为有特殊营养需求的士兵定制食物之初便对3D打印产生了兴趣。她在纳蒂克的同事们开始将菲比特智能传感器集成到士兵制服的织物中，它们可以生成关于士兵健康状况的实时数据。美国空军也在研制一种可以用胶带粘在飞行员皮肤上的传感器，通过定期分析他们汗液的生物化学成分，检测疲劳程度。"我们正进入一个让士兵生物特征数据越来越详细的时代，"奥列克西柯说，"利用传感器和基因组信息，我们将能够监测他们的疲劳程度和压力水平，我们将能够更多地了解他们身体中的微生物群健康状况和他们的免疫强度，所有的这些都将帮助我们了解他们的营养需求。"她认为，这些个人数据可以传输到一台扮演未来药剂师角色的3D 打印机上，在为每个士兵打印块状食物和颗粒冲剂时，将定制的

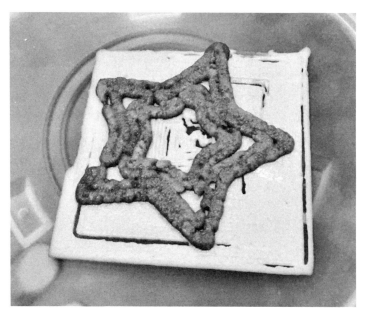

3D 打印机打印的带着牛油果绿的五角星面饼

补充剂混合到食物糊中。士兵 X 的钾含量很低，需要增加卡路里，所以打印机会将油脂和甘薯粉添加到面团里；而士兵 Y 的补充剂中则是额外的钙和维生素 C。根据奥列克西克的设想，这些个性化定制的食物，将经由无人机，从最近的基地运送到驻扎在偏远地区的士兵那里。所以，虽然做不到新鲜采摘，但至少，营养成分是新鲜打印出来的。

个性化营养的概念并非源自奥列克西克的实验室。正如我学瑜伽的朋友告诉我，阿育吠陀医学从业者近千年来一直在为每个人调整饮食。最近，从 Nestlé 到 Campbell's Soup Company 等食品巨头都投资了像 "Habit" 和 "Freshly" 这样的初创企业[5]，这些企业正根据基因组测试为客户制定个性化的饮食。"在未来，最重要的趋势便是个性化营养。" Campbell's Soup Company 前首席执行官丹尼斯·莫里森（Denise Morrison）告诉我："监测个人的营养需求，同时定制饮食，将会变得更加经济、便利。"

奥列克西克则与包括 3D 打印技术的世界领军研究组织荷兰 TNO 在内的私营部门进行合作，以加快研发进程。"我们所做的一切，是使学术界和工业界合作，"她告诉我，"我们的首要目标是使其对士兵有利，而后利及全美的家庭。"

推动奥列克西克最新项目研发的不仅是技术的快速发展，还有士兵的身体结构，以及士兵内部人口结构的变化。奥列克西克每年供应约 210 万名士兵的口粮。参军士兵的平均年龄在 21 岁以下，允许参军的最大年龄是 39 岁[6]，大多是美国的"95 后"。

"我们不难看出这一代士兵在饮食需求和饮食欲望上的转变，比 30 年前的我们在任何时候都要大。"奥列克西克告诉我。其中一部分是人口及文化上的原因，如今，拉丁美洲的参军者，比以往任何时候都要多得多[7]，许多士兵开始关心食品包装所产生的垃圾（MREs 就会产生很多浪费），也有更多的士兵开始关注产品标签的信息、健康成分、营养密度，以及高性能食品。

"我们现在喂养的是菲比特的一代，他们十分乐意监测自己的生命体征以及健康状况，也对高性能食品感兴趣，在应征入伍时，便说'我们想要吃能使我们变为更优秀的战士的食物'。"奥列克西克说："他们不希望食物里出现太多的化学成分，他们想要'真正的果汁'和'不是用神秘物质做成的肉'，在 5 年前，我们还听不到这么多的诉求。"

不过他们也是第一代伴随着智能手机和平板电脑长大的一代，这些智能设备已经对他们身体的机能产生不利的影响。"令人矛盾的是当今我们喂养的士兵们更关心他们吃得是否健康，与此同时，他们也在那条基线上，都不太健康，"奥列克西克说，"他们比前几代人都更愿意坐着，不像你我一样在社区里溜达或是骑车转悠，他们打小便吃抗生素，以及像通心粉和奶酪这样的加工食品。"所有的这些生活方式，都给士兵们带来了肉眼可见的相貌改变。奥列克西克从布拉格堡的研究人员那儿听说，当代应征军人的体力活动做得少，饮食也缺乏营养，这导致他们的骨密度明显比上一代人低得多。"而这样的士兵，在接受基础训练时，往往会受更多的伤；我们不难发现，现在应力性骨折的士兵较往年要多得多。我们得增加他们的饮食，增强他们骨骼的健康。"她说。

当然，也有很多是奥列克西克所不知的。军事科学家正在测试士兵们的粪便样本，以了解他们的微生物群活动以及服用抗生素对肠道健康的影响。研究者们也正在测试在高强度体育活动中，性能营养品（营养强化棒）对士兵们认知能力的影响，例如，在靶场进行实弹射击练习时的射击精度。

奥列克西克指出，士兵就是这一代人的代表性样本，如今，"95后"占了美国人口的1/4[8]，这一群体的数量，比幸存下来的婴儿潮一代，以及他们的下一代的人口数量还要巨大。"这些文化和生物物理趋势不仅仅是对军人，对许多年轻的美国人来说都是现实的，"她说，"我敢肯定，未来的营养补剂，将会越来越多地为士兵和民众定制。"

而与此同时，奥列克西克还有另一个需要面对的问题：军事战略正在改变。如今的士兵被部署在与"二战"、越南战争甚至伊拉克战争截然不同的任务当中。在历史上，士兵们通常在大本营，甚至在前线集体用餐。实际上在内战期间，他们在前线还拥有过面包师（奥列克西克给我看了张戴着面具的年轻妇女在休息室附近揉面包的老照片）。到了"二战"时期，他们开始转向罐头肉，但也建立了能一次性为数百名士兵提供热餐的流动式自助餐厅。即使是在海湾战争和伊拉克战争期间，他们也建立了临时厨房，为大批士兵提供食物。如今，军事战略正转向更小、更具机动性，以及更加分散的小队。奥列克西克说："士兵们在执行任务时并不能负担过多的重量，他们会以小团体的方式执行任务，与此同时，离开大本营的时间也会更长。"

他们也很有可能出现在环境紧张的地方。军事战略的热点地区，正面临越来越大的资源压力。"我们不能指望他们在那儿找到新鲜的食物或是可食用的植物，"她说，"而在这时，所有支援他们的补给，包括水，都得运进运出。"如果你能综合考量这些因素，那么奥列克西克与 Foodini 的冒险便显得有意义。

从理论上来说，像索兰特这样的产品也完全可以满足下一代士兵的饮食需求。索兰特被足球运动员和首席执行官们吹捧为一种有效的膳食替代产品。奥列克西克经常会去探访一些私营部门，去了解他们的产品是否能够满足她商业生产的目标。但是液体的索兰特对于士兵来说太重了，难以支持长期执行任务，而粉末状的则经过脱水处理，如果你的水供应量有限，这将会是一个不小的挑战。这与我在盐湖城参观 Wise Company 总部尝到的冻干鸡肉味锅饼的感受相同：如果你是在阿富汗偏远地区的士兵，这一道冻干的主菜会占用你背包里的大部分空间，需要加水才能食用，而且也很容易受挤压变成粉末。奥列克西克补充说："我们不能指望单靠液体和食物糊来维持我们士兵的生活，他们需要咀嚼。"奥列克西克喜欢的一种产品是巧克力棒，它们很紧凑，且营养丰富，但含有糖分，易融化，价格也远超她的预算。

奥列克西克团队中的生物化学家安·巴雷特（Ann Barrett）说，她的研究是要找到将高热量和高营养的食物装进小空间的方法，以尽量减少士兵所携带的物品。巴雷特由此发明了一种超压缩食物条，她称之为 Sonic。美国宇航局在近期的火星任务的菜单里，也选用了 Sonic。Sonic 的卡路里是标准的性能能量棒的两倍，且不依赖糖浆或是化学黏合剂的黏合。巴雷特在此结合了"声波凝聚"技术，她介绍这种技术"在浓缩食物的同时不影响食物的营养和风味"。

这些能量棒的口味从椰子杏仁到切达干酪，应有尽有。巴雷特用狂热的极客语言解释道："我们用共振频率高于人类听觉上限的超声波轰击配料，使食物颗粒振动偏移，增加了颗粒间连接的表面积。"她又解释道："这就像是摇晃一桶冰块，使其融化，又凝结在一起。而一旦食物颗粒达成了最佳排列（这可能得花几毫秒的时间），它们在被包装后也能承受巨大的挤压力。"

对我来说，这仅有的几平方英寸的食物确实十分复杂，而当我咬下椰子杏仁棒的瞬间，我折服了，它质地坚硬，但咀嚼起来却像天鹅绒般柔软，比那些黏黏的能量棒可口得多。坚果使其口感丰富，甜咸适中，恰到好处。巴雷特又说："如果你的手头有一杯热水，你可以把它在热水里化开，做成椰子汤。"

奥列克西克团队的另一位食品化学家劳伦·奥康纳（Lauren O'Conner）开发出辐射区干燥[9]这一新的方法来满足士兵们对真正果汁的需求，她称之为"温和的冻干"。通常士兵野战口粮中的冲剂由大量的苦艾粉和糖制成，很甜却没什么营养。士兵们渴望富含植物营养素的真正的水果，但通常水果又极易腐烂，若不进行冷藏，就难以在野外保存。植物营养素对温度十分敏感，通常的干燥方式以及巴氏杀菌法，都会使其分解。"辐射区干燥则保存了那些真正敏感的营养物质，我们把水果做成果泥，并将果泥暴露在极低温和极低压力下，使水分蒸发。"奥康纳说道。

干燥后的苹果甜菜（深紫色）、热带的柑橘（阳光橙色）、草莓香蕉（桃红色），就像是节日里的五彩纸屑。奥康纳说："这些颜色之所以得以保存，是因为植物的营养素并没有遭到破坏。"将这些彩条与冷水混合在一块儿，尝一口，再次令我印象深刻。它尝起来就像是广告上说的那样，明媚新鲜。得益于奥列克西克独特的吸氧带，这些果条可以保存 3 年之久。

奥列克西克团队的资深成员汤姆·杨博士（Dr.Tom Yang）也一直在试验一种前景更好的方法。通过微波真空干燥，小心地控制脱水过程，可以将食物转化成介于杏干和固体帕尔玛干酪之间硬度的质地，而非冷冻干燥的泡沫塑料板的质感。[10]"只有食物在完全稳定的情况下才能去除水分，"杨解释道，"在无菌的前提下，保留了味道和营养物质。"这种干燥方式就是一个标准的微波炉从内而外地干燥食物（而不是像烤箱那样，从外向内加热干燥）的方式，这也使其可以进行精准的控制。你可以用这种方法使几乎所有东西部分脱水——一份切碎的沙拉、一块布里干酪、一个煎蛋卷、一盘法式吐司、一个豆玉米卷、一碗芝士通心粉。也许有些人并不喜欢微波干燥食物的质地，但当尝了杨拿给我的像甘草般黏稠的煎

真空干燥后的法式吐司、煎蛋饼和白煮蛋

蛋卷后，我发现了它奇特的美味以及咀嚼的趣味。微波干燥后，食物大约会缩小到原来的 1/3，若是含水量高的水果，则会更小。

在我即将离开时，杨递给我了一袋他的"杰作"。"这里有 15 个新鲜的草莓还有大概 20 颗蓝莓，然后就没别的啦，"他指着一根只比我食指粗一点儿的用塑料包着的棍子说，"这是一大份沙拉。"他说着，递给我用收缩膜包裹的绿色蔬菜，只有大概一本支票簿的重量和厚度。

在从纳蒂克去洛根国际机场的路上，我吃了杨博士的真空干燥橙子棒。我的计划是在飞机起飞前在东波士顿停下来买一碗热气腾腾的越南河粉，但我陷入了交通的困境。汽车一辆接一辆行驶了好几英里。我没怎么睡着，也没吃什么东西，当我想起杨说的"整整含 6 个橙子天然维生素 C 的巧克力棒"时，我正经历着极度低血糖。我赶忙用牙齿撕开塑料包装。橙色的瓜皮质地，带来爆炸性的酸味，效果也十分不可思议，这就有点像《低俗小说》(Pulp Fiction) 中的场景：约翰·特拉沃尔塔将充满肾上腺素的注射器刺入乌玛·瑟曼体内，使她摆脱昏迷。我感觉自己就像是重新启动了身体系统，我也开始慢慢地对代餐的概念产生了兴趣。

从纳蒂克实验室回家后不久，我便在亚马逊上买了一箱索兰特。我曾试图在本地的 Target 和 Walmart 等处购买，但可惜的是都售罄了，现在它们在全国范围内的连锁超市售卖。我在 Kroger 的朋友告诉我："我们 Kroger 超市现在销售这个，但是我们在田纳西州已经没有库存了。"Whole Foods 对它嗤之以鼻："我们从不吃索兰特。"当我订购的箱子送来时，我明白了，12 个包装纸箱外都写着，为基因工程感到自豪。

索兰特公司的创始人莱因哈特，刻意将该产品定位成反对可持续食品运动的英雄。全方位食品以 20 世纪 70 年代的科幻电影《绿色食品》（*Soylent Green*）的名字被命名为索兰特，在影片中，他们在一个后食物时代的反乌托邦里靠着混合人类酿造的啤酒生存。莱因哈特在硅谷居住了 30 多年，2013 年与另外 3 位技术专家共同创立了这家公司。他在桑尼维尔从事初创项目时结识了这 3 位技术专家。莱因哈特和他的同事们每周工作 80 个小时，靠兄弟会男孩的传统饮食——冷冻玉米狗和速食拉面过活。他们开始尝试破解食谱以获取一种即食的营养来源，这样既能节省时间，也不需要再吃东西。莱因哈特公开了他们的配方，经过几个月的时间，在世界各地其他营养黑客的帮助下，共同开发出了含有脂肪、纤维、碳水化合物和 35 种维生素和矿物质的混合物。此后他们又为这家初创公司融资了 7000 万美元。"重新调制食物"是他们的口号。每瓶 8 盎司的索兰特售价 3.25 美元，其中含有 22 克脂肪提供饱腹感，并提供了每日推荐总营养（根据美国食品和药品管理局、农业部和国家医学科学院设定）需求的 20%。[11] 亚马逊上的数千条评论中的一些评论说，如果你每天喝 5 瓶，就能得到身体"茁壮成长"所需的一切，一整天都"充满活力"。

莱因哈特以救世主自居，将索兰特描述为扰乱我们当代食物系统的一种方式：食物是人类的化石能源。"这是一个巨大的市场，充斥着浪费、监管和带有严重地缘政治的影响。"他在 2013 年写道。他设想了一个世界，在这个世界里，他的饮用配方奶粉是通过像水龙头那样的设备输送到你家里的"民间资源"，在这里，由于气候变化的压力和全球冲突，食用真正的传统食物将会是一种乐趣。他说："我们将会看到，为实用性和功能性而提供的食物与为体验感和社会性而提供的食物的分离。"

无论是产品本身还是莱因哈特的设计方式，似乎都缺乏人性，也缺乏快乐。许多索兰特的批评者都带着不同程度的幽默看待这一事件。2014 年，莱因哈特的公司刚成立不久就上了《科尔伯特报告》（*The Colbert Report*），喜剧演员斯蒂芬·科尔伯特（Stephen Colbert）问道："做这个项目的灵感是什么呢？是不是你看到一个插着食管的昏迷的人，想到我将要吃和他一样的东西？"关于索兰特，《纽约客》在一篇题为《食物的终结》（"The End of Food"）的文章中引用了哈佛公共卫生学院营养系负责人沃尔特·威利特（Walter Willett）的话，他说这种配方忽略了新鲜水果和蔬菜中存在的植物化学物质的价值，如番茄红素（使西红柿变红）和类黄酮（使蓝莓变蓝）。"他认为他们明确知道最佳的健康饮食的成分，这有些自以为是。"威利特说。他又补充道："生物学中，在没有植物化学物质的情况下生存是可能的，但你没法最大限度地生活下去，也不会是最好的品质。我们所关心的不仅仅是生存。"

也许是因为在战场上，士兵们接受军粮仅是为了生存，我觉得奥列克西克的食品替代技术并不可怕，相反，还有点儿有趣。然而，我对索兰特的第一反应——同样的概念，针对平民而非士兵——对我们大多数人来说，潜意识里可能是怀疑的。索兰特似乎代表着，如果不是食物消亡，那便是食物灵魂的消亡。无论从字面上还是其他方面来说，它都是平淡、简单、无趣的。但在我成长的家庭里，食物是爱的象征。我的母亲是一位精神分析学家，在我的整个童年里，她都克制地给予我肯定。然而，她对在厨房里创造出的香味一点儿也不吝啬。直到今天，她仍热爱烹饪，满怀爱心地做饭，吃她做的食物仿佛备受宠爱。因此，一个没有食物的世界，对我、对许多人来说，就是一个没有爱的世界。

但在更多的时候，或是不经意间，我像士兵一样，吃那些东西只是为了消除饥饿，或是更好地执行任务。老实说，我真的有很多这样的时刻。比如在去机场的路上，在波士顿遭遇了堵车，我没法儿坐下来好好吃一顿饭，只得求助于任何手边的包装食品。我的早餐通常是孩子们盘子里剩下的东西，我会在站着洗盘子、查收邮件的时候吃。我的午餐通常是一碗麦片、一匙花生酱和家里人不会碰的剩菜，或者一些忘了吃的外卖。这是一种快捷、便利得到营养的方式，不过通常都有些清淡，而且营养也不够丰富。

我的母亲和祖母对我成长所吃的食物给予了莫大的关注，她们每天通常要花几个小时在买菜、收拾、做菜以及清洁上。说实话，我和我的丈夫每天只会在孩子们的膳食上花一小点儿时间。而家庭聚餐仍是我们不遗余力的一餐。每周几次，我们会抽出一两个小时一起做饭、吃饭，使我们的感官都参与进来，让食物发挥它的使命，使家人们彼此联结。

因此，尽管我对莱因哈特的成人配方婴儿奶粉和他的营销策略感到厌恶，但事实上我已经过上了他所描述的那种生活，为了便捷，为了"实用性和功能性"而吃平淡的饭菜，为了"体验感和社会化"而与家人和朋友共进晚餐。这也是我在亚马逊下单的原因：我开始意识到索兰特可能是一个合理的替代品，它甚至比我经常在亚马逊上买那些半成品菜要更好。在我看来最终索兰特和厨房里的Foodini可以提高我的即食早餐和午餐的营养质量，甚至可以让我有更多的时间和精力，这样我就能把更多的时间和精力投放到每天的那顿饭上，我可以坐下来和家人一起快乐地享受食物。

还有一个事实，即索兰特是素食，碳含量极低，比麦当劳的套餐便宜，而且不会造成食物浪费。从纯粹的生态和社会经济（如果不是烹饪）标准来看，这种没有灵魂的东西而非那些当地种的每磅6美元的传家宝番茄才是"可持续的、公平的食物"产品的真实体现。

我在喝第一瓶索兰特时，做了一些努力。它的味道就和亚马逊评论上说的一模一样，就像是杏仁牛奶和煎饼面糊的混合物，这两种东西并没有激起我的兴趣。到了第二瓶时，我已经习惯了——一点也不好吃，但奇怪的是感到很饱。到了第三天，我开始期待下一瓶。我欢迎它，就像按下手机锁屏键一般如释重负。它会让我们很多人的内心安静下来，思考我们应该吃什么，它能否满足我们的欲望，它是否负担得起我们的消耗，我们是否对自己负责任，等等，哪怕只是一天吃一顿，或者一周吃几顿。我们生活在这样一个时代，我们中的很多人（不是大多数）过度思考食物。我们要么崇拜食物，要么因它烦恼，要么两者兼而有之。虽然索兰特不是从这些中获得自由的一种解脱方案，但它至少是一个按下暂停按钮的机会。

"一种营养全面的主食，旨在用最小的努力提供最富足的营养"——这是索兰特网站上对该产品的描述。它不可思议地与哥伦比亚大学教授露丝·迪弗里斯（Ruth Deffries）的评论相呼应："自从第一个农业定居点以来，每一种新的农业工具的设计目标都是相同的：用更少的人力从土地上获取更多的食物。"

不管我们是否喜欢，索兰特一直是一条绵延万年的技术试验链中的一个环节，为了延长我们的粮食供应，为了用更少的努力创造更多的营养。

这又把我带回了在本书的开头在那桶冻干的蔬菜块里寻找的问题，当我与劳伦·奥列克西克和她的团队围着 Foodini 挤在一起，看着玻璃窗里的小机器人弄坏了一个未来派的小吃时，我想到了同一个问题：我们到底有多糟？这一长串的技术实验到底会走向何方？考虑到过去技术的失败以及未来环境的改变和人口的压力，我们是否能够合理地、负责任地保证技术会朝着一个好的方向发展？我们不仅要确保有足够的食物供我们所有人生存，还要确保新鲜的食物供应，包括我们的烹饪传统，会继续存在下去。

无论怎样，答案都是肯定的。我们大有可能保障所有人的饮食，也会保护和维持我们关于食物的传统。答案是，我们并不会比克服所面临的挑战时的我们更糟糕。我经历了 11 个国家和美国 13 个州的漫长而奇怪的旅程，最终找到了希望，在那一天日暮的时候。

至少在可预见的未来，我们中的许多人将有比今天更多的选择，关于我们想吃的食物种类，关于我们想支持一个不断发展的食物系统的哪些方面。如果你想继续吃本土的、有机的、手工培育的那些经由土壤和阳光滋养的食物，而且愿意为它们支付额外费用的话，你也可以继续这样很长一段时间。但如果你希望饮食营养超个性化，以最佳的健康方式吃定制食物的话，也是可以的。如果你想完全不做饭，也不咀嚼食物的话，大可以完全靠着索兰特（或另一种可饮用的营养补剂）维持生活，每天大约 15 美元，还能自动送到家门口。

对我来说，这本书的创作过程，很多时候更像是在和自己长久以来的拖延症做斗争。我一次次地打破对于食物的种种误解，披荆斩棘，探索着前卫的观点和未来的多种可能性。至此，我已经打消了靠后花园自给自足让农业综合企业关门大吉的念头。对于基因编辑食物、养殖鱼类、培养肉类和婴幼儿配方奶粉，也不再抱有成见。我甚至希望 3D 打印食物和索兰特代餐可以早日普及。在我看来，那些我们平时狼吞虎咽的快餐速食，说不定也能有所改善。而相应的，我们对于传统食物的尊重也会进一步加深。

当然，这其中必然有不少需要妥协的地方。食品体系的根基，即农民用于种植和生产水果、蔬菜、谷物和蛋白质的方法、工具和技术手段，或许在未来会发生改变。这些改变有的可能悄无声息，有的可能会带来翻天覆地的变化。我们既需要一批斗志昂扬的草根活动家来捍卫那些既有的农业传统，也需要联邦和州政府出台一系列强有力的举措，促使农民采用更加智能和高效的种植技术。除了打造发达的本地小规模有机农场供应网络外，我们还需要在大规模工业化养殖上有所改进。我们不仅需要智能化渔场、AI 赋能机器人、优良的转基因作物和经过免疫武装的农作物，还需要保护好传统作物。我们不仅需要健康肥沃的表层土壤，还需要那些从地下智能探索器中收集回来的数据。我们不仅需要朝气蓬勃的初创小微企业，还需要那些老牌大型食品公司，从而齐心协力，开拓出一条可持续食品发展的新路子，为公众谋福祉，而不是只服务于少数富豪精英阶层。我们需要正视和反思技术中存在的诸多不足，并不断推动技术的演进与发展，我们必须谦逊地坚持创新。

　　5 月的一个周日，是个杀鸡的日子，早上 8 点 15 分，我来到克里斯和安妮·纽曼的农场。这座农场占地 8 英亩，位于弗吉尼亚州西北部波托马克河河畔，附近有个老橡树林。32 岁的安妮已经筋疲

力尽了。她几乎一夜没怎么睡，带着 1 岁大的贝蒂，天亮前起来给 300 只母鸡喂水、喂食，收鸡蛋，给家人做早餐，把另一个 3 岁大的孩子交给邻居看管。36 岁的克里斯起得更早，需要起来喂猪，他从鸡笼里挑选出 150 只肉鸡，然后做好准备，在今天太阳下山前，宰杀、处理、包装、冷藏起来。

我和他们在临时屠宰场碰了面。这个屠宰场其实是个 600 平方英尺（约 55.74 平方米）的金属拖车，就停靠在他们小隔板房的车道上。这辆拖车颇有美剧《绝命毒师》（*Breaking Bad*）里那个制毒室的风格，配有室外发电机、不锈钢桌子、冷水浴、蒸汽浴以及数台外表斑驳的机器，其中一个是带有厚实橡胶手套的巨型漏勺（这是个脱毛设备）。车内竖立着一个高大的圆形架子，上面有 8 个"屠宰锥"，其实是用来人道屠宰家禽的不锈钢钳子。一堆蓝色的塑料筐里装着几只鸡，它们安静地缩成一团，头顶上红色的肉冠和身上散乱的白色羽毛被灰尘覆盖。每只鸡大概 3 磅（约 1.36 公斤）重，肉乎乎的。安妮抓住每只鸡的脚，然后翻转过来，接着用机器把鸡脚固定住，让鸡头悬挂在屠宰锥狭窄一端的外侧。随后，捏住鸡喉咙，挨个放血。

"糟糕。"

一只瘦小的小鸡在锥子末端扭动着，随后掉入装有血水的深水槽，接着滑到下面的塑料盆里。克里斯看着这只在盆里扑腾着的湿漉漉的小鸡。他问安妮："宝贝，你怎么把这只小鸡给宰了？"。

安妮说："我看它脚有问题。"

"是可怜它，才把它宰掉吗？"

"没错。看到这种情况，我心里还是忍不住烦躁。"

安妮跪下来，把鸡头剁掉。此刻的安妮头发乌黑，皮肤苍白，面容姣好，看起来像是美国电影《饥饿游戏》(The Hunger Games)里的女主角凯特尼斯·伊夫狄恩与美国艺术家杰克逊·波洛克(Jackson Pollock)作品的集合体。从紫色的头巾到破旧的作战靴，她身上沾满了红色的鸡血。她表示："我已经习惯了这样。"安妮是一名画家，她父亲是一个承包商，所以打小就经常和父亲去建筑工地。"我只是不喜欢看到一条生命就这么完结了。不管你宰杀多少只鸡，心里始终很别扭。"

情况确实如此，克里斯表示："我们永远都不想让内心麻木。如果真是那样，我们还是收拾收拾，回办公室工作吧。"

克里斯身高六尺四（约 1.95 米），头发剃光了，胳膊健壮有力，在屠夫围裙里穿了件衬衫，上面写着"Meat for More"。他的父亲在马里兰州南部切萨皮克地区的波托马克河对岸长大，这条河是成千上万皮斯卡特维人的母亲河，许多像克里斯和他父亲这样印第安人的后裔仍然在这里生活。克里斯的母亲是一名非裔美国人，她在华盛顿特区东南部地区将克里斯抚养长大。克里斯从小学习能力很强，他在二年级的时候就可以阅读十二年级的书。他一边取出鸡内脏，一边告诉我："虽然我走上了一条不同寻常的道路，但这并没有让我迷失自我。我是个罕见的混血儿，从小就是个书呆子，生活在一个黑人社区。而现在，我成了一个 36 岁给 Whole Foods 供货的家伙，手里还提着一只有机鸡的屁股。"

在整部书里我遇到的所有人中，克里斯和安妮在采访期间以及我们后来的交谈，给我留下了很深刻的印象，我感觉他们的身影最为高大。这样说，并不是因为他们最有可能成功——养活更多的人，影响力最大，或是获得诺贝尔奖，而是因为他们的做法是我所说的第三种农业方式，并且将这种方式以最生动、最真实的形式体现得淋漓尽致。

他们二人共同体现了一种革新热忱，体现了作为小农挑战和重新构想可持续农业生产现状的决心。他们尝试建立一种全新的小规模食品生产的典范，在这个过程中，日复一日不断检验自己的设想。这种生产模式将传统与技术、古老技艺和全新技术融为一体。我对他们了解得越多，就越懂得他们的愿景。我只能将它描述成一种理想国，它是一种富含食物的森林生态系统，最终将由智能机器进行管理和维护服务，在这个系统中，技术只用来服务和改善自然。

克里斯小时候偶尔会和父亲来到一个小屋，现在他把这个小屋分享给了妻子和孩子。他父亲曾把小屋捐给当地的美国印第安旅游协会，用来教授土著居民的历史和文化，告诉人们当时的印第安人在这片土地上的生活方式、饮食、价值观以及习俗。克里斯的奶奶利用这片土地盛产的包括木瓜、柿子、栗子在内的食材做饭，并教授他如何在森林里农耕。他表示："几个世纪以来，皮斯卡特维镇管理着茂密的食用森林，森林上层、下层、灌木丛、葡萄藤以及树林地表位置都结有各种水果和坚果。在这儿，被绊倒是常事，可是绊倒你的很可能是美味的食材。我从小就了解我们生活在生态系统之内，而不是凌驾于系统之上。我们呼出去的正是树林吸入的。我们将逝去的先辈埋到这片土里，正是他们数百年来滋养着这个系统。动植物腐烂后会重生。世间所有生命都来源于死去和重生的事物。"

然而，克里斯 20 多岁时对这些并不看重。当时，他从马里兰大学毕业，获得了计算机编程学位，并从 Lockheed Martin 公司得到了一份金饭碗工作。后来他加入了一个团队，负责给美国财政部做软件。他面无表情地说："可是这份工作并没多大意思。"28 岁那年，他在华盛顿亚当斯摩根的一家休闲酒吧遇见安妮，当时她在一家美术馆工作。安妮回忆道："当时他用那双碧绿的眼睛看着我，朝我走过来，对我说：'你微笑时的样子就像刚刚在口袋里发现了一块蛋糕。'当时确实如此。"

克里斯鼓起勇气辞职了，然后在一家规模较小的科技公司工作，当时工作非常劳累，他开始胃痛。2013 年夏天的一个假期，他读了邻居家的一本书，是迈克尔·波伦写的《杂食者的两难》，书中介绍了永续农业这一概念。他表示："当时突然感到一种强烈的认可，就像你一辈子都知道某件事，这时有人来给它起了个名字一样。"永续农业的基本原则就是他在小时候学到的土著食品生产法。圣公会教徒安妮也对这一概念产生了强烈的共鸣。她告诉我："《圣经》中谈到很多有关土地管理的内容。""虽说我和克里斯有不同的信仰，可是在这一刻我们却达成了共识。"

作者迈克尔在书中介绍到永续农业的先驱叫乔尔·萨拉廷，他在弗吉尼亚州的西部地区经营着一家农场，而这个农场离这里只有几个小时的车程。于是几天后，克里斯辞去工作，参加了乔尔办的一个讲习班，随后决定和安妮一起建一家农场，后来他们将其命名为 Sylvanaqua，意思是"水边的森林"。

可是农场一开始就一波三折。克里斯说："当时初生牛犊不怕虎的我们，对未来的路有多难走，根本就一无所知。"克里斯夫妇的亲戚中，唯一对农耕有所了解的就是克里斯的爷爷，可是他已经去世了。克里斯告诉我："虽然农耕在我的血脉中流淌，我祖上从奴隶、烟草农民到森林寄居者，都是和农业打交道，可问题是他们都没有告诉我该怎么做。"

夫妇二人尽量从书里和众多 YouTube 视频中寻找方法。可是他们做出的决定错得离谱，尤其是获取利润的方式。他们认为 6 个月内就能获得可观的收入。然而事实却是他们亏损了 4 年。2018 年夏天，我去采访他们的时候，他们才刚刚盈利。2017 年，他们的产量翻了三番：每周平均收获大约 1800 个鸡蛋、180 只鸡、1200 磅（544.31 公斤）猪肉和 600 磅（272.15 公斤）牛肉。需要注意的是，所有这些都是有机食品，夫妻二人将这些出售到华盛顿的高端商店和餐馆。当年全部收入约 17 万美元，可是净收入仅为 2.8 万美元左右，这对于作为两个孩子的父母而言，只是贫困线水平。

他们习惯了通过兼职来贴补家用。农场开业 1 年后，克里斯找到了一份兼职：为他辞掉的软件公司远程工作。目前，这份兼职还在继续，一周工作 20 个小时，确保家庭支出平稳运行。安妮在折扣百货公司 Belk 担任文职工作，不过有了孩子后，就辞职了。养孩子，就不可避免地给他们的事业带来压力。小女儿出生后不久，他们 3 岁的玛琳就被诊断出患有自闭症，给孩子治疗，让本就繁重的生活雪上加霜。

安妮表示："田园生活听上去确实够理想、够浪漫：一起在田里劳作，看着孩子们追着小鸡嬉戏打闹。"可是，当土狼吃掉一半的母鸡，暴风雨来袭，或者室外 105 华氏度（约 40.56 摄氏度），湿度 99%，即便如此，还得跑到屋外干活时，田园生活的乐趣也就大打折扣了。"

夫妇二人偶尔也会谈论戒烟。克里斯承认："偶尔抽得勤了点，不过内心这样说：小子，戒烟的事别太较真了。我们可是在帮忙解决系统问题。"事实确实如他所说，Sylvanaqua 有两个目标：证明种植作物的最佳方法是"模仿自然界里的永续模式"；不管使用什么高科技手段和技术，都要实现这一点。

2018 年在我来这儿前的几个月，克里斯开始对永续农业种植方式从效率甚至道德层面提出疑问。一开始让他纠结的是，周边所有人，包括大部分朋友以及和他一起长大的邻居，都买不起夫妻二人生产的食品：猪排每磅 10 美元（约 143 元 / 公斤）、鸡肉每磅 4 美元（约 57 元 / 公斤），这些是产品卖给高端市场和餐馆的价格，实际上，只有富人才消费得起。

克里斯发现自己与导师乔尔·萨拉廷的思想背道而驰，乔尔是精英主义者，宣扬克里斯所说的购买力差异。克里斯表示："这些人普遍认为，穷人才应该粒粒皆辛苦，所以他们愿意花更多的钱享受这种食物。""可是，我是在穷人堆里长大的，我不想变成别人口中的'搞项目的那小子，他才需要发扬勤俭不浪费的光荣传统'。我们需要搞清楚的是如何采用更有效、更公平的方法种植永续食品，也就是说需要引进智能技术。"

克里斯是程序员出身，能同时钻研生态学和技术。他表示："许多人自称是永续种植者，却将技术视作洪水猛兽、自然界的法西斯独裁者，他们尤其不欢迎现代粮食系统。可是问题的关键从来不是技术本身，而是技术背后的道德、价值观和动机，还有我们种植的原因、种植的作物以及种植的场所。我们过于关注为促进全球经济发展增加种植作物，这样做却是以牺牲当地生态为代价的。事实上，如果我们使用技术的方式得当，完全可以扭转这种局面。"

克里斯从软件工程师的角度告诉我，他将"食物看作界面，作物的种植方式、方法将会不断增多，也更容易被取代。未来，同样的水果既可能来自我的食物森林，也可能来自加利福尼亚州的一块田地，或是市中心的气雾栽培室。只要这些种植方法可以直接或间接帮助恢复生态或减轻地球生态系统的压力，我就表示支持"。克里斯夫妇和肯尼亚的露思·奥尼昂奥和墨西哥的马克·奥尔森一样，都在通过现代方法保护传统农业，这在许多农业传统主义者看来是异端，需要逐出农业圈。举个例子，夫妻二人希望采用机器人和软件来帮助重新创建和管理克里斯奶奶教给他们的"食物森林"。他们会砍伐农田和放牧区周围的树木，来为众多苹果树、樱桃树和柿子树腾地。接着，他们会种上浆果灌木，包括蓝莓、黑莓、朴树和猕猴桃。在地表，他们会养殖蘑菇，然后把猪牵过来给土地施肥。在森林外围，他们会通过牲畜排出的富氮粪肥让那里的土地变得肥沃，接着会种植可以常年耕种的燕麦、大豆、斯佩尔特小麦和普通小麦。他们将间种玉米、豆类和南瓜，周围环绕着向日葵和香草。

他们也会通过传统种子种植谷物、水果和蔬菜，以此来恢复该地区的本土植物，这样一来会让作物基因出现混乱。对此，克里斯表示："现在的气候条件与我祖上所处的环境完全不同。谁也不知道接下来的10年或20年内，气候将会变成什么样。所以基因工程在我们的计划中不可或缺，我们将开发出一种可以耐热、耐旱，以及适应土壤盐渍度的本地和祖先种子库。"根据克里斯夫妇二人的预测，他们将用无人驾驶汽车甚至无人机将肉、蛋和蔬菜直接运给客户，这对目前的送货方式而言，是一项重大改进。目前，主要通过极度耗油的平板卡车送货。

夫妻二人也期望在农场实现更智能的机械化作业。如果经济条件允许，他们将购买可以用于水果和坚果树的自动除草机和收割机。克里斯还认为，"机器人的价值将非同凡响，可以帮助我们监测降雨、日照、季节变化、害虫和传粉媒介的来临，帮助判断水果和蔬菜是否成熟，何时以及如何成熟"，这种方式可以加深对生态系统管理的理解。

我发现他们这个理想非常诱人，以后我会邀请家人来这里共享盛宴。我希望2050年可以来这里欢度感恩节。克里斯大方地表示他请客。他表示，这顿饭将包括他们夫妇二人制作的全部传统美食，包括火鸡和鸭子，传统种类的玉米和青豆，在食用森林边缘种植的土豆、蔓越莓和接骨木果，以及祖上食用的食物——木瓜、柿子和栗子。妥善使用 21 世纪中叶的最佳方式可以让每种因素成为现实，甚至变得更好。

不过，克里斯提醒我，食品森林和永续农业不会成为未来粮食生产的全面解决方案。他称："这并不能彻底解决经济适用性问题。想百分百解决问题，是不可能的。"两人设想出的宏观永续农业系统，具有各种食品生产"区域"，从大城市市中心向外辐射到周边郊区和农村地区。例如，离城市最近的区域设有密集度较高的气雾栽培垂直农场，这里负责生产极易腐烂和高营养的产品。郊区将种植大型社区花园；像他们所在的弗吉尼亚州北部这样的远郊区将使用食用森林，生产永续肉类、果园水果、坚果以及一些谷物。

这样的系统需要大量的政府资金和全新的管理方式，以及相关的《土地管理法》和《国际贸易法》才能成功运行。克里斯称，即使构想得以实现，它也不会取代工业化农场。这些农场将继续生产上述系统以外的主粮，毕竟目前这些主粮占农业总产值的 90% 以上（随着人们扩大以植物为基础的肉类替代品的规模，诸如小麦等作物的需求将会不断增加）。宏观永续农业系统无法提供大量的香蕉、鳄梨、咖啡、反季水果和蔬菜，以及我们已经习惯采用长途运输的其他奢侈品。

然而，实现这一愿景的关键是不要在永续农业和工业化农业之间、零技术和全技术之间做出错误的选择。相反，正如安妮所提到的，需要支持"百花齐放，百家争鸣"。这也是一个可以吸引更多参与者的系统。美国目前作物种植者的占比不到 2%。从现在起 30 年内，想要获得健康、安全的食物供应，需要全世界范围内的种植者携起手来共同构建一个规模更大、更精细的网络。无论你是大型还是微型农场的作物种植者、园丁、政策倡导者、永续农业的传播者、厨师、植物学家、工程师或是有责任感的消费者，我们都需要更多人共同参与，想方设法保障我们的粮食供应，共同应对气候变化和城市人口增长带来的压力。

为此，我们将携手共同实现克里斯和安妮家中悬挂的标语，也是皮斯卡特维人的座右铭：

Pemhakamik Menenachkhasik
（同一个世界，同一座花园）

注 释

引 言

1 Rosamund Naylor, "The Elusive Goal of Global Food Security," *Current History* 117 (2018): 3. See also "The State of Food Security and Nutrition in the World," Food and Agriculture Organization of the United Nations (FAO), 2018, https://tinyurl.com/y8jfvy9o.

2 "Health, United States, 2016: With Chartbook on Long-term Trends in Health," National Center for Health Statistics, 2017.

3 "Special Report: Global Warming of 1.5℃ ," Intergovernmental Panel on Climate Change (IPCC), 2018, https://www .ipcc.ch/sr15/.

4 "The State of Food Security and Nutrition in the World," FAO, 2018.

5 Linda Poon, "There Are 200 Million Fewer Hungry People Than 25 Years Ago," NPR, June 1, 2015.

6 Derek Thompson, "How America Spends Money: 100 Years in the Life of the Family Budget," *The Atlantic*, Apr. 5, 2012.

7 Brent Cunningham, "Pastoral Romance," *Lapham's Quarterly* 4

(2011): 179.

8　J. R. Porter et al., *Climate Change 2014: Impacts, Adaptation, and Vulnerability,* IPCC(Cambridge: Cambridge University Press, 2014),pp.485–533.

9　J. R. Porter et al., *Climate Change 2014: Impacts, Adaptation, and Vulnerability,* IPCC（Cambridge: Cambridge University Press, 2014）,p.506.

10　"Global Warming of 1.5℃ ," IPCC, 2018, https:// tinyurl.com/yb46plrt.

11　引自 Chris Mooney and Brady Dennis, "The World Has Just over a Decade to Get Climate Change Under Control, U.N. Scientists Say," *Washington Post*, Oct. 7, 2018。

12　2018 年 9 月与 Jerry Hatfield 的私人谈话。

13　Porter et al., "Food Security and Food Production Systems," *Climate Change*, 2014, p.512.

14　David Karp, "Most of America's Fruit Is Now Imported: Is That a Bad Thing?" *New York Times*, Mar. 13, 2018.

15　Peter W. Stahl, "Structural Density of Domesticated South American Camelid Skeletal Elements and the Archaeological Investigation of Prehistoric Andean Ch'arki," *Journal of Archaeological Science* 26 (1999): 1347–1368.

16　Virginia Woolf, *A Room of One's Own*（New York: Harcourt, Brace, 1929）.

01 新的尝试

1 我要感谢范德堡大学考古学家 Steve Werneke 和 Tiffiny Tung，是他们指导我完成了古代农业发展史方面的研究。

2 Yuval Noah Harari, *Sapiens: A Brief History of Humankind* (New York: Harper Collins, 2015), p.81. Harari 在这本书中就农业对早期人类定居产生的影响提出了不少新奇的观点。他补充道："农业革命期间，农耕让人类团结一心，改造自然的能力不断增强，可是也让不少人生活得越发艰难。与猎食相比，农民们必须付出更多努力，可是获得的食物选择性较小，而且所含的营养也不如觅得食物充分。同时，他们更容易遭受疾病的困扰，还可能遭到剥削。"（见该书第 377 页）

3 Lori E. Wright，Francisco Chew，"Porotic Hyperostosis and Paleoepidemiology: A Forensic Perspective on Anemia Among the Ancient Maya," *American Anthropologist* 100 (1998):924–939.

4 2018 年 9 月与 Ruth DeFries 私下交流。Ruth 探讨了早期文明以来改变农业的技术和创新，她提出了许多真知灼见，让我受益良多，我对此表示万分感谢。Ruth DeFries, *The Big Ratchet: How Humanity Thrives in the Face of Natural Crisis*（New York: Basic Books，2014）.

5 Coral Davenport，"Pentagon Signals Security Risks of Climate Change," *New York Times*，2014.10.13.

6 C. E. Werrell, F. Femia，"The Arab Spring and Climate Change," US Center for Climate and Security, 2013.

7　Thomas Malthus, *An Essay on the Principle of Population* (London: St. Paul's ChurchYard，1798).

8　Ruth DeFries, *The Big Ratchet, How Humanity Thrives in the Face of Natural Crisis*（New York: Basic Books，2014）.

9　Tim Dyson, "World Food Trends and Prospects to 2025," *Proceedings of the National Academy of Sciences* 96（1999）：5929-5936.

10　人们普遍引用这一调查结果，相关信息可登录以下网址，里面配有图表、动画等详细说明,worldpopulationhistory.org 以及 https://ourworldindata.org/world-population-growth。

11　2018 年 12 月与南达科他大学动物科学系教授 Rosemarie Nold 的私下交流。

12　Paul Roberts，*The End of Food: The Coming Crisis in the World Food Industry*（London: Bloomsberry，2008），xi.

13　许多文献探讨了农业随时间而改变自然系统的方式，不过我尤其喜欢 Elizabeth Kolbert 在其编著的 *The Sixth Extinction* (New York: Henry Holt, 2014) 一书中"Welcome to the Anthropocene"一章对这方面所做的描述。

14　"Live Animals," FAO database, https://tinyurl.com/y9242tar.

15　2018 年 9 月与 Ruth DeFries 的私下交流。

16　"The State of Food Security and Nutrition in the World," FAO,2018, https://tinyurl.com/y8jfvy9o.

17　"Food Loss and Waste Facts," FAO，2015.7.22，https://tinyurl.com/y8twh8nm.

18 Allen G. Good and Perrin H. Beatty, "Fertilizing Nature: A Tragedy of Excess in the Commons," *PLOS Biology* 9（2011）: 8.

19 Johann G. Zaller, Florian Heigl, Liliane Reuss, Andrea Grabmeir, "Glyphosate Herbicide Affects Belowground Interactions between Earthworms and Symbiotic Mycorrhizal Fungi in a Model Ecosystem," *Scientific Reports* 4（2014）.

20 Chensheng Lu, Kenneth M. Warchol, Richard A. Callahan et al., "Sub-lethal Exposure to Neonicotinoids Impaired Honey Bees Winterization Before Proceeding to Colony Collapse Disorder," *Bulletin oF Insectology,* 67 (2014): 125-130. 另见 "EPA Actionsto Protect Pollinators," National Environmental Protection Agency, https://tinyurl.com/yc6jsceg。

21 Jorge Fernandez-Cornejo et al., "Pesticide Use in U.S. Agriculture: 21 Selected Crops, 1960–2008," US Department of Agriculture, 2014.5, https://tinyurl.com/y7qg42aq.

22 D. R. Davis, M. D. Epp,H. D. Riordan, "Changes in USDA Food Composition Data for 43 Garden Crops, 1950 to 1999," *Journal of the American College of Nutrition,*2004.12.23,pp.669-682.

23 Michael Moss, *Salt, Sugar, Fat*（New York: Random House, 2013）.

24 Gary Taubes, "Why Nutrition Is So Confusing," *New York Times*, 2014.2.8.

25 "Double Burden of Malnutrition," WHO, https://tinyurl.com/

y7mwlzy6.

26　Bee Wilson, "The Last Bite," *The New Yorker*，2008.5.19.

27　哈佛大学肯尼迪政治学院教授 Calestous Juma 就人们对从农业到音乐等许多文化方面的技术产生的恐惧写了一本书，颇具价值，详见 *Innovation and Its Enemies: Why People Resist New Technologies* (New York: Oxford University Press, 2016)。

28　Barbara A. Cohn et al., "DDT Exposure in Utero and Breast Cancer," *Journal of Clinical Endocrinology & Metabolism* 100 (2015)：2865-2872.

29　Daniel Cressey, "Widely Used Herbicide Linked to Cancer," *Scientific American*，2015.3.25，https://tinyurl.com/y7ej4c43.

30　D. McCann et al., "Food Additives and Hyperactive Behaviour in 3-Year-Old and 8/9-Year-Old Children in the Community: A Randomised, Double-Blinded, Placebo-Controlled Trial," *The lancet* 370 (2007)：1560-1567. 另见 Rebecca Harrington, "Does Artificial Food Coloring Contribute to ADHD in Children?" *The lancet*，2015.4.27，https://tinyurl.com/h57lv4z。

31　Danny Hakim, "Doubts about the Promised Bounty of Genetically Modified Crops," *New York Times*，2016.10.29.

32　Tim Folger, "The Next Green Revolution," *National Geographic Magazine*，2013.9.

33　记者 Charles Mann 就相关问题进行了出色的历史考证，详见 *The Wizard and the Prophet* (New York: Alfred A. Knopf，2018)。

34 Chris Newman, "Clean Food: If You Want to Save the World, Get Over Yourself," *Medium*，2018.1.28，https://tinyurl.com/y7nsbyy4.

02 濒死的果树

1 Robert Frost, "Good-bye, and Keep Cold," in *The Poetry of Robert Frost*，ed. Edward Connery Lathem (New York: Holt Paperbacks, 1979).

2 Naibin Duan，Yang Bai et al.，"Genome Re-sequencing Reveals the History of Apple and Supports a Two-stage Model for Fruit Enlargement," *Nature Communications* 8(Aug.15,2017)：249. Michael Pollan 生动地讲述了苹果树的"驯化"之路，他将详细信息记录在 The Botany of Desire: A Plant's Eye View of the World (New York: Random House, 2002) 中。

3 H. D. Thoreau, "Wild Apples," *The Atlantic Monthly* 10（Nov. 1862），https://tinyurl.com/y8oavrpu.

4 Rebecca Rupp, "The History of the 'Forbid den' Fruit," *National Geographic*, July 2014.

5 Ed Yowell, "Our Disappearing Apples," *The Atlantic*, Nov. 22, 2010.

6 "2017 Agricultural Chemical Use: Fruit Crops,"美国农业部美国国家农业统计局在 2018 年 7 月制定的美国农业化学品使用计划。

7 "Just How Old Are the 'Fresh' Fruit and Vegetables We Eat?" *Guardian*, July 13, 2003.

8   Addie A. van der Sluis et al., "Polyphenolic Antioxidants in Apples
    Effect of Storage Conditions on Four Cultivars," *Acta Horticulturae*
    600 (Mar., 2003).

9   Andrea Tarozzi, Alessandra Marchesi, Giorgio Cantelli-Forti,Patrizia
    Hrelia, "Cold-storage Affects Antioxidant Properties of Apples in
    Caco-2 Cells," *Journal of Nutrition* 134,no.5 (May1,2004): 1105-
    1109.

10 "Apple Industry at-a-Glance," U.S. Apple Association, https://
    tinyurl.com/ya7x5tnh.

11 "Crops (2016): Apple Quantity Production by Country," FAO
    Database, https://tinyurl.com/l345lur.

12 E. Dana Durand, William.J. Harris, "Chapter 1: Farms and Farm
    Property," in *Agriculture 1909 and 1910*,Department of Commerce,
    Bureau of the Census,https://tinyurl.com/ycrp4q94.

13 "2012 Census Volume 1, Chapter 1: U.S. National Level Data,"
    USDA, 2012, https://tinyurl.com/jm2u4xe.

14 Thomas Jefferson, *Notes on the State of Virginia* (London: John
    Stockdale, 1787), p.208.

15 United States Department of Agriculture, 2012.

16 "Employment by Major Industry Sector," Bureau of Labor
    Statistics, 2016,https://tinyurl.com/ycecorbf.

17 "2012 Census of Agriculture: Farms and Farmland," United States
    Department of Agriculture, 2014,https://tinyurl.com/y97c58f3.

18 感谢威斯康星大学麦迪逊分校的水果园艺专家阿马亚·阿图查
（Amaya Atucha）就美国中西部的北方地区种植的苹果树在生命周期、
温度要求以及开花趋势方面所需的科学知识给予了指导。威斯康星大
学水果计划（Fruit Program）在树木果芽阶段所需临界温度方面提供
了翔实可靠的信息，具体细节请登录网站：https://fruit.wisc.edu/。此
外，密歇根州立大学园艺学教授 Greg Lang 博士和在明尼苏达大学教
授相同课程的 James Luby 博士，也就解释气候变化对美国中西部北
方地区的苹果产量造成的影响给予了极大帮助。

19 Patrick Farrell, "Yes, We Have No Peaches," *New York Times,*
Aug. 1, 2016.

20 Oliver Milman, "Donald Trump Would Be World's Only National
Leader to Reject Climate Science," *Guardian,* July 12, 2016.

21 "Presidential Election Results: Donald J. Trump Wins," *New York
Times,* Aug.9, 2017, https://tinyurl.com/kvkqlfq.

22 Jeff Andresen, "Climate Change in the Great Lakes Region," Great
Lakes Integrated Sciences Assessments, July 2014,http:// glisa.
umich.edu/climate.

23 有关何塞·查帕罗（José Chaparro）博士桃子育种研究的详细信息，
可以登录佛罗里达大学园艺科学系网站进行查询：https://tinyurl.com/
y94qfl3t。

24 Jerry Hatfield 博士的相关研究概述请参见以下网址：https://tinyurl.
com/y74qnqd8。此外，他在明尼苏达大学发表的演讲中就研究
发现进行了进一步阐述。演讲主题为"Climate Change Affecting

Agriculture", 详情请登录网址: https://tinyurl.com/ya4x8urc。

25 Anthony W. King, Carla A. Gunderson, Wilfred M. Post, David J. Weston, Stan D. Wullschleger, "Plant Respiration in a Warmer World," *Science* 312 (Apr. 28, 2006): 536–537.

26 Laura Parker, "Parched: A New Dust Bowl Forms in the Heartland," *National Geographic,* May 2014.

27 "EWG's Farm Subsidy Database: Crop Insurance," *Environmental Working Group,*https://tinyurl.com/y776kyao.

28 "Interior Department Releases Report Underscoring Impacts of Climate Change on Western Water Resources," U.S. Department of the Interior, Mar.22, 2016.

29 "Interior Department Releases Report Underscoring Impacts of Climate Change on Western Water Resources," U.S. Department of the Interior, Mar.22, 2016.

30 以玛格丽特 · 沃尔什（Margaret Walsh）为主导的团队首次就气候变暖对食品生产造成的影响进行了综合研究。具体参见"The Effects of Climate Change on Agriculture, Land Resources, Water Resources, and Biodiversity in the United States," U.S. Climate Change Science Program Assessment Product, May 2008。

31 Matt Black, "The Dry Land," *The New Yorker,* Sept. 22, 2014.

32 Phillip Reese, "Study: California Farmers to Fallow 560,000 Acres of Crops This Year," *Sacramento Bee,*July 2, 2015. 另见一篇普利策奖获奖文章，描述休耕地对加利福尼亚州农民产生的影响，详见 Diana

Marcum，"Scenes from California's Dust Bowl," *Los Angeles Times,* Dec. 10, 2014。

33 Ezra David Romero, "Drought Is Driving Beekeepers and Their Hives from California," *The Salt*, NPR, Sept. 29, 2015.

34 美国农业部葡萄遗传学研究中心的 Jason Londo 博士就气候变化对果园和葡萄栽培的影响做出了解释。另见 Jason Londo，"Characterization of Wild North American Grapevine Cold Hardiness Using Differential Thermal Analysis," *American Journal of Enology and Viticulture* 68, no. 2 (2017): 203–212。

35 Ruth Tam, "Guacamole at Chipotle Could Be Climate Change's Next Casualty," PBS News Hour, Mar. 4, 2014.

36 Somini Sengupta，"How Climate Change Is Playing Havoc with Olive Oil (and Farmers)," *New York Times,* Oct. 24, 2017.

37 Eric Randolph，"Iran's Pistachio Farms Are Dying of Thirst," Phys. org, Sept. 4, 2016,https://tinyurl.com/y8rzp9pb.

38 Michon Scott，"Climate and Chocolate," National Oceanic and Atmospheric Administration, Feb. 10, 2016.

39 Corey Watts，"A Brewing Storm: The Climate Change Risks to Coffee," Climate Institute, 2016.

40 Corey Watts，"A Brewing Storm: The Climate Change Risks to Coffee," Climate Institute, 2016.

41 "Annual Report 2017: Creating the Future of Coffee," World Coffee Research, 2017.

42 Ross Courtney, "Arctic Armor: Methods of Combating Frost," *Good Fruit Grower,* Sept. 6, 2017.

43 Alabama Expansion System, "Methods of Freeze Protection for Fruit Crops," Alabama Agricultural Machinery University and Auburn Universities, 2000.

44 Amy Irish-Brown, Phil Schwallier, "Setting Apples with Plant Growth Regulators," Michigan State University Extension, May 9, 2017.

03 抗旱的种子

1 Haradhan Kumar Mohajan, "Food and Nutrition Scenario of Kenya," *American Journal of Food and Nutrition* 2 (2014): 28–38.

2 "Ethiopia Crisis," U.S. Agency for International Development, 2017, https://tinyurl.com/yavkfo7w.

3 "U.N. Calls for More Funds to Save Lives Across Horn of Africa," UN News, July 29, 2011.

4 Michael Klaus, "UNICEF Responds to Horn of Africa Food Crisis That Has Left 2 Million Children Malnourished," UNICEF, July 11, 2011.

5 "Country Brief: Kenya," FAO, May 8,2018, https:// tinyurl.com/ y7qq72j8.

6 "Kenya: Atlas of Our Changing Environment," United Nations

Environment Programme, 2009. 另见 Rupi Managat, "The Vanishing Glaciers of Mt. Kenya," *The East African*, Jan. 14, 2017。

7   Andrea Dijkstra, "Kenyans Turn to Camels to Cope with Climate Change," Deutsche Welle, Apr. 24, 2017.

8   2016 年 1 月与 Robb Fraley 的私人谈话。

9   我非常感谢加州大学戴维斯分校的植物科学家 Pamela Ronald，她详细解释了基因工程和转基因植物之间的区别。虽然 Tego 抗旱玉米种子是使用基因组分析和标记辅助育种技术开发的，但其中没有来自不同物种动植物的基因修饰。Ronald 在她与丈夫 Raoul Adamchak 合著的 *Tomorrow's Table: Organic Farming, Genetics, and the Future of Food*（New York: Oxford University Press, 2008）一书中介绍了基因工程和转基因的优点。

10   K.Snipes and C.Kamau, "Kenya Bans Genetically Modified Food Imports," USDA Foreign Agricultural Service,Nov.2012.

11   Steven Cerier, "Led by Nigeria, Africa Opening Door to Genetically Modified Crop Cultivation," Genetic Literacy Project,Mar.6,2017, https://tinyurl.com/ycl5cx63.

12   Tamar Haspel, "The Last Thing Africa Needs to Be Debating Is GMOs," Washington Post, May22, 2015, https://tinyurl.com/yaw9sxo4. 另见 MacDonald Dzirutwe, "Africa Takes Fresh Look at GMO Crops as Drought Blights Continent," Reuters, Jan.7, 2016, https://tinyurl.com/y7sqsswm。

13   Jared Diamond, "Evolution, Consequences and Future of Plant

and Animal Domestication," *Nature* 418（2002）: 700–707.

14   Sean B. Carroll, "Tracking the Ancestry of Corn Back 9,000 Years," *New York Times,* May 24, 2010.

15   Tamar Haspel, "In Defense of Corn, the World's Most Important Food Crop," *Washington Post,* July 12, 2015.

16   E. E. Borejsza-Wysocka, M. Malnoy, H. S. Aldwinckle, S.V. Beer, J.L. Norelli, and S. H. He, "Strategies for Obtaining Fire Blight Resistance in Apple by DNA Technology," *Acta Horticulturae* 738 (2007): 283–285.

17   与 Robb Fraley 的私人谈话。

18   "Recent Trends in GE Adoption," U.S. Department of Agriculture, 2018.

19   与 Robb Fraley 的私人谈话。

20   Alison Moodie, "GMO Food Labels Are Coming to More US Grocery Shelves—Are Consumers Ready?" *Guardian*, Mar.24, 2016.

21   "Global Status of Commercialized Biotech/GM Crops: 2017," International Service for the Acquisition of Agribiotech Applications (ISAAA), 2018.

22   "Global Status of Commercialized Biotech/GM Crops: 2017," International Service for the Acquisition of Agribiotech Applications (ISAAA), 2018.

23   Martha R. Herbert, "Feasting on the Unknown," *Chicago Tribune,* Sept.3, 2000.

24 Gilles-Eric Séralini, Emilie Clair, Robin Mesnage, Steeve Gress, Nicolas Defarge, Manuela Malatesta, Didier Hennequin, and Joël Spirouxde Vendômois, "Long Term Toxicity of a Roundup Herbicide and a Roundup-Tolerant Genetically Modified Maize," *Food and Chemical Toxicology* 50 (2012): 4221–4231.

25 Mark Lynas, *Seeds of Science: Why We Got It So Wrong on GMOs* (New York: Bloomsbury Sigma, 2018).

26 Tamar Haspel, "The Public Doesn't Trust GMOs: Will It Trust CRISPR?" *Vox*, July 26, 2018.

27 Siddhartha Mukherjee 在 *The Gene: An Intimate History* (New York: Scribner, 2016) 一书中讲述了一个有趣、容易理解的基因编辑历史。要想更深入地了解这一科学，请参见 Susan Aldridge, *The Thread of Life: The Story of Genes and Genetic Engineering* (Cambridge: Cambridge University Press, 1996)。

28 Alice Park, "HIV Genes Have Been Cut Out of Live Animals Using CRISPR," *Time*, May 19, 2016.

29 Kelly Servick, "Gene-editing Method Revives Hopes for Transplanting Pig Organs into People," *Science*, Oct. 11, 2015.

30 Carrie Funk and Brian Kennedy, "The New Food Fights: U.S. Public Divides over Food Science," Pew Research Center, Dec. 1. 2016.

31 Michael Gerson, "Are You Anti-GMO? Then You're Anti-science, Too," *Washington Post,* May 3, 2018.

32 Jorge Fernandez-Cornejo, Seth Wechsler, Mike Livingston, and Lorraine Mitchell, "Genetically Engineered Crops in the United States," U.S. Department of Agriculture, Feb. 2014.

33 Carol Kaesuk Yoon, "Stalked by Deadly Virus, Papaya Lives to Breed Again," *New York Times,* July 20, 1999.

34 Drake Baer, "Bill Gates Is Betting on a Strain of Rice That Can Survive Floods," *Business Insider,* Sept. 2, 2015.

35 Nyasha Mudukuti, "We May Starve, but at Least We'll Be GMO-Free," *Wall Street Journal,* Mar. 10, 2016.

36 2016 年 7 月与 Dickson Liyago 博士的私人谈话。

37 Tom Clarke, "Monarchs Safe from Bt," *Nature*, Sept. 12, 2001.

38 J. M. Farrant, K. Cooper, A. Hilgart, K .O. Abdalla, J. Bentley, J. A. Thomson, H .J. Dace, N. Peton, S. G. Mundree, and M. S. Rafudeen, "A Molecular Physiological Review of Vegetative Desiccation Tolerance in the Resurrection Plant Xerophyta viscosa," *Planta* 242 (2015): 407–426.

39 David Shamah, "'Hibernating' Crops May Be Science's Cure for Drought," *Times of Israel,* Aug. 29, 2013.

40 Liliana Samuel, "Drought-resistant Argentine Soy Raises Hopes, Concerns," Phys.org, Apr. 27, 2012. 另见 Lizzie Wade, "Argentina May Have Figured Out How to Get GMOs Right," *Wired,* Oct. 28, 2015。

04 机器人农场

1 Alan Taylor, "Bhopal: The World's Worst Industrial Disaster, 30 Years Later," *The Atlantic,* Dec.2, 2014, https://tinyurl.com/y967zce9.

2 Tyrone B. Hayes et al., "Atrazine Induces Complete Feminization and Chemical Castration in Male African Clawed Frogs (*Xenopus laevis*)," *Proceedings of the National Academy of Sciences of the United States of America* 107, no. 10 (Mar.9, 2010): 4612–4617.

3 "Gulf of Mexico 'Dead Zone' Is the Largest Ever Measured" (media release), National Oceanic and Atmospheric Administration, Aug. 2, 2017, https://bit.ly/2vtOOnF.

4 Ly Truong and Claire Press, "Making Food Crops That Feed Themselves," BBC, June 8, 2018, https://tinyurl.com/yafaelba.

5 Clay Masters, "Iowa's Nasty Water War," *Politico,* Jan.21, 2016, https://tinyurl.com/y7vcq6mj..

6 Ying Zhang et al., "Prenatal Exposure to Organophosphate Pesticides and Neurobehavioral Development of Neonates: A Birth Cohort Study in Shenyang, China," *Plos One*, 2014. 另见 Stephen A. Rauch et al. "Associations of Prenatal Exposure to Organophosphate Pesticide Metabolites with Gestational Age and Birth Weight," *Environmental Health Perspectives* 120 (2012): 1055–1060。

7 "Pesticide Residues in Food," World Health Organization, Feb.19, 2018. 另见 Lois Swirsky Gold et al., "Pesticide Residues in Food

and Cancer Risk: A Critical Analysis," in *Handbook of Pesticide Toxicology*, ed. R. Krieger, 2d ed. (San Diego: Academic Press, 2001), pp. 799–843。

8 2018 年 1 月与 Jorge Heraud 的私人谈话。

9 Richard Mabey, *Weeds: In Defense of Nature's Most Unloved Plants*,New York: Ecco/Harper Collins, 2011.

10 Travis Legleiter and Bill Johnson, "Palmer Amaranth Biology, Identification, and Management," Purdue Extension, Nov.2013, https://tinyurl.com/ycqqlncj. 另见 Brooke Borel, "Weeds Are Winning the War Against Herbicide Resistance," *Scientific American*,June 18, 2018, https://tinyurl.com/yczrj2t8。

11 Tom Barber，作物杂草科学教授，阿肯色大学农业系统部土壤与环境科学系，详细解释了藜草的历史、科学性及其对农达的抗药性。详见 Ryan McGeeney, "As Arkansas Growers Struggle with Increasingly Resistant Weeds, State Weighs Labeling," University of Alabama Division of Agriculture Research and Extension, Nov.21, 2016。

12 Carey Gillam, "EPA Approves Dow's Enlist Herbicide for GMOs," *Scientific American,* 2014, https://tinyurl.com/ycrckvvq.

13 Eric Lipton, "Crops in 25 States Damaged by Unintended Drift of Weed Killer," *New York Times,* Nov.1, 2017.

14 Marianne McCune, "A Pesticide, a Pigweed and a Farmer's Murder," NPR, June,14, 2017, https://tinyurl.com/y8yvhy7a.

15 "Status of the World's Soil Resources," FAO 2015, https://tinyurl.

com/yao7z4ue. 另见 F. Nachtergaele, R. Biancalani, and M. Petri, "Land Degradation: SOLAW Background Thematic Report 3," FAO, 2011, https://tinyurl.com/y8ysv43x。

16　Michael C. R. Alvanja, "Pesticides Use and Exposure Extensive Worldwide," *Reviews on Environmental Health* 24, no. 4 ,2009: 303–309.

17　Daniel Charles, *Master Mind: The Rise and Fall of Fritz Haber, the Nobel Laureate Who Launched the Age of Chemical Warfare* (New York: Ecco/HarperCollins, 2005). 另见 Jad Abumrad and Robert Krulwich's episode of Radiolab titled "How Do You Solve a Problem Like Fritz Haber?" in which they grapple with the good and evil that has come from Haber's work, WNYC, 2012, https://tinyurl.com/y7hq7hyg。

18　Brett Cherry, "GM Crops Increase Herbicide Use in the United States," *Science in Society* 45 (2010): 44–46.

19　Paul J. Mills, Izabela Kania-Korwel, John Fagan, Linda K. McEvoy, Gail A. Laughlin, and Elizabeth Barrett-Connor, "Excretion of the Herbicide Glyphosate in Older Adults Between 1993 and 2016," *Journal of the American Medical Association* 318, no. 16,(2017): 1610–1611.

20　"Glyphosate Issue Paper: Evaluation of Carcinogenic Potential," Environmental Protection Agency Office of Pesticide Programs, Sept. 12, 2016. 另见 L.N. Vandenberg, B. Blumberg, M. N. Antoniou et al., "Is It Time to Reassess Current Safety Standards for

Glyphosate-based Herbicides?" *Journal of Epidemiology and Community Health* 71, no. 6 (2017): 613–618。

21 杨丹丹、张云建、刘烈刚、洪艳：《接触杀虫剂与老年痴呆症风险：系统评估和元分析》，《科学报告》2016 年第 6 期。另见 Jane A. Hoppin et al, "Pesticides Are Associated with Allergic and Non-Allergic Wheeze Among Male Farmers," *Environmental Health Perspectives* 125, no. 4 (Apr.2017): 535–543; and Marys F. Bouchard et al., "Attention-Deficit/Hyperactivity Disorder and Urinary Metabolites of Organophosphate Pesticides," *Pediatrics* 125, no. 6 (June 2010): 1270–1277。

22 Johann G. Zaller, Florian Heigl, Liliane Ruess, and Andrea Grabmaier, "Glyphosate Herbicide Affects Belowground Interactions between Earthworms and Symbiotic Mycorrhizal Fungi in a Model Ecosystem," *Scientific Reports* 4 (2014).

23 Christopher Ratzke, Jonas Sebastian Denk, and Jeff Gore, "Ecological Suicide in Microbes," *Nature Ecology and Evolution* 2 (2018): 867–872.

24 S. Lang, "'Slow, Insidious' Soil Erosion Threatens Human Health and Welfare as Well as the Environment, Cornell Study Asserts," *Cornell Chronicle*, Mar.20, 2006, https://tinyurl.com/y7j928jr.

25 David R. Huggins and John P. Reganold, "No-Till: The Quiet Revolution," *Scientific American*, July,2008.

26 Elizabeth Creech, "Saving Money, Time and Soil: The

Economics of No-Till Agriculture Farming," U.S. Department of Agriculture, Nov.30, 2017, https://tinyurl.com/yadsfvjn. 另见 A. Kassam, T. Friedrich, R. Derpsch, and J. Kienzle, "Overview of the Worldwide Spread of Conservation Agriculture," *Field Actions Science Reports* 8 (2015), https://tinyurl.com/y8q7oxmk。

27 Elaine R. Ingham, "Soil Bacteria," USDA Natural Resource Conservation Service, https://tinyurl.com/y8u6sk9u. 另见 Mike Amaranthus and Bruce Allyn, "Healthy Soil Microbes, Healthy People," *The Atlantic,* June 11, 2013,https://tinyurl.com/ydgf3oox。

28 See also David R. Montgomery, *Dirt: The Erosion of Civilizations* (Berkeley: University of California Press, 2007). Montgomery 阐述了自人类诞生以来，土壤管理的失败一次又一次地吞噬着人类文明的成果。

29 Tom Simonite, "Why John Deere Just Spent $305 Million on a Lettuce Farming Robot," *Wired,* Sept.6,2017, https://tinyurl.com/ycnko3r2.

30 "A 'Right to Repair' Movement Tools Up," *The Economist,* Sept.30,2017.

05 传感器的灵敏度

1 引自 Nanette Byers, "Tim Cook: Technology Should Serve Humanity, Not the Other Way Around," *MIT Technology Review,* June,9, 2017。

2　"Production Indices: Visualize Data," FAO Database, https：// tinyurl.com/y725a4vg.

3　Ma Yuan, Zheng Fei, Liu Ran, Rong Tiankun, "Hedge Funds Bet on Organic Farming in China," *Caixin Online*, Mar.14, 2013, https:// tinyurl.com/y8uc5xaq.

4　Kaifang Shi et al., "Urban Expansion and Agricultural Land Loss in China: A Multiscale Perspective," *Sustainability* 8 (2016), https:// tinyurl.com/ydytatub.https://tinyurl.com/ydytatub.

5　2014 年 5 月与陈君石的私人谈话。

6　Brook Larmer, "How Do You Keep Your Kids Healthy in Smog-Choked China?" *New York Times,* Apr,16, 2015.

7　Didi Kirsten Tatlow, "Don't Call It 'Smog' in Beijing, Call It a 'Meteorological Disaster'," *New York Times,* Dec.15, 2016.

8　"The Bad Earth: The Most Neglected Threat to Public Health in China Is Toxic Soil," *The Economist,* June 8,2017, https://tinyurl. com/ybt976kp.

9　见 2014 年 5 月与陈君石的私人谈话。另见 Yanzhong Huang，"China's Worsening Food Safety Crisis," *The Atlantic,* Aug.28,2012。

10　Tracy McMillan, "How China Plans to Feed 1.4 Billion Growing Appetites," *National Geographic,* Feb.2018. 另见 "Employment in Agriculture (% of Total Employment)," 世界银行数据库，2018 年 9 月检索，https://tinyurl.com/y7v6y2by。

11　"The Bad Earth: The Most Neglected Threat to Public Health,"

2017.

12　"Thirsty Beijing to Raise Water Prices in Conservation Push," *Reuters*, Apr.29,2014.

13　Mark Fischetti, "How Much Water Do Nations Consume?" *Scientific American,* May 21, 2012.

14　Yonglong Lu, Shuai Song, Ruoshi Wang, Zhaoyang Liu, Jing Meng, Andrew J. Sweetman, Alan Jenkins, Robert C. Ferrier, Hong Li, Wei Luo, Tieyu Wang, "Impacts of Soil and Water Pollution on Food Safety and Health Risks in China," *Environment International* 77 (April 2015): 5–15.

15　David Stanway, "China to Make More Polluted Land Safer for Agriculture by 2020," Reuters, Feb. 4, 2018, https://tinyurl.com/ycx2g544.

16　2018 年 10 月与 Yonglong Lu 的私人谈话。

17　Haiyang Liu, Miao Ren, Jiao Qu, Yue Feng, Xiangmeng Song, Qian Zhang, Qiao Cong, and Xing Yuan, "A Cost-Effective Method for Recycling Carbon and Metals in Plants: Synthesizing Nanomaterials," *Environmental Science: Nano* 2 (2017), https://tinyurl.com/yab4pqal. 另见 Hillary Rosner, "Turning Genetically Engineered Trees into Toxic Avengers," *New York Times,* Aug.3, 2004。

18　"China Needs Patience to Fight Costly War Against Soil Pollution: Government," Reuters, June 22, 2017, https://tinyurl.com/yc94j9v7.

19　"Report Sounds Alarm on Soil Pollution," FAO, May 2,2018,https://

tinyurl.com/ybg9bwxk.

20 登录 https://tinyurl.com/ycstwdre，即可查阅联合国粮食及农业组织
   关于 1991—2016 年中国大陆地区的农药使用数据。

21 "China, Peoples Republic of: Organics Report," USDA Foreign
   Agricultural Service, 编号：10046，2010 年 10 月 26 日，https://tinyurl.
   com/y9uxxx5v. 另 见 Michelle Winglee, "China's Organics Market,
   Beset by Obstacles, Is Still Taking Off," *Foreign Policy,* Sept. 21, 2016,
   https://tinyurl.com/y8ztalne。

22 2018 年 10 月与 Jay Wang 的私人谈话。

23 2018 年 10 月与 Jay Wang 的私人谈话。

24 Gail Sullivan, "WalMart to Triple Food Safety Spending in China
   After Donkey Meat Disaster," *Washington Post,* July 17, 2014.

25 Liza Lin and Heather Haddon, "Kroger to Sell Groceries on Alibaba
   Site in China," *Wall Street Journal,* Aug. 14, 2018.

26 Leanna Garfield, "A Jeff Bezos–Backed Warehouse Farm Startup
   Is Building 300 Indoor Farms Across China," *Business Insider*,
   Jan. 23, 2018，https://tinyurl.com/y72nk9zs.

27 Leanna Garfield, "A Jeff Bezos–Backed Warehouse Farm Startup
   Is Building 300 Indoor Farms Across China," *Business Insider*,
   Jan. 23, 2018，https://tinyurl.com/y72nk9zs.

28 "Farms and Land in Farms 2017 Summary," U.S. Department of
   Agriculture, Feb. 2018, https://tinyurl.com/y7vdhu45.

29 Andrew Buncombe, "Aero- Farms: Work Starts to Build World's

Largest Vertical Urban Farm in Newark," *Independent,* Apr.28, 2015, https://tinyurl.com/y7fp3dko.

06 调节高度

1 科学家们自 20 世纪 20 年代起，首次在薄雾中种植植物，来研究根系结构。相关方法的历史和概述，参见 P. Gopinath et al., "Aeroponics Soilless Cultivation System for Vegetable Crops," *Chemical Science Review and Letters* 6, no. 22 (2017): 838–849。

2 H. S. Paris，J. Janick, "What the Roman Emperor Tiberius Grew in His Greenhouses," Proceedings of the Ninth EUCARPIA Meeting on Genetics and Breeding of Cucurbitaceae, May 21–24, 2008.

3 Pamela D. Toler, *Inventions in Architecture: From Stone Walls to Solar Panels* (New York: Cavendish Square Publishing, 2017), ch. 5.

4 Tom Hall, "The Plastic Mosaic You Can See from Space: Spain's Greenhouse Complex," *Bloomberg*, Feb.20, 2015, https://tinyurl.com/ydhr3852.

5 "A Study Links Temperature and Greenhouses in Almería," Reuters, Oct. 8, 2008, https://tinyurl.com/y7qgyr7n. 另见 Pablo Campra, Monica Garcia, Yolanda Canton, Alicia Palacios-Orueta, "Surface Temperature Cooling Trends and Negative Radiative Forcing Due to Landuse Change Toward Greenhouse Farming in Southeastern Spain," *Journal of Geophysical Research Atmospheres* 133, no. D18 (2008), https://

tinyurl.com/yakszdc6。

6   D. L. V. Martínez, L. J. B. Ureña, F. D. M. Aiz, A. L. Martínez, "Greenhouse
     Agriculture in Almería," *Serie Económica* 27 (2016).

7   Frank Viviano, "This Tiny Country Feeds the World," *National
     Geographic,* Sept. 2017.

8   2016 年 6 月与 David Lobell 的私人谈话。

9   Ana Swanson, "An Incredible Image Shows How Powerful
     Countries Are Buying Up Much of the World's Land," *Washington
     Post,* May 21, 2015.

10   Leon Kaye, "The Global Land Grab Is the Next HumanRights
     Challenge for Business," *Guardian,* Sept. 11, 2012.

11   Crunchbase, Aug. 24, 2018, https://tinyurl.com/y9r83tey.

12   "Comparison of Land, Water, and Energy Requirements of Lettuce
     Grown Using Hydroponic vs. Conventional Agricultural Methods,"
     *International Journal of Environmental Research and Public
     Health* 12, no. 6 (June 2015): 6879–6891.

13   "LED Light Bulbs Keep Improving in Efficiency and Quality," U.S.
     Energy Information Administration, Nov.4,2014.

14   Millicent G. Managa et al., "Impact of Transportation, Storage,
     and Retail Shelf Conditions on Lettuce Quality and Phytonutrients
     Losses in the Supply Chain," *Food Science and Nutrition*, July 4,2018,
     https://tinyurl.com/y9rfmdmv. 另见 Jean C. Buzby et al., "Estimated
     Fresh Produce Shrink and Food Loss in U.S. Supermarkets,"

Agriculture 5 (2015): 626–648。

2018 年 7 月与 Tamar Haspel 的私人谈话。另见 Tamar Haspel, "Why Salad Is So overrated," *Washington Post,* Aug.23, 2015。

M. M. Mekonnen,A. Y. Hoekstra, "The Green, Blue and Grey Water Footprint of Crops and Derived Crop Products," *Hydrology and Earth System Sciences* 15 (2011): 1577–1600.

Julia Belluz, "No One Should Die from Eating Salad," *Vox,* June 4, 2018, https://tinyurl.com/ycammwre.

Amy B. Trubek, *The Taste of Place: A Cultural Journey into Terroir* (Berkeley: University of California Press, 2008).

Hussein Mousa, "Saudi Arabia: Exporter Guide 2017," USDA Foreign Agricultural Service, GAIN Report Number SA1710, Dec.12, 2017, https://tinyurl.com/y9aq7sgr.https://tinyurl.com/y9aq7sgr.

Zahra Babar,Suzi Mirgani, eds., *Food Security in the Middle East* (Oxford: Oxford University Press, 2014).

"The World Population Prospects: The 2017 Revision," UN Department of Economic and Social Affairs, June 21, 2017.

Daniel Hoornweg and Kevin Pope, "Population Predictions for the World's Largest Cities in the 21st Century," *Environment and Urbanization* 29, no.1 (Apr. 2017): 195–216.

"How to Feed the World in 2050," FAO, 2009, https://tinyurl.com/5ranufw.

未来吃什么

07 倾斜的天平

1 Gwynn Guilford, "The Gross Reason You'll Be Paying a Lot More for Salmon This Year," *Quartz,* Jan. 22, 2017, https://tinyurl.com/jlto3k3.

2 2017 年 9 月与 Alf-Helge Aarskog 的私人谈话。

3 2017 年 9 月与 Alf-Helge Aarskog 的私人谈话。

4 "The Norwegian Aquaculture Analysis 2017," Ernst and Young, 2018, https://tinyurl.com/ycgx2wgd.

5 "The State of World Fisheries and Aquaculture," FAO, 2016, https://tinyurl.com/h6o7rga.

6 Lisa Crozier, "Impacts of Climate Change on Salmon of the Pacific Northwest," National Oceanic and Atmospheric Administration, Oct. 2016. 另见 Brian Hines, "California's Fishing Industry Is Drying Up: We Need to Think Big on Climate Change," *Sacramento Bee*, Mar. 27, 2018。

7 与 Aarskog 的私人谈话。

8 与 Aarskog 的私人谈话。又见 "The State of World Fisheries and Aquaculture 2006," FAO, 2007, https://tinyurl.com/y8ndv9ad。

9 2018 年 4 月与 Don Staniford 的私人谈话。另见 Daniel Pauly, "Aqualypse Now," *The New Republic*, Sept. 27, 2009, https://tinyurl.com/yczluvsv.

10 与 Aarskog 的私人谈话。

11 Joel K. Bourne Jr., "How to Farm a Better Fish," *National*

Geographic, June 2014, https://tinyurl.com/yap558yl.

12 Ryan Sabalow, "Devastated Salmon Population Likely to Result in Fishing Restrictions," *Sacramento Bee,* Feb.29, 2016, https://tinyurl.com/yc3xlld5. 另见 Ryan Sabalow, Dale Kasler, and Philip Reese, "Feds: Winter Salmon Run Nearly Extinguished in California Drought," *Sacramento Bee,* Oct. 28, 2015; and Megan Nguyen, "State of the Salmonids II : Fish in Hot Water," UC Davis Center for Water shed Science, May 16, 2017, https://tinyurl.com/ycd9vpgy。

13 Erica Goode, "Fish Seek Cooler Waters, Leaving Some Fishermen's Nets Empty," *New York Times,* Dec. 30, 2016.

14 Emily Greenhalgh, "Climate and Lobsters," National Oceanic and Atmospheric Administration, Oct.6, 2016, https://tinyurl.com/y73m9yxy.

15 "New Study: Warming Waters a Major Factor in the Collapse of New England Cod," Gulf of Maine Research Institute, Oct.29, 2015, https://tinyurl.com/ybwpgkdm.

16 James W. Morley et al., "Projecting Shifts in Thermal Habitat for 686 Species on the North American Continental Shelf," *Plos One* 13, no. 5 (2018), https://tinyurl.com/y9t9mvw7. 另见 Shelley Dawicki, "Many Young Fish Moving North with Adults as Climate Changes," National Oceanic and Atmospheric Administration— Northeast Fisheries Science Center, Oct.1, 2015, https://tinyurl.com/y9gf5kjn。

17　Goode, "Fish Seek Cooler Waters, Leaving Some Fishermen's Nets Empty".

18　Alex Rogers, "Global Warming's Evil Twin: Ocean Acidification," *The Conversation,* Oct.9, 2013, https://tinyurl.com/ycusw6la.

19　Hal Bernton, "Study Predicts Decline in Dungeness Crab from Ocean Acidification," *Seattle Times,* Jan.15, 2017, https://tinyurl.com/ydamq9k7. 另见 "Ocean Acidification Puts NW Dungeness Crab at Risk: Study Finds Lower pH Reduces Survival of Crab Larvae," ScienceDaily, May 18, 2016, https://tinyurl.com/jekd7k6。

20　J. E. Thorpe, C. Talbot, M.S. Miles, C. Rawlings, and D. S. Keay, "Food Consumption in 24 Hours by Atlantic Salmon (Salmo salar L.) in a Sea Cage," *Aquaculture* 90,no. 1 (1990): 41– 47. 另见 Clare Leschin-Hoar, "90 Percent of Fish We Use for Fishmeal Could Be Used to Feed Humans Instead," NPR, Feb.13, 2017, https://tinyurl.com/y8yzturq。

21　Xinxin Wang, Lasse Mork Olsen, Kjell Inge Reitan, and Yngvar Olsen, "Discharge of Nutrient Wastes from Salmon Farms: Environmental Effects, and Potential for Integrated Multi-trophic Aquaculture," *Aquaculture Environment Interactions* 2 (2012): 267–283.

22　C. Roberge et al., "Genetic Consequences of Interbreeding Between Farmed and Wild Atlantic Salmon," *Molecular Ecology* 17, no. 1 (Jan.2008): 314–324. 另见 Rebecca Clarren, "Genetic Engineering

Turns Salmon into Fast Food," *High Country News,* June23, 2003, https://tinyurl.com/y7fscnly.

23　M. Aldrin et al., "Modeling the Spread of Infectious Salmon Anaemia Among Salmon Farms Based on Seaway Distances Between Farms and Genetic Relationships Between Infectious Salmon Anaemia Virus Isolates," *Journal of the Royal Society Interface* 8, no. 62 (2011): 1346–1356.

24　M. D. Jansen et al., "The Epidemiology of Pancreas Disease in Salmonid Aquaculture: A Summary of the Current State of Knowledge," *Journal of Fish Diseases* 40, no. 1 (May2016): 141–155.

25　Stephen Castle, "As Wild Salmon Decline, Norway Pressures Its Giant Fish Farms," *New York Times,* Nov,6, 2017.

26　You Song et al., "Whole-organism Transcriptomic Analysis Provides Mechanistic Insight into the Acute Toxicity of Emamectin Benzoate," *Environmental Science and Technology* 50 (2016): 11994–12003. 另见 Norwegian Institute for Water Research, "Anti-Sea Lice Drugs May Pose Hazard to Non-target Crustaceans," *Phys.org* (Jan. 20, 2017); and John Vidal, "Salmon Farming in Crisis," *Guardian,*Apr.1, 2017, https://tinyurl.com/m9964xt。

27　Aarskog 认为封闭可控的水产养殖是所谓的蓝色革命的关键。详见 Trond W. Rosten, "New Approaches to Closed-Containment at Marine Harvest," Feb.9, 2015, https://tinyurl.com/y93stf2l。

另见 Emiko Terazono, "Norway Turns to Radical Salmon Farming Methods," *Financial Times,* Mar.13, 2017。

28 2018 年 4 月与 Ingrid Lomelde 的私人谈话。

29 FAO 收录了 Herminio R. Rabanal 的 "History of Aquaculture"（1988）一文，其中有水产养殖的可溯历史，详见 https://tinyurl.com/zzjyv9r。

30 Ed Yong, "The Scary Thing About a Virus That Kills Farmed Fish," *The Atlantic,* Apr.5, 2016.

31 Russell Leonard Chapman, "Algae: The World's Most Important 'Plants'—An Introduction," *Mitigation and Adaptation Strategies for Global Change* 18 (Sept.1, 2010): 5–12. 另见 Nick Stockton, "Fattened, Genetically Engineered Algae Might Fuel the Future," *Wired*, June 19, 2017。

32 Marine Harvest 集团鱼饲料部门的运营主管 Claes Jonermark 详细解释了鱼饲料科学。详见 Timothy B. Wheeler, "Repairing Aquaculture's Achilles' Heel," *Baltimore Sun,* Aug. 19, 2012; and International Union for Conservation of Nature, "Vegetarian Feed One of the Keys to Sustainable Fish Farming," June 12, 2017, https://tinyurl.com/y9vlhzfs。

33 "Fish In: Fish Out (FIFO) Ratios for the Conversion of Wild Feed to Farmed Fish, Including Salmon," IFFO—The Marine Ingredients Organisation, 2015,https://tinyurl.com/yby6epzx.

34 与 Aarskog 的私人谈话。

35 "Many of the World's Poorest People Depend on Fish," FAO, June 7,

2005, https://tinyurl.com/ybx287x3. 另见 Marjo Vierros and Charlotte De Fontaubert, *The Potential of the Blue Economy: Increasing Long-term Benefits of the Sustainable Use of Marine Resources for Small Island Developing States and Coastal Least Developed Countries*(Washington, D.C.: World Bank, 2017)。

08　肉食上瘾

1　"What the World Eats," *National Geographic*, https://tinyurl.com/ yc2d48gg.

2　"Meat and Meat Products," Animal Production and Health, FAO, Apr. 2016, https://tinyurl.com/42w47gz.

3　"Tackling Climate Change Through *Livestoc*k," FAO, 2013, https:// tinyurl.com/ybsbf8vj.

4　Sophie Egan, "How Much Protein Do We Need?" *The New York Time*, July 28, 2017, https://tinyurl.com/ yasspl3c.

5　Andrea Rock, "How Safe Is Your Ground Beef?" *Consumer Reports,*Dec. 21, 2015, https://tinyurl.com/ybsota6f.

6　Rowan Jacobsen, "This Top-secret Food Will Change the Way You Eat", *Outside,* Dec.26,2014, https://tinyurl.com/y9mbosve.

7　"WTAMU Research Results Signal Potential for Increased Efficiency in Beef Industry"（新闻发布），西德州农工大学（WTAMU）— WTAMU News, June 29, 2016, https://tinyurl.com/zqae663。

8 2016 年 10 月与 Ty Lawrence 的私人谈话。

9 Food Safety Division—Meat Inspection Services, "How Much Meat?" Oklahoma Department of Agriculture, Food, and Forestry, https://tinyurl.com/y9f3mrbk.

10 2018 年 10 月与 Uma Valeti and Eric Schulze 的私人谈话。

11 2018 年 10 月与 Uma Valeti and Eric Schulze 的私人谈话。

12 Marta Zaraska, "Is Lab-Grown Meat Good for Us?",*The Atlantic*, Aug.19, 2013, https://tinyurl.com/yapstflr.

13 Chloe Sorvino, "Tyson Invests in Lab-grown Protein Startup Memphis Meats, Joining Bill Gates and Richard Branson," *Forbes*, Jan. 29, 2018, https://tinyurl.com/y8t2w4vy.

14 Tysonfoods.com, 2018, https://tinyurl.com / yar5xb4z.

15 Jonathan Poland, "Tyson Foods: A Long- Term Buy Under $65," Yahoo! Finance, Aug. 20, 2018, https://tinyurl.com/yc4gg84v.

16 Keith Nunes, "Tyson Foods Showcases Prepared Foods Innovation Tiers at CAGNY", *Food Business News*, Feb.22,2018, https://tinyurl.com/ycbh3hn8.

17 Tysonfoods.com, 2018, https://tinyurl.com/yar5xb4z.

18 Tyson Foods 没有直接发布其温室气体排放量。在公司可持续报告上写道，"本公司 90% 的温室气体排放量来源于我们的供应链环节，并不直接由本公司业务造成"。其核心排放 1 和核心排放 2 温室气体（均非其直接产生的温室气体）累计一年达 560 万公吨。参见"Reducing Our Carbon Footprint," Tyson Foods, 2017, https://tinyurl.com/

yanxzpp6。

19　United Nations, Climate Change Secretariat, "Summary of GHG Emissions for Ireland," 2012, https://tinyurl.com/yageo9ek.

20　Taylor Soper, "As Funding Nears $400M, Impossible Foods Targets Meat Eaters with Plant- Based Burger That 'Bleeds'," *Geek Wire,* Apr. 5, 2018, https://tinyurl.com/yalc2czg.

21　"Plant- based Food Options Are Sprouting Growth for Retailers," Nielsen, June 13, 2018, https://tinyurl.com / ybvte4hh.

22　"Total Consumer Report," Nielsen, June 2018, https://tinyurl.com/yd5h8hgf.

23　Sharon Palmer, "Shining the Light on Plant Proteins," *Chicago Health,* Sept. 20, 2018, https://tinyurl.com/ybcgv6tz.

24　Jacob Bunge, "Cargill Invests in Startup That Grows 'Clean Meat' from Cells," *Wall Street Journal,* Aug. 23, 2017.

25　2018 年 10 月与 Uma Valeti 的私人谈话。2010 年的一项研究表明，这一数字接近 80％，见 Eimar Leahy，Sean Lyons，Richard S. J. Tol, "An Estimate of the Number of Vegetarians in the World," *Economic and Social Research Institute,*Mar. 2010, https://tinyurl.com/y8synv5v。

26　Marcello Rossi, "China's Growing Appetite for Meat Undermine Its Efforts to Fight Climate Change?," *Smithsonian Magazine,* July 30, 2018, https://tinyurl.com/yd2nakc3.

27　"How to Feed the World 2050," FAO, Oct. 13, 2009.

28 Winston Churchill, "Fifty Years Hence," *Strand Magazine*, Dec. 1931.

29 Zara Stone, "The High Cost of Lab- to-Table Meat," *Wired*, Mar. 8, 2018.

30 Emma Cosgrove, "Finless Foods Raises $3.5m Seed Round to Culture Bluefin Tuna," *Ag Funder News,* June 20, 2018, https:// tinyurl.com/y8avowtl.

31 Matt Simon, "The Impossible Burger: Inside the Strange Science of the Fake Meat That 'Bleeds'," *Wired*, Sept. 20, 2017.

32 Mahita Gajanan, "The Meat Industry Has Some Serious Beef with Those 'Bleeding' Plant- Based Burgers," *Time,* Mar. 21, 2018.

33 Tom Polansek, "Tyson Foods CEO Steps Down for Personal Reasons," Reuters, Sept. 17, 2018, https://tinyurl.com/ y8c7qoxe.

34 Maria Machuca, "Cargill Meat Solutions Recalls Ground Beef Products Due to Possible E. Coli Contamination," (新闻发布) U.S. Department of Agriculture, Sept. 19, 2018, https://tinyurl.com/ y74fwh5r.

35 北美肉类研究所在其网站上发布, 根据 2003 年最新调研得出, 美国肉制品行业一年大约赚取 1980 亿美元, https://tinyurl.com/ y9xtwwh8。

36 Dana Gunders, "Wasted: How America Is Losing Up to 40 Percent of Its Food from Farm to Fork to Landfill," Natural Resources Defense Council, Aug. 16, 2017, https://tinyurl.com/ glxxnt4.

09 停止腐烂

1 "The Kroger Family of Companies 2018 Sustainability Report," Kroger, 2018, https://tinyurl.com/y8v7tcpr.

2 "The Kroger Family of Companies 2018 Sustainability Report," Kroger, 2018, https://tinyurl.com/y8v7tcpr.

3 "27 Solutions to Food Waste," ReFED, 2018, https://tinyurl.com/y9ar7rha.

4 Jonathan Bloom, *American Wasteland: How America Throws Away Nearly Half of Its Food (and What We Can Do About It)* (Cambridge, Mass.: Da Capo Press, 2010). 另见 U.S. Environmental Protection Agency, "Municipal Solid Waste Generation, Recycling, and Disposal in the United States: Facts and Figures for 2012," Feb. 2014, https://tinyurl.com/y8ec8k6j。

5 Zach Conrad, Meredith T. Niles, Deborah A. Neher, Eric D. Roy, Nicole E. Tichenor, Lisa Jahns, "Relationship Between Food Waste, Diet Quality, and Environmental Sustainability," *Plos One* 13 (2018).

6 "Frequently Asked Questions," U.S.Department of Agriculture, 2010, https://tinyurl.com/y82prs5o. 另见 Jonathan Bloom, "A New Roadmap for Fighting Food Waste," National Geographic, Mar. 14, 2016, https://tinyurl.com/y9uu6wp7。

7 "27 Solutions to Food Waste," ReFED.

8   Jennifer Molidor and Jordan Figueiredo, "Checked Out: How U.S. Supermarkets Fail to Make the Grade in Reducing Food Waste," Center for Biological Diversity, Apr. 2018, https://tinyurl.com/yc7d8ut8.

9   Heather Haddon and Laura Stevens, "Investors Want to Talk Food Waste with Amazon," *Wall Street Journal,* Mar. 1, 2018.

10   Darby Hoover, "Estimating Quantities and Types of Food Waste at the City Level," National Resources Defense Council, 2017, https://tinyurl.com/y9zm7ax9.

11   JoAnne Berkenkamp, "Beyond Beauty: The Opportunities and Challenges of Cosmetically Imperfect Produce," Minnesota Institute for Sustainable Agriculture, May 2015, https:// tinyurl.com/ybncfs6c.

12   Jo Robinson, *Eating on the Wild Side: The Missing Link to Optimum Health* (New York: Little, Brown, 2013).

13   Zlata Rodionova, "Denmark Reduces Food Waste by 25% in Five Years with the Help of One Woman—Selina Juul," *Independent,* Feb. 28, 2017.

14   Zlata Rodionova, "Denmark Reduces Food Waste by 25% in Five Years with the Help of One Woman—Selina Juul," *Independent,* Feb. 28, 2017.

15   Eleanor Beardsley, "French Food Waste Law Changing How Grocery Stores Approach Excess Food," NPR, Feb.24, 2018.

16 "EU Actions Against Food Waste," European Commission, https:// tinyurl.com/ya36hlhy.

17 Alex Morrell and Andy Kiersz, "Seeing How the Highest and Lowest-Earners Spend Their Money Will Make You Think Differently About 'Rich' vs. 'Poor' ," *Business Insider,* Dec.4,2017, https://tinyurl.com/y75rt9o6.

18 "How'd We 'Make' a Nonbrowning Apple?" Arctic Apples, https://tinyurl.com/ybgpqz83.

19 Food Recovery Act of 2017,S.1680, 115th Congress (2017–2018).

20 Personal communication, Nick Cortolillo, plant manager, K.B. Specialty Foods, Feb.2018.

21 Tasneem Abbasi, S.M. Tauseef, and S.A. Abbasi, "A Brief History of Anaerobic Digestion and 'Biogas' ," Springer Briefs in Environmental Science, vol. 2, *Biogas Energy* (Springer,2012).

22 "Zero Waste Case Study: San Francisco," Environmental Protection Agency, https://tinyurl.com/y9tpm5op.

23 "National Overview: Facts and Figures on Materials, Wastes and Recycling," Environmental Protection Agency, https://tinyurl.com/ ycn7td8f.

24 "Draft: Livable Nashville," Office of Mayor Megan Barry, https:// tinyurl.com/ybarokvg.

25 "Water for Sustainable Food and Agriculture," FAO, 2017, https:// tinyurl.com/yaskcsre.

10 管道之梦

1 "NASA Finds Drought in Eastern Mediterranean Worst of Past 900 Years," NASA, Mar.1, 2016, https://tinyurl.com/j48jxbg.

2 Corinne Sauer and Shael Kirshenbaum, "Israelis Give More than NIS 4 Billion a Year in Subsidies to Farmers," *Jerusalem Post,* Jan.1, 2014, https://tinyurl.com/yaut3e5g.

3 M.M. Mekonnen and A.Y. Hoekstra, "The Green, Blue and Grey Water Footprint of Crops and Derived Crop Products," *Hydrology and Earth System Sciences* 15 (2011): 1577–1600.

4 2018 年 8 月与 Amir Peleg 的私人谈话。

5 Isabel Kershner, "A Rare Middle East Agreement, on Water," *New York Times,* Dec.9, 2013.

6 "Israel's Water Challenge," *Forbes*, Dec.26, 2013, https://tinyurl.com /ycueyhlc.

7 "Socio-Economic & Food Security Survey 2014: State of Palestine— Report," United Nations, May,2016, https://tinyurl.com/ya7bzn24.

8 Bill Kingdom, Roland Liemberger, and Philippe Marin, "The Challenge of Reducing NonRevenue Water (NRW) in Developing Countries," World Bank, Dec. 2006, https://tinyurl.com/y9e94mop. 另见 Alan Wyatt, Jennifer Richkus, and Jemima Sy, "Using Performance-Based Contracts to Reduce NonRevenue Water," International Bank for

Reconstruction and Development/The World Bank, June,2016。

9 2015 年 6 月与 Avshalom Felber 的私人谈话。

10 Heather Clancy, "With Annual Losses Estimated at $14 Billion, It's Time to Get Smarter About Water," *Forbes,* Sept.19, 2013, https://tinyurl.com/y7gj6svw.

11 "First National Report on the Implementation of United Nations Convention to Combat Desertification," The Blaustein Institute for Desert Research, Nov.2000, https://tinyurl.com/ycjj3ekk. 另见 Alon Tal, "To Make a Desert Bloom: The Israeli Agriculture Adventure and the Quest for Sustainability," *Agricultural History* 82, no. 2 (Spring 2007): 228–257; and Jon Felder, "Focus on Israel: Israel's Agriculture in the 21st Century," Israel Ministry of Foreign Affairs, Dec.24, 2002。

12 David Shamah, "What Israeli Drips Did for the World," *Times of Israel,* Aug.20, 2013.

13 Rivka Borochov, "Israel Leads Way in Making Saltwater Potable," Israel Ministry of Foreign Affairs, Jan.31, 2012, https://tinyurl.com/y9qso2p9.

14 Jewish National Fund, "Water Solutions: Solutions for a Water-Starved World," https://tinyurl.com/ybsgmz3h.

15 "Israel's Largest and Most Advanced Regional Water and Wastewater Utility," Hagihon Company Ltd., https://tinyurl.com/ycv8rc4d.

16 与 Amir Peleg 的私人谈话。

17 Sarah Frostenson, "Water Is Getting Much, Much More Expensive in These 30 Cities," *Vox,* May 19, 2017.

18 Michael Dettinger, Bradley Udall, and Aris Georgakakos, "Western Water and Climate Change," *Ecological Applications* 25, no. 8 (2015).

19 Mohamed Ezz and Nada Arafat, "'We Woke Up in a Desert' —The Water Crisis Taking Hold Across Egypt," *Guardian,* Aug. 4, 2015.

20 Lara Nassar and Reem AlHaddadin, "A Guidance Note for SDG Implementation in Jordan," West Asia–North Africa Institute, Nov. 2017, https://tinyurl.com/yb7y69y8.

21 Somini Sengupta, "Warming, Water Crisis, Then Unrest: How Iran Fits an Alarming Pattern," *New York Times,* Jan. 18, 2018.

22 "South Africa's Ruling Party Endorses Boycott of Israel," *Times of Israel*, Dec. 21, 2012, https://tinyurl.com /ybhonjdw.

23 Luke Tress, "As 'Day Zero' Looms, South Africa Open to Israeli Water Tech, Researcher Says," *Times of Israel,* Mar. 8, 2018, https://tinyurl.com/y8a4hl2d.

24 "California and Israel Sign Pact to Strengthen Economic, Research Ties," Office of Gov. Edmund J. Brown Jr., Mar.5, 2014, https://tinyurl.com/y9dgjnz9.

25 Joseph Serna, James Queally, Larry Gordon, and Caitlin Owens, "Broken Water Main Floods UCLA at 75,000 Gallons per Minute," *Los Angeles Times,* July 30, 2014.

26 Heather Cooley, Peter Gleick, and Robert Wilkinson, "Water Reuse Potential in California," Pacific Institute, June 2014, https://tinyurl.com/y8u4m92w.

27 Alastair Bland, "Californians Are Struggling to Pay for Rising Water Rates," KQED, Feb.27, 2018, https://tinyurl .com/y7sdb9jk.

28 Quoted in Jeff Hull, "Water Desalination: The Answer to the World's Thirst?" *Fast Company*, Feb.1, 2009, https:// tinyurl.com/y778gdpv.

29 Greg Mellen, "From Waste to Taste: Orange County Sets Guinness Record for Recycled Water," *Orange County Register,* Feb.18, 2018, https://tinyurl.com/yddubtdu.

30 Joshua Emerson Smith, "San Diego Will Recycle Sewage into Drinking Water, Mayor Declares," *San Diego Tribune,* May 10, 2017, https://tinyurl.com/lu9v8yr.

11 铤而走险的办法

1 Verna Aardema, *Bringing the Rain to Kapiti Plain* (New York: Dial Books for Young Readers, 1981).

2 2015 年 7 月与 Eknath Khadse 的私人谈话。

3 Dana Nuccitelli, "2013 Was the Second-Hottest Year Without an El Niño Since Before 1850," *Guardian,* Feb.6,2014.

4 与 Eknath Khadse 的私人谈话。

5   Zeeshan Shaikh, "Maharashtra Tops 2015 Suicide Chart," *Indian Express,* Jan.2, 2017, https:// tinyurl.com/ycsjbzmt.

6   Virginia Simms, "Making the Rain: Cloud Seeding, the Imminent Freshwater Crisis, and International Law," *The International Lawyer* 44 (2010): 915–937.

7   George Dvorsky, "China's Ambitious New Rain-Making System Would Be as Big as Alaska," Gizmodo, Apr.25, 2018, https://tinyurl.com/y8cx8hmw.

8   D. M. Ramakrishna and T. Viraraghavan, "Environmental Impact of Chemical Deicers—A Review," *Water, Air, and Soil Pollution* 166 (2005): 52–56.

9   Sophie Quinton, " 'Cloud Seeding' May Make It Snow, but It Will Reduce Droughts in the West," *Washington Post*, Feb.26, 2018, https://tinyurl.com/ybls2wb2.

10   Gopala Sarma Poduri, "Short-Term Cost of Suicides in India," *Indian Journal of Psychological Medicine* 38 (2016): 524–528.

11   "Composite Water," NITI Aayog, June 2018.

12   Annie Banerji, "India's 'Worst Water Crisis in History' Leaves Millions Thirsty," Reuters, July 4, 2018.

13   National Oceanic and Atmospheric Administration data on drought patterns over time can be found at https://tinyurl.com/y7ju84bs.

14   Lynh Bui and Breena Kerr, "Repeated Natural Disasters Pummel

Hawaii's Farms," *Washington Post,* Aug. 28, 2018.

15 "UN Says 4.5 Million Ethiopians Now in Need of Food Aid After Poor Rains," *Guardian,* Aug. 25, 2015.

16 "Ethiopia Appeals for International Aid in Face of Deepening Food Insecurity," *Guardian,* Oct. 15, 2015.

17 "Ethiopia: 10.2 Million Ethiopians Need Emergency Food Assistance," USDA Foreign Agricultural Service, GAIN Report Number ET1543, Dec.28, 2015, https://tinyurl.com/y8jy9nye.

18 Aislinn Laing, "Ethiopia Struggles with Worst Drought for 50 Years Leaving 18 Million People in Need of Aid," *Telegraph,* Apr.23, 2016.

19 2016 年 10 月与 Mitiku Kassa 的私人谈话。

20 2016 年 10 月与 Mitiku Kassa 的私人谈话。

21 M.L. Bender, "The Languages of Ethiopia: A New Lexicostatistic Classification and Some Problems of Diffusion," *Anthropological Linguistics* 13 (1971): 170.

22 "Ethiopia: Events of 2017," Human Rights Watch, 2018, https://tinyurl.com/ydg3ym4g.

23 Chris Giles, "Ethiopia Is Now Africa's Fastest Growing Economy," CNN, Apr.24, 2018.

24 "Country Indicators: Ethiopia," FAO database, https://tinyurl.com/y9z52bdh.

25 2016 年 10 月与 John Aylieff 的私人谈话。

26 The UNICEF data on Ethiopia's infant and child mortality rates

over time can be found at https://tinyurl.com/yd2xf7qc.

27 2018 年 8 月与 Alemu Manni 的私人谈话。

28 2018 年 8 月与 Alemu Manni 的私人谈话。

12 古为今用

1 "Measuring the Earth's Dry Forests," NASA Earth Observatory, 2015, https://tinyurl.com/y7g7owto.

2 Maanvi Singh, "My Mom Cooked Moringa Before It Was a Superfood," NPR, Sept.21, 2015.

3 Ramesh Kumar Saini, Iyyakkannu Sivanesan, and Young-Soo Keum, "Phytochemicals of Moringa Oleifera: A Review of Their Nutritional, Therapeutic and Industrial Significance," *Biotech* 6 (2016): 203.

4 Jeff Fahey, "Moringa oleifera: A Review of the Medical Evidence for Its Nutritional, Therapeutic, and Prophylactic Properties. Part1," *Trees for Life Journal,* Dec.1, 2005, https://tinyurl.com /ya8jersd.

5 R. Gupta, M. Mathur, V.K. Bajaj, P. Katariya, S. Yadav, R. Kamal, and R. S. Gupta, "Evaluation of Antidiabetic and Antioxidant Activity of Moringa Oleifera in Experimental Diabetes," *Journal of Diabetes* 4 (2012): 164.

6 Robinson, *Eating on the Wild Side,* 190.

7 Jo Robinson, "Breeding the Nutrition Out of Our Food," *New York Times,* May 25, 2013.

8　Helena Bottemiller Evich, "The Great Nutrient Collapse," *The Agenda, Politico,* Sept. 13, 2017, https://tinyurl.com/yadrz3n9.

9　2018 年 10 月与 Samuel Myers 的私人谈话。另见 Danielle E. Medek, Joel Schwartz, and Samuel S. Myers, "Estimated Effects of Future Atmospheric CO_2 Concentrations on Protein Intake and the Risk of Protein Deficiency by Country and Region," *Environmental Health Perspectives* 125 (2017)。

10　"State Indicator Report on Fruits and Vegetables," Centers for Disease Control and Prevention (CDC), 2018, https://tinyurl .com/ ybpc6n42.

11　"Fruit and Vegetable Consumption Among Adults—United States, 2005," CDC, 2007, https://tinyurl.com /y92txlwu.

12　Angela Hilmers, David C. Hilmers, and Jayna Dave, "Neighborhood Disparities in Access to Healthy Foods and Their Effects on Environmental Justice," *American Journal of Public Health* 102 (2012): 1644–1654.

13　"U.S. Adult Consumption of Added Sugars Increased by More than 30% over Three Decades," *ScienceDaily*, Nov.4, 2014, https:// tinyurl.com/yc86sko9.

14　C.D. Fryar, Q. Gu, C.L. Ogden, and K.M. Flegal, "Anthropometric Reference Data for Children and Adults: United States, 2011– 2014," National Center for Health Statistics, *Vital and Health Statistics* 3, no. 39 (2016), https://tinyurl.com/yaupjqo5.

15 "Long-term Trends in Diabetes," CDC, Apr.2017, https://tinyurl.
com/yartp2oq.

16 David E. Jarvis et al., "The Genome of Chenopodium Quinoa,"
Nature 542 (2017): 307–312.

17 Adewale Oparinde, Tahirou Abdoulaye, Djana Babatima
Mignouna, and Adebayo Simeon Bamire, "Will Farmers Intend
to Cultivate Provitamin a Genetically Modified (GM) Cassava in
Nigeria? Evidence from a K-Means Segmentation Analysis of
Beliefs and Attitudes," *Plos One* 12, no. 7 (2017).

18 Pallava Bagla, "'Magic Millet' Gets an Enrichment Boost to Cure
Anaemia," *Economic Times,* June 14, 2015,https://tinyurl.com/
y7fpc3pk.

19 Elemarie Lamigo-Rosellon, "Improving Health and Nutrition
Through Rice Science," July31, 2017, posted on HarvestPlus.org,
https://tinyurl.com/y9xewwfl.

20 Melissa Hellmann, "Researchers Hope 'Super Bananas' Will Combat
Vitamin A Deficiency," *Time,* June 16, 2014. 另见 Alon Mwesigwa, "Can
a GM Banana Solve Uganda's Hunger Crisis?" *Guardian,* Dec.12,
2017。

13 粗糙的盛宴

1 Samuel Clark Ligon, Robert Liska, Jürgen Stampfl, Matthias Gurr,

and Rolf Mülhaupt, "Polymers for 3D Printing and Customized Additive Manufacturing," *Chemical Reviews* 117 (2017): 10212–10290.

2 Donna Miles, "Military Explores New Processes, Packaging for Combat Rations," U.S. Department of Defense, DoD News, Sept.28, 2012, https://tinyurl.com/y9bdvqpo.

3 Simon Angelo Cichello, "Oxygen Absorbers in Food Preservation: A Review," *Journal of Food Science and Technology* 52 (2015): 1889–1895.

4 Emma Graham-Harrison, "The Eat of Battle—How the World's Armies Get Fed," *Guardian,* Feb.18, 2014.

5 John Kell, "Campbell Soup Invests in Nutrition Tech Startup," *Fortune*, Oct.26, 2016, https://tinyurl.com/zw4z8pz; and John Kell, "Nestle Leads $77M Funding Round in Meal-Delivery Startup Freshly," *Fortune,* June 20, 2017, https://tinyurl.com/y9rwrtmd.

6 "Age Requirement by Service," Today's Military,2018,https://tinyurl.com/ycm9jr3f.

7 Kim Parker, Anthony Cilluffo, and Renee Stepler, "6 Facts About the U.S. Military and Its Changing Demographics," Pew Research Center, Apr.13, 2017, https://tinyurl.com /ycnamg3p.

8 L.J. Miller and Wei Lu, "Gen Z Is Set to Outnumber Millennials Within a Year," Bloomberg, Aug.20, 2018, https://tinyurl.com/y7qqspde.

9 Moumita Chakraborty, Mark Savarese, Eileen Harbertson, James Harbertson, and Kerry L. Ringer, "Effect of the Novel Radiant Zone Drying Method on Anthocyanins and Phenolics of Three Blueberry Liquids," *Journal of Agricultural and Food Chemistry* 58 (2010): 324–330.

10 G. Ahrens, H. Kriszio,and G.Langer, "Microwave Vacuum Drying in the Food Processing Industry," in *Advances in Microwave and Radio Frequency Processing* (New York: Springer, 2006), 426–435.

11 "Dietary Guidelines for Americans 2015–2020," U.S.Department of Agriculture,2015,https://tinyurl.com/ycfkhdwq.

致　谢

　　和许多人的家庭一样，我的家庭聚餐也是从一轮祷告感恩开始的。对食物的感恩就像是黄油之于面包，咖喱之于米饭，这是食物的深度和风味的源泉。我真诚且谦逊地感谢全世界每一位食物工作者。他们使我们之中的大多数人每天能够享受到独具风味和有营养的食物。尽管现实存在许多缺陷和不公，但是全球庞大的粮食体系是一个实实在在的奇迹。

　　同时我也非常感谢我的丈夫卡特，他是我的精神支柱，是我的情感伴侣，是我智慧的营养来源。倘若没有他的爱，没有他的率性，这本书是难以完成的。而我的孩子们，阿莉雅和尼古拉斯，都显现出坚韧的耐性和昂扬的斗志。他们并未抱怨路途遥遥，以及我在键盘旁度过了无数长夜和周末，而是选择陪伴我，在我身旁，在我的办公室里。这本书是我的，也是他们的。

　　我也无比珍视经纪人金伯利·威瑟斯彭的智慧和友谊。她比我更关心食品界，在我萌生写这本书的念头时，若是没有她的鼓励，我永远也无法落实这个念头。感谢希瑟·杰克逊在一开始就支持这本书，也感谢我坚强的编辑戴安娜·巴罗尼对本书的透彻理解。我要感谢戴安娜的坦率、充满干劲、极富耐心，倾听叙述，敏锐捕捉。被她庇佑，我备感幸运。感谢米歇尔·埃尼克莱里科以及和谐书局的设计、生产和营销团队，感谢你们的严谨和卓越。

此外，还有和蔼可亲又才华横溢的布莱德·维纳斯。是他帮助我整理书目，帮我润色文字。事实证明，他就是文学界挥舞着刀的最棒的忍者。即便林赛·罗马的才华可以远远胜任我的这一项目，她依旧愿意帮我挑选、整理书中的照片。感谢她慷慨地付出时间和精力。

一本书的好坏也取决于它信息的源头，因此我非常感谢每一章中的核心人物邀请我进入他们的工作和生活，感谢科学家们、工程师们和思想家们，他们与我分享的时间和见解比这本书所反映的要多得多。他们包括迈克尔·波伦、塔玛尔·哈斯佩尔、大卫·洛贝尔、保罗·霍肯、珍妮·诺兰、大卫·弗里德伯格、杰瑞·哈特菲尔德、露丝·德弗瑞、纳撒尼尔·约翰逊、丹尼尔·尼伦伯格、帕梅拉·罗纳德、达比·胡佛、吉尔·古利克森、阿玛亚·阿特查、阿莱姆·马尼、玛西亚·伊希伊特曼、肯德拉·克莱恩、达娜·珀尔斯、马丁·布洛姆、萨姆·迈尔斯、丹尼尔·梅森·德克罗兹、威利·富特、亚当·戴维斯、克里斯·纽曼、安妮·纽曼、威利·佩尔、内森·里德、奥拉·海尔格、海特兰、乔希·戈德曼、埃里克·纽曼、芬德尔·赵、卡莱布·哈珀、萨姆·肯尼迪、泰·劳伦斯、格斯·范德伯格、塞莱斯特·霍尔茨、施莱辛格、皮特·皮尔森、艾米莉·布罗德·莱布、斯内尔·德赛、丽莎·柯蒂斯、露丝·王、约翰·罗宾逊、布莱恩·海姆伯格和曼努埃拉·宗内森。

贝嘉·理查森提供了她多年的宝贵研究成果，毫不吝鼓励。她胸怀宽广、勤奋、才华横溢，可谓无所不能。与此同时，我也要向令人敬畏的阿尼亚·斯切斯涅夫斯基表示感谢，他耐心地查证事实，作为一名农民，以及食物正义的探寻者，他不断地向我发起挑战，要求我去思考生产与食物道德的问题。我曾经的学生卡洛琳·桑德斯也在从事相同的工作，她对食物史进行了有价值的研究。

我很感激克拉克·威廉姆斯·德里鼓舞人心的文字创作，也感激辛迪·克什纳，她用细致的眼光校对了这些文字，并把塞温尼·艾里作为写作避难所。我也非常感谢梅萨避难所，因为它给了我在那片宁静的绿洲中写作的机会；感谢格丽塔·盖恩斯和她的家人们分享了他们在亚拉巴马州的小屋；感谢凯瑟琳·舒尔茨和凯西·塞普分享了他们的双倍宽的面包，以及无与伦比的写作生活。

我还想要感谢我其他的作家朋友以及导师们，他们不断地推进我写作能力的提升，使我忠于作者这一身份。特别是阿尔玛·杰梅拉、爱丽丝·兰德尔、朱丽叶·艾尔佩林、丽贝卡·佩利、阿里克斯·巴泽莱、弗洛伦斯·威廉姆斯、乔恩·米查姆、尼克·汤普森、艾米莉·格里文、卡罗琳·威廉姆斯、米兰达·珀夫斯，还有本·奥斯汀。一路上，我也得到了范德比尔特的学生和同事们的宝贵支持和鼓励，包括慷慨地提供研究基金的达娜·纳尔逊、塞西莉亚·蒂奇、特蕾莎·戈杜、蒂芬尼·董和史蒂夫·沃内克。

我的母亲南希，在食物烹饪、赡养老人、培养我的好奇心，以及在我充满激情的职业生涯里给予了不懈的支持。我很感谢我的父亲鲁弗斯，他喜欢讲故事，他热爱历史和他的事业，并且对脚下的土地一往情深。我的继父科尔登·弗洛伦斯和继母霍普·格里斯科姆，对我充满耐心又无理由的支持。我也感谢婆婆林恩·利特尔对我家庭和工作倾注的心血，还寄来了无数发人深省的剪报（美国邮政局对此也表示感谢）。我要感谢我的兄弟鲁弗斯和布朗森·格里斯科姆，他们是我最好的朋友和最值得信赖的顾问。我要感谢索菲·西蒙斯和考特尼·利特尔，他们给我和我的孩子们喂食的次数多得数不清，我还要感谢村里的阿里·科明斯基、莎拉·特洛伊·克拉克、埃维·肯尼迪、托里·摩根、丹妮拉·法尔科内和丽莎·穆洛玛，他们在我工作之时帮助照顾我的孩子。还有克里斯蒂娜·曼古里安、莎拉·道格拉斯、丽莎·史密斯、塔纳兹·埃沙吉安、亚历克斯·克里、基思·米查姆、范达娜·阿布拉姆森、波琳·迪亚兹，还有音乐街上的沙克蒂社区，这儿是善良和理智的堡垒。

最后，我非常感谢奥利维亚·泰勒·巴克（Olivia Taylor Barker，1974—2014）留下的美好回忆和做出的杰出榜样。在大二，她给了我一份关于布朗《独立报》的作业，我才开始尝试接触新闻工作。自此她便始终是我讲述的和读过的每个故事的核心。没有人比奥利维亚更会享受美好故事与美食的乐趣。她离世得太早，但她的仁慈长存。

图书在版编目(CIP)数据

未来吃什么：人类如何应对食物危机 /（美）阿曼
达·利特尔（Amanda Little）著；蒋怡颖译. -- 北京：
社会科学文献出版社，2022.7
书名原文: The Fate of Food: What We'll Eat in
A Bigger, Hotter, Smarter World
ISBN 978-7-5201-9965-0

Ⅰ.①未… Ⅱ.①阿… ②蒋… Ⅲ.①粮食危机－研
究－世界 Ⅳ.①F316.11

中国版本图书馆CIP数据核字（2022）第064319号

未来吃什么：人类如何应对食物危机

著　　者 /〔美〕阿曼达·利特尔（Amanda Little）
译　　者 / 蒋怡颖

出 版 人 / 王利民
责任编辑 / 杨　轩
文稿编辑 / 顾　萌
责任印制 / 王京美

出　　版 / 社会科学文献出版社（010）59367069
　　　　　　地址：北京市北三环中路甲29号院华龙大厦　邮编：100029
　　　　　　网址：www.ssap.com.cn
发　　行 / 社会科学文献出版社（010）59367028
印　　装 / 三河市东方印刷有限公司

规　　格 / 开　本：889mm×1194mm 1/32
　　　　　　印　张：12.75　字　数：283千字
版　　次 / 2022年7月第1版　2022年7月第1次印刷
书　　号 / ISBN 978-7-5201-9965-0
著作权合同
登 记 号 / 图字01-2021-6366号
定　　价 / 89.00元

读者服务电话：4008918866